KB036973

레귀트 드 플랑 프라L'aiguillette de Plan Praz 위에서 가스통 레뷔파처럼 포즈를 취한 모습

그랑 카퓌쟁Grand Capucin의 '걸리버를 따라가는 여행Voyage selon Gulliver (5.11d)을 등반하는 모습

미국 데블스 타워Devils Tower의 '엘 마타도르El Matador(투우사)'를
단독 등반하는 모습

미국 데블스 타워Devils Tower의 '엘 마타도르El Matador(투우사)'를 단독 등반하는 모습

1. 아이거 북벽을 동계 단독 등반할 때 '엑시트 크랙'을 출발하는 모습
2. 아이거 북벽을 동계 단독 등반할 때 '신들의 트래버스'에서
3. 아이거 정상에서

그랑드조라스의 워커 스퍼 동계 단독등반

2007년 촬영된 「오-델라 데 심Au-delà des Cimes(비욘드 더 서밋)」.
로타Lothar, 가비Gaby와 함께 에귀 베르트Aiguille Verte
정상 20미터 아래에서

뷔욱스Bupux의 '디아고날 뒤 푸Diagonale du Fou(미친 자의 사선)'(5.13b) 등반 모습

드류에서 신루트를 단독 등반하는 모습

	2
1	3

1. 그랑 카퓌생Grand Capucin의 '걸리버를 따라가는 여행Voyage selon Gulliver'(5.11d)을 등반하는 모습
2. 시샤팡마 남벽의 '에라르 로레탕Erhard Loteran-장 트로이에Jean Troillet-보이테크 쿠르티카Voytek Kurtyka' 루트를 등반한 후 정상에서
3. 아이거 정상에서

시마이(Cimai)의 '사미즈다(Samizdat)'(5.13b) 루트를 등반하는 모습

스코틀랜드의 벤네비스Ben Nevis에서 빙벽을 등반하는 모습

카트린 데스티벨

카트린 데스티벨

＊ 이 책의 한국어판 저작권은 Catherine Destivelle과의
독점계약으로 '하루재클럽'이 소유합니다. 저작권법에 의하여
한국 내에서 보호를 받는 저작물이므로 무단전재 및 복제를 금합니다.

＊ 이 도서의 국립중앙도서관 출판예정도서목록(CIP)은
서지정보유통지원시스템 홈페이지(http://seoji.nl.go.kr)와
국가자료공동목록시스템(http://www.nl.go.kr/kolisnet)에서
이용하실 수 있습니다.(CIP제어번호: CIP2020015862)

ROCK QUEEN * 세계 최고의 여성 클라이머

카트린 데스티벨

카트린 데스티벨Catherine Destivelle 지음 김동수 옮김

하루재클럽

목 차

한국의 독자 여러분 안녕하세요?

반갑습니다.

여러분들도 저만큼 열정이 있으시리라 믿습니다.

열정은 인생을 정말 흥미진진하게 만들죠.

저처럼 등반을 즐기시는 분들께는

등반이 하늘에 이르는 아름다운 길이기를

희망합니다.

카트린 데스티벨Catherine Destivelle

프랑스 파리에서

2020년 1월

카트린 데스티벨Catherine Destivelle은 지난 20년 사이 세계에서 가장 유명한 여성 클라이머가 되었다. 그녀는 단순한 여성 클라이머가 아니다. 아무도 하지 못한 것을 해낸 그녀는 타고난 클라이머라는 사실을 스스로 입증했다. 카트린은 자유등반에서 세계 챔피언에 여러 번이나 등극했다.

나는 카트린의 1992년을 분명하게 기억한다. 17시간 만의 아이거 북벽 동계 단독등반. 그것은 정말 놀라운 업적이었다. 그녀는 또한 드류의 남서 필라(보나티 필라Bonatti Pillar)에 단독으로 신루트를 개척했다. 그녀는 모험을 끊임없이 즐기는데, 남극 대륙에서는 빙하로 추락해 목숨을 잃을 뻔하기도 했다.

그녀는 산의 환경을 보호하자는 운동에도 열성적으로 참여한다. 미래 세대를 위해 등반을 순수한 도전의 영역으로 남겨놓자고 주장하는 그녀는 볼트의 과도한 사용이나 바위의 도구화에 대해서도 뜨거운 반응을 보인다. 카트린은 그런 환경운동에서 일정한 역할을 해왔으며, 최근에는 등반의 문화유산을 남겨놓기 위해 브뤼노 뒤페티Bruno Dupety와 함께 산서를 발간하는 '몽블랑출판사'의 발행인이 되었다.

샤모니의 번잡한 곳에서조차 그녀는 겸손하기 짝이 없다. 그녀는 남성 동료들과는 사뭇 다르게 조용하며, 결코 주제넘은 행동을 하지 않는다.

최근에 영국산악회The Alpine Club의 초대 손님이기도 했던 그녀는 영국 산악인들로부터도 무한한 존경을 받고 있다. 클라이머들은 그녀를 높이 평가한다. 따라서 그녀의 강연장은 언제나 사람들로 붐빈다. 그녀는 클라이머 중의 클라이머다.

외국어로는 영어로 처음 번역된 이 책은 반항적인 젊은 시절 이야기, 다시 말하면 등반으로 탈출구를 찾는 이야기를 들려준다. 끝내는 등반으로 에너지를 발산할 때까지 어려움을 겪는 많은 젊은이들과 카트린은 공통의 분모를 가지고 있다.

그녀는 개인적인 어려움이든, 암벽에서 부딪치는 어려움이든, 어느 것 하나 부끄러워하지 않고 솔직하게 털어놓는다. 암벽에서 난관에 부딪치면, 카트린은 그것을 연구하고 돌파하고 우회한다. 그러나 무엇보다도, 이 책은 산과 자연에 대한 그녀의 무한한 사랑을 보여준다.

더그 스콧Doug Scott, CBE
스코틀랜드의 스페이강River Spey이 내려다보이는 언덕에서
2015년 9월

1964년 내가 프랑스 알프스를 처음 방문했을 때 그곳의 분위기는 1960년대라기보다는 오히려 1930년대에 가까웠다. 실제로, 많은 가게들에는 피에르 티아라Pierre Tiarraz의 멋진 산사진이 걸려 있었고, 프랑스의 매력적인 산사나이 가스통 레뷔파Gaston Rebuffat가 자신의 트레이드마크인 빨간색 가이드 셔츠에 커다란 등산화와 흰색 양말을 신고 수줍은 듯 포즈를 취한 사진이 곳곳에 걸려 있었다. 그 인상적인 배경은 물론 몽블랑이었다.

하지만 대체로 가난했던 영국 클라이머들은 프랑스인들을 의심의 눈초리로 바라보았고, 때로는 노골적인 적대감을 드러내기도 했다. 이것은 주로 샤모니의 가게주인들 탓이었는데, 널리 알려진 몇몇 사례를 제외하고, 두 나라 산악인들의 관계가 그렇게 나쁘지는 않았다. 이안 맥노트 데이비스Ian McNaught-Davis는 자신의 유명한 글에서 그 상황을 이렇게 요약했다. "되그랑드 비에르Deux Grandes Biéres(피처 두 잔)." 이 표현이야말로 영국 산악계가 즐기는 농담의 진수를 보여주는 것이 아닐까?

산에서, 분명히 자유등반을 할 수 있는 루트에서도 프랑스인들은 인공등반 장비를 너무 관대하게 사용한다고 우리는 간주했다. 대신 그들은 영국인들에 대해 아주 별 볼 일 없는 루트에서도 종종 비박을 해야 할 정도로 느리게 등반한다고 생각했다. 각자의 견해 차이가 분명한 양측은 서로를 의심하고 질투했지만, 1980년대에 들어서는 마음의 문을 활짝 열었다.

이것은 프로방스 지방의 베르동 고르주Verdon Gorge에서 자주 촬영되는 프랑스 영상의 증가 덕분이기도 했다. 특히 파트리크 에들랭제Patrick Edlinger는 수준 높고 대담한 영상물에서 자유등반의 묘미를 한껏 보여주었다. 그런 모습은 프랑스에서의 자유등반 수준이 우리들의 그것만 하거나 아니면 더 높다는 사실을 뒤늦게 깨달은, 시대에 뒤떨어진 우리 영국인들에게 충격으로 다가왔다. 왜냐하면 영국의 신성한 바위에서는 여전히 금지되고 있는 확장볼트를 프랑스인들은 과도하게 사용하고 있다는 문제의식이 우리들에게 도사리고 있었기 때문이다.

하지만 1984년, 그 당시 영국에서 가장 어려운 루트 중 하나였던 디나스 크롬렉Dinas Cromlech의 '우벽Right Wall'을 한 프랑스 여성이 대담하게 등반한 사건이 일어났다. 그 주인공은 물론 카트린 데스티벨이었다. 그 후 카트린은 승승장구해 슈퍼스타의 반열에 올랐다. 서아프리카의 말리에서 촬영한, 그녀의 가장 인기 있는 영상 「세오Seo」는 영국의 TV에서까지 방영됐다. 오늘날까지도 나는 가끔 이런 의문에 휩싸인다. '로프도 없이 등반하는 이 아름다운 프랑스 여성은 대체 누구지?'

국제적인 회의와 모임을 통해 나는 카트린 데스티벨을 어렴풋이 알고 있었는데, 그녀와 진지한 대화를 나누게 된 것은 1996년 던디Dundee에서 열린 산악영화제에서였다. 그때 나는 처음으로 그녀에게 영상을 만들자는 제안을 했다. 여전히 매력적이며, (내가 생각하기에) 즉석에서는 아이디어를 잘 거절하지 않는 그녀는 웃으며 이렇게 말했다. "좋아요, 해보지요!"

그리하여 1997년 여름, 우리는 촬영 스태프 몇몇을 비롯해 당시 그녀의 남편이었던 에리크 드캉Erik Decamp과 함께 올드 맨 오브 호이Old Man of Hoy에서 영상을 찍으며 추억에 남을 만한 일주일을 보냈다. 그때 카트린은 임신 3개월째여서 그 모험은 아주 특별한 것이 되었다. 우리는 그 영상의 제목을 「록 퀸 Rock Queen」이라 붙였고, 그것이 바로 이 자서전의 제목이 되었다.*

나는 이런 질문을 수없이 받았다. "그녀는 정말 어떤 사람입니까?" 그녀를 꽤 잘 알고, 그녀를 친구로 부른다고 자부해왔지만, 나는 자신 있게 대답하지 못했다. 그녀는 (분명) 외향적이고 친근하고 대단히 매력적이다. 그녀는 영어를 잘하지만 (그래도 그녀에게는 여전히 외국어다) 꿰뚫어보기 어려운 면이 있다. 클라이머들이 그렇듯 비록 자주 만나지는 못했어도, 우리의 우정은 20년 이상 지속돼 왔다.

그녀는 단독등반가로 알려졌지만, 사실은 아주 유능하고 경험이 풍부한 산악인이다. (잘 알다시피 경험이 없으면 아이거 북벽을 하루 만에 단독 등반할 수는 없다) 우리가 올드 맨 오브 호이에 함

---

* 한국어판은 『카트린 데스티벨—세계 최고의 여성 클라이머』로 붙였다. [역주]

께 있었을 때 나는 안전을 강조하는 그녀로부터 깊은 인상을 받았다. 그녀는 카메라를 향해 이렇게 말했다. "죽고 싶진 않습니다." 단독등반이라는 주제에 대해 그녀는 어느 누구도 그것을 너무 쉽게 생각해서는 안 된다고 주장한다. 안전에 대해 오해를 불러일으킬 수 있다는 것이다. (그렇게 주장하는 사람이 내가 아니라 바로 그녀라는 사실을 나는 얼른 덧붙이고 싶다)

이 책에서 카트린이 자신의 모험 중 일부만 들려준다고 해서 그녀의 업적을 과소평가해서는 안 된다. 남극대륙의 미답봉 정상에서 다리가 부러진 사고에 대한 그녀의 묘사가 너무나 간결해 독자들은 그 탈출을 제대로 알기 어려울지 모르지만, 우리 전문가들은 그 사고가 세간의 주목을 끌 만큼 서사시적이었다는 사실을 잘 알고 있다.

이 책에서 그녀는 자신의 이야기를 아주 겸손하게 풀어낸다. 그 내용에 대해 조목조목 언급하고 싶은 유혹을 받지만, 내가 그러는 것보다는 차라리 독자들이 스스로 파악하는 것이 더 낫지 않을까?

'라 벨 카트린La Belle Catherine(아름다운 카트린)'인 카트린 데스티벨은 세계 최고의 여성 클라이머라 부르기에 전혀 손색이 없다. 이제 이 책이 그 사실을 말해줄 것이다.

짐 커랜Jim Curran
영국의 셰필드Sheffield에서
2015년

프랑스어로 된 원서에서 카트린 데스티벨은 광범위한 어휘를 사용하는 문학적 스타일의 올바른 표준어를 사투리는 물론이고 약간의 속어와 함께 적절히 섞어가며 이야기를 하듯 독자들을 이끌어나간다. 교양 있는 이 여성의 목소리와 유머감각은 이런 어휘들로 더욱 빛을 발한다. 어느 정도, 그녀가 자신을 표현하는 방식은 프랑스의 전형적인 문학적 스타일이라기보다는 앵글로색슨의 직설적인 방식에 더 가깝다.

번역을 하면서, 나는 저자의 이런 목소리와 유머감각과 자유로운 표현을 유지하려고 노력했다. 또한 직접화법을 제외하고는 대체로 축약형을 사용하지 않았다. 카트린 자신은 프랑스어의 올바른 문학적 표현에서 크게 벗어나지 않았다. 구어체에서도, 그녀는 실제로 말을 할 때는 거의 사용하지 않는 문학적 시제를 사용했다.

우리가 배운 것은 영어의 어휘가 프랑스어의 그것보다 더 많고, 프랑스어 원어민들이 자유자재로 사용하는 다양한 속어들은 고려할 필요가 없다는 것이다. 프랑스어는 전체가 병렬논리형 언어parallel logic language*이며, 어떤 동사든 명사로 전환이 가능해 보이는 '런던 코크니London Cockney'의 운문 속어에 비유될 수 있다. 하지만 영국의 작가들은 자신들의 이야기에 운문 속어로 신랄한 맛을 가미하지는 않는다. 감정이 고조되는 몇몇 곳의 예외를 제외하고, 카트린은 독설을 내뱉지 않는다. 영어에서, 나는 비공식적인 구어체 스타일을 표현하는 다른 방법들을 자주 동원했다.

때로는 카트린의 감정을 묘사하기가 만만치 않았다. 이 책을 즐겁게 읽을 수 있도록 만드는 요인 중 하나가 바로 이 놀랍도록 절제가 철저한 여성이 자신의 감정을 솔직하게 공유하고 눈물을 인정하는 것이다. 영어를 사용하는 사람들은 그 유명한 '불굴의 정신' 때문에 설명이 없는 일반적인 언어로서는 감정을 제대로 전달하지 못한다. 이런 경우, 카트린의 감정이 공포나 불안, 충격 또는 탈진 상태는 아니었는지에 대해 그녀보다 조금 더 정확해질 수 있는 자유가 나에게는 있었다. 너그럽게 받아주길….

프랑스인이 자신의 마음을 일반적인 용어로 표현할 경우 — 특히 의료나 기술과 관련된 분야에서 — 영어보다 더 구체적으로 전달할 수 있다. 영어를 사용하는 클라이머들은 보통 그들의 어휘가 더 경제적이다. 예를 들면, '프로텍션protection'이나 '프로pro'는 여러 가지 가능성을 포함한다. '빌레이belay'도 마찬가지

---

* 논리형 언어 중 병렬 프로그래밍이 가능한 언어 |역주|

다. 카트린은 등반을 할 때 사용하는 장비를 구체적으로 설명하려는 경향을 보인다. 영어권 독자들이 그 유익한 정보를 찾을 수 있기를 바란다.

문화적 표현들을 적절하게 옮길 수 없는 곳들이 있었다. 아마 독자들은 무슨 말인지 궁금해할 것이다. 철없던 젊은 시절, '제네피Genepi'(베르무트 아페리티프vermouth aperitif 같은 것으로 맛이 아리다)를 담그려고 야생 쑥을 뜯은 곳의 돌무더기가 움직이자, 공포로 얼어붙은 카트린은 베카신Becassine의 에피소드처럼 자신을 묘사한다. "베카신이 산으로 가네." 베카신은 지난 세기 초 프랑스에서 만화 시리즈로 처음 만들어진 작품의 등장인물 중 하나다. 작품명과 동일한 이름의 여주인공은 소작농의 옷을 입은 소녀로 그려진다. 그녀는 제대로 되는 일이 하나도 없는 일종의 로렐과 하디Laurel and Hardy 같은 캐릭터다.

카트린이 텐트 안에서 집중력을 가지고 읽으려 했던 책은 『기병총 요정The Fairy Gunmother』*이라는 제목으로 번역된 문제의 소설 『라 페 카라빈La Fée Carabine』이었다. 그 책은 다니엘 페낙Daniel Pennac이라는 프랑스의 베스트셀러 작가가 쓴 아주 괴상하고 우스꽝스러운 소설 시리즈 중 두 번째 작품이다. 그 책은 파리의 벨빌Belleville지역에 사는 말로센 뱅자맹Malaussène Benjamin의 아슬아슬한 묘기와 특별한 가족생활을 그리고 있는데, 그 안에는 입이 떡 벌어질 정도로 다양하고 풍부한 파리지

---

* 한국어판으로는 『기병총 요정』 다니엘 페낙 지음, 이충민 옮김 (문학동네, 2008)이 있음. [역주]

앵의 속어들이 나온다.

카트린 데스티벨이 초창기에 함께 등반한 젊은 남성들은 가장 권위 있는 과학 교육기관에서 공부했다는 사실을 프랑스 독자들은 알 것이다. 그들이 그런 '환경'에 놓이지 않았다면, 아마 그들은 자신들의 학위를 이용해 프랑스 사회의 더 높은 계층으로 올라가는 문을 열었을지도 모른다.

카트린이 자신의 목소리를 잘 들려줄 수 있도록 나는 그녀의 표현을 가급적 그대로 따랐다. 물론 곳에 따라서는 영어 원어민의 기대에 미치지 못할 만큼 어휘가 어설플지도 모르지만, 너그러운 독자들이 프랑스 말투를 조금 상상해보면 어떨까, 하는 생각이 든다.

마르게리트 라이트Marguerite Wright

여는 말

> 둘 중 하나가 넘어지면, 다른 하나가 짝을 도와 일으켜줄 수 있다.
> 그러나 넘어져도 도와줄 사람이 없다면 어떻게 되겠는가?
>
> 전도서 4:10 Ecclesiastes, IV, 10

그 산은 4,160미터라는 고도만 지도에 표시되어 있을 뿐 특별한 이름이 없었다.* 그리고 우리는 그 정상에 최초로 발자국을 남긴 사람들이었다. 그곳은 남극, 인간의 생존을 거부하는 광대한 얼음의 대륙이었다.

정상에 오른 우리는 추억에 남을 만한 사진을 찍으며 등정을 자축하고 있었다. 엘스워스Ellsworth산맥에 대한 모험과 초등 이야기를 실을 미디어에 줄 멋진 사진이 우리에게는 필요했다. 어디서든지 찍을 수 있는 이미지라면 부끄럽지 않을까. 나는 적당히 포즈를 취했지만, 안타깝게도 내 뒤쪽의 먼 산들을 가리고 말았다. 그리하여 나는 완벽한 앵글을 얻기 위해 조금 더 뒤로

---

* 후에 해발고도가 4,111미터로 밝혀져서 '4,111봉Peak 4,111'으로 명명되었음. |역주|

물러서야 했다.

내 뒤쪽의 얼음이 단단하리라 믿은 나는 뒤를 돌아보지 않고 한 걸음 더 물러섰다. 하지만 체중을 옮기는 순간 발이 단단한 표면에 닿지 않았다. 그 순간 나는 균형을 잡으려고 허둥지둥 팔을 휘둘렀지만 아무 소용이 없었다. 내 몸이 속절없이 기울어지기 시작했다. 나는 등이 얼음에 부딪치기도 전에 파트너인 에리크 드캉Erik Decamp에게 소리쳤다. "로프! 로프 잡아! 로프 잡으란 말이야!"

뷰파인더에 눈을 대고 있던 그가 나에게 일어난 일을 알아차렸을까? 그는 나의 유일한 희망이었다. 추락속도가 너무 빨라 나는 제동을 걸 수 없었다. 바로 그 순간, 별다른 생각 없이 내가 단단한 눈에 박아놓은 아이스액스에만 로프가 연결되어 있고, 에리크는 사진을 찍기 위해 그 불안정한 앵커에서 3미터쯤 떨어져 있다는 사실이 떠올랐다. 그가 아무런 장비도 없이 로프를 잡을 수 있을까?

나는 공중제비를 크게 돌며 아주 빠른 속도로 추락했다. 그러다 사면에 강하게 부딪쳤다. "로프!" 나는 다시 소리쳤다. 그때 내 오른쪽 다리가 이상할 정도로 축 늘어졌다는 섬뜩한 느낌이 들었다. 나는 그 상태가 내가 우려하는 바가 아니기를 바랐다. 나는 다시 허공으로 심하게 튀어 올랐다.

내가 몇 미터 아래에서 세 번째로 부딪쳤을 때 검은 얼음의 심연이 순간적으로 눈에 들어왔다. 그때 나는 생각했다. '이제 그가 로프를 붙잡지 못하면 이번엔 끝장이구나.' 내 부주의의 대가는 목숨일 터였다. 거기에 더해 나는 에리크까지 이 죽음의 추락으로 끌어들이려 하고 있었다.

추락이 더욱 격렬해지고 정신도 더 혼미해지던 바로 그 순간 로프에 강한 충격이 가해지면서 나는 멈췄다. 나는 턱을 먼저 부딪쳤다. 그러자 약간 얼얼했다. 내가 어느 곳으로 올라왔지 하고, 정신이 든 것은 몇 초 후였다. 그러나 마침내 악몽이 끝 났다는 생각에 나는 안도의 한숨을 내쉬었다. 천만다행이었다. 거꾸로 매달린 나는 부러진 곳이 없기를 바라며 팔과 다리를 위 로 들어 올려보았다. 하지만 얼음 위의 붉은 핏자국을 보자 불 길한 생각이 스쳤다. 어디에서 나온 피지? 온몸이 아팠지만 특 별히 더한 곳도 없었다.

떨리는 손으로 나는 오른쪽 바지의 밑단을 잡아당겨 보았다. 그러자 놀랍게도 그곳이 흉하게 골절되어 있었다. 아니, 이럴 수가! 그러나 평소처럼 현실적으로, 나는 상황을 더 악화시키지 않기 위해 사고를 긍정적으로 수습하려고 노력했다. 뼈가 밖으 로 삐져나온 것은 아니었다. 그러자 부츠와 크램폰의 무게로 다 리가 제자리로 돌아왔다. 피를 많이 흘린 부상은 아니었다. 그 렇다면 동맥은 손상되지 않았다는 말이었다. 그것은 정말 다행 이었다.

그때 에리크의 목소리가 들렸다. "괜찮아?"

"다리가 부러졌어."

그러자 "이런, 젠장!" 하는 소리가 산을 타고 울려 퍼졌고, 이 어서 긴 침묵이 흘렀다.

나는 다리가 부러졌다는 사실을 받아들일 수 없었다. 그래서는 안 되었다. 남극대륙의 이곳은 어떤 도움도 받을 수 없는 곳이었다. 대체 산을 어떻게 내려가지? 그때 아이디어가 하나 떠올랐다. 절망의 순간에 피어오른 마지막 희망. 골절이 수평으로 일어났다면 발에 체중은 실을 수 있지 않을까? 나는 내 아이디어를 시험해보기 위해 크램폰으로 사면을 디뎌보았다. 나는 이를 악물었다. 한 번 두 번…. 아, 안 돼! 그것은 불가능했다. 도저히 통증을 참을 수 없었다. 의심할 여지없이 부러진 정도가 아주 심했다.

상황이 그토록 심각하지 않았다면, 나는 아마도 미친 듯이 소리쳤을 것이다. 내가 왜 그토록 어리석었지? 내가 잠깐 동안 자기연민에 빠진 순간 에리크의 말이 내 의식을 깨웠다. "피가 많이 나?"

"아니."

"위로 올라올 수 있겠어?"

그가 옳았다. 나는 움직여야 했다. 발을 딛는 것이 익숙해질 때쯤 나는 할 수 있다고 대답했다. 나에게는 결국 다른 선택의 여지가 없었다. 그리고 나는 내가 있는 곳에서 더 머뭇거릴 수도 없었다.

"우리가 루트를 벗어난 능선으로 돌아올 수 있겠어?"

만만찮아 보였다. 우리는 산의 반대쪽으로 올라왔는데, 그가 말하는 곳은 30미터 정도 떨어진 왼쪽에 있었다. 그것은 내가 어떤 도움도 받지 못한 채 왼쪽으로 25미터를 비스듬히 올라가야 한다는 의미였다. 나는 기억을 더듬으며 어떻게 해야 할지를 머릿속으로 그려보았다.

나는 에리크가 로프에 매달아 나에게 내려준 아이스액스를 왼손에 잡고, 오른손으로 주마jumar를 움켜잡은 다음, 사면을 간신히 기어 올라갔다. 그러자 오른쪽 어깨에 통증이 느껴졌다. 손으로 만져보니 그곳에 혹이 나 있었다. 타박상처럼 부드럽지 않고 단단했다. 뼈가 튀어나온 것이 분명했다. 여전히 팔을 쓸 수 있다는 것을 알고 안도하기는 했지만, 그리고 발목이 부러진 것이 더 심각한 상황이기도 했지만, 수술을 해야 할 곳이 늘어날지 모른다는 불안감에 나는 화가 났다. 하지만 몸을 더 끌어올릴수록 어깨의 통증이 점점 가라앉았다. 나는 또다시 추락하지 않으려고 온 신경을 집중했다. 아이스액스를 꽂아 넣고 왼쪽 크램폰의 발톱으로 얼음을 단단히 디딘 다음, 어떻게든 미끄러지지 않으려고 몸부림치며 나는 이를 악물고 기어 올라갔다. 만약 미끄러진다면, 로프가 대각선 방향에서 나를 잡고 있었기 때문에 나는 시계추처럼 여지없이 20미터를 나가떨어질 수밖에 없었다. 나의 상태를 생각하면, 그것은 정말 재수 없는 일이 될 터였다.

나는 마침내 정상 능선에 도달해 나 자신을 능선마루로 끌어올린 다음 양쪽 다리를 벌리고 앉아, 왼쪽으로 30미터 떨어진 곳에서 그때까지 내 로프를 붙잡아준 에리크를 기다렸다.

이제 나는 상황을 신중하게 판단하려고 노력했다. 하지만 어느 쪽을 보아도 이 곤경에서 빠져나가는 것은 만만찮아 보였다.

만약 이런 사고가 알프스에서 일어났다면, 그냥 앉아서 헬기를 기다리면 될 일이었다. 그러나 여기서는 구조를 전혀 기대할 수 없었다. 남극대륙에 사람들이 살고 있기는 하지만, 그것도 500킬로미터나 떨어진 곳이었다. 어쨌든 우리는 5킬로그램의 짐덩어리인 무전기를 베이스캠프에 놔두고 왔다. 그리고 우리가 어찌어찌해서 연락에 성공한다 해도 구조팀은 헬기가 없어서, 그들이 나에게 오는 시간이라면 그동안 나는 얼어 죽을 것이 뻔했다. 차가운 바람이 살짝 불어왔다. 어느덧 밤 9시. 남극의 12월이라서 해가 실제로 지는 것은 아니었지만, 기온이 떨어지고 있었다.

마냥 기다렸다가는 이대로 죽을 수도 있었다. 이렇게 죽는다면 얼마나 어리석은 짓이 될까. 그때 히말라야의 오거The Ogre 정상 부근에서 양발이 부러진 더그 스콧이라는 영국의 유명한 산악인이 떠올랐다.* 그래도 그는 죽지 않았다. 그는 참을 수 없는 고통 속에서도 베이스캠프까지 끝내 기어 내려왔다. 비록 그가 복합골절을 당한 것은 아니었지만, 그는 양쪽 발을 쓸 수 없었다. 그러나 적어도 나는 한쪽 발은 움직일 수 있었다.

에리크가 다가왔을 때 내가 물었다. "어떻게 하지?"

"내려갈 거야."

"내려간다고? 어디로? 어떻게?" 내가 걱정스럽게 물었다. 더

---

* 더그 스콧의 자서전 『The Ogre』는 영국에서 초판 발행 후 2주 만에 5,000부가 팔렸다. 하루재클럽도 이 책을 소개할 예정이다. 그는 이렇게 말했다. "다른 책 필요 없어. 이거면 끝나." [역쥐]

그 스콧을 롤 모델로 삼았지만, 한쪽 근육만 사용해 움직인다는 아이디어를 나는 받아들일 수 없었다.

"우리가 올라온 루트로. 아는 곳이 그곳뿐이니까."

그가 옳았다. 여기서 허둥댈 이유가 없었다. 더구나 우리를 도와줄 사람도 없었다. 에리크의 결심을 알게 되자 속에서 투쟁심이 일어났다. 나는 산을 한 번 쳐다보았다. 우리는 햇볕을 피해 그늘을 이용해 이곳으로 올라왔었다. 그런데 지금 햇볕을 받은 모습을 보니 용기가 났다. 기분이 아주 우울하지는 않았다. 더구나 태양이 나를 따뜻하게 보듬어주고 있었다.

하지만 깜빡거리던 낙관주의가 희미하게 사그라졌다. 조금만 움직여도 엄청나게 고통스러웠고, 부상을 당한 다리의 아래쪽 부분이 중력의 법칙만 따라야 할 정도로 부담스러웠기 때문이다. 방향을 제대로 잡아가며 능선의 꼭대기까지 가기 위해서는 양손으로 기어갈 수밖에 없었다. 이미 11시간 동안이나 등반한 상태에서 그런 고통을 이겨내고 과연 살아날 수 있을까? 만약 내가 의식을 잃는다면, 에리크가 나를 데리고 내려갈 수 없을 것이라는 걱정이 가장 크게 들었다.

"할 수 있을까?" 나는 다분히 마음의 위안을 얻고자 하는 생각으로 다시 물었다.

"물론이지." 그는 나를 쳐다보며 밝게 웃었다.

불쌍한 친구. 그는 웃어도 웃는 것이 아니었을 것이다. 그를 몹시 난처한 일에 끌어들였다는 생각에 나는 몹시 화가 났다. 나는 남극대륙에서의 환상적인 모험을 철저히 망가뜨리고 있었다.

우선 에리크는 울퉁불퉁한 표면에 걸리적거릴지도 모르는 크램폰을 벗겨냈다. 그런 다음 우리는 어설프게나마 임시변통의 부목을 만들었다. 아이스액스를 다리 양쪽에 대고 슬링으로 묶은 것이다. 이제 그는 내가 사면을 따라 내려갈 수 있도록 로프를 천천히 풀었다. 첫 번째 충격은 소름이 끼칠 정도로 고통스러웠다. 1미터를 더 내려가서 우리는 아이스액스를 풀었다. 그렇게 묶으니 오히려 더 좋지 않았다. 둥근 손잡이와 슬링이 제자리에 있지도 않았을 뿐더러 고문을 가하듯 내 다리를 압박한 것이다. 대신 우리는 상처 부위를 둘둘 감아 매듭을 만든 다음, 다친 다리를 보호하기 위해 멀쩡한 다리로 그 다리를 받치도록 했다.

그러고 나서 등을 대고 눕자 에리크가 나를 조금씩 내리면서 속도를 조절했다. 표면은 몹시 울퉁불퉁했다. 다리가 표면에 더 이상 닿지는 않았지만 살짝 부딪치기만 해도 엄청나게 고통스러웠다. 그럴 때마다 나는 의식을 잃을지도 모른다고 걱정했다. 계속 움직이기 위해 나는 심호흡을 했는데, 덕분에 긴장을 풀고 고통을 견딜 수 있었다. 20미터쯤 내려가자 에리크가 나에게 멈출 수 있는 곳을 찾아보라고 말했다. 우리가 가진 것이 50미터 로프 한 동뿐이어서 우리는 한 번에 25미터만 내려갈 수 있었다. 그렇게 해서 그는 로프를 타고 나에게 내려왔다.

바위에 감은 슬링을 피톤에 통과시켜 어설프게나마 단단한 앵커를 만든 나는 그곳에 확보를 했다. 그러자 에리크는 나에 대한 걱정을 덜고 로프를 사용했다. 그 첫 번째 확보에 혼자 매달려, 스스로를 자책하며 비참한 기분에 빠진 나는 과연 내가 계속 내려갈 수 있을지 자꾸만 의구심이 들었다.

갈수록 고통도 더 심해질 터였다. 앞으로 1,600미터를 내려가야 하는데, 처음 3분의 2는 바위와 얼음으로 된 가파른 경사면이었다. 따라서 결코 쉬운 일이 아니었다. 더구나 거대한 오버행을 피하기 위해서 우리는 대각선으로 가는 루트를 선택할 수밖에 없었다. 그것은 내가 로프에 시계추처럼 댕그라니 매달려 횡단해야 한다는 의미였다.

나머지 구간에는 얼음으로 된 긴 쿨르와르도 있었다. 하지만 그곳만 내려가면 나는 탈출에 성공한 것이나 다름없을 터였다.

나는 머릿속을 맑게 하려고 노력했다. 고통을 견디고, 파도처럼 자꾸만 밀려오는 현기증을 멈추기 위해서 불필요한 생각을 떨쳐버릴 필요가 있었다. 나는 나 자신에 집중하면서, 즉 에너지를 보존하기 위해 호흡을 가다듬고 가능하면 몸을 편안하게 유지하면서 에리크를 기다리기만 하면 되었다. 그런 집중력을 유지하는 것이 결코 쉽지 않아, 나는 에리크가 빨리 내려오기를 마음속으로 간절히 바랐다. 나는 혹시라도 스스로 체념을 할까봐 두려웠다.

나에게 내려온 에리크는 각성제 역할을 하도록 사탕 두 개를 까서 입에 넣어주었다. 그러고 나서 그는 로프를 회수했다. 이런 식으로 우리는 하강을 계속 이어갔다.

처음 서너 피치는 최악이었다. 그러나 점차 고통이 줄어들었다. 이제 내가 익숙해진 것일까? 어쨌든 달리 선택의 여지가 없었다. 고통이 줄어들자 나는 다른 것들을 의식하기 시작했다. 예를 들면, 나는 손발의 감각을 거의 느낄 수 없었다. 햇볕에도 불구하고 공기가 차가웠다. 영하 20도에서 30도 사이는 되는 것 같았는데, 기절하지 않기 위해 정신을 집중하느라 나는 그것도 알아차리지 못했다. 무엇보다도 손과 발을 얼게 만든다면 그것은 어리석은 짓이 될 터였다. 따라서 노력을 많이 기울이면서, 나는 확보지점에 도착할 때마다 손가락과 발가락을 계속 움직여 따뜻하게 만들었다.

우리가 각자 해야 할 일에 집중하자 하강이 훨씬 더 부드럽게 이어졌다. 이제 우리는 말이 거의 필요 없을 정도로 서로의 상황을 알게 되었다. 쳐다보거나 단 한 마디면 될 정도로, 때때로 — 대략 2시간에 한 번 정도로 — 의식을 잃기 시작한다는 느낌이 들면 나는 그에게 신호를 보냈다. 그러면 에리크는 즉시 나에게 다가와 뺨을 때리고 입에 사탕을 넣어주었다. 그런 다음 우리는 각자의 일로 돌아갔다. 그는 로프와 안전을 책임졌고, 나는 고통의 느낌과 내 몸 상태에 집중했다. 그것은 에리크가 대부분의 작업을 해야 한다는 의미였다. 로프를 다루는 것은 쉽지 않았다. 더구나 가끔 쉬운 구간에서는 슬링을 아끼기 위해 그는 클라이밍 다운으로 내려왔다.

하강을 시작한 지 8시간이 지나자 태양이 사라지면서 몹시 추워지기 시작했다. 그다음 8시간은 결코 끝나지 않을 것 같았다. 확보지점에서 기다리는 것은 견딜 수 없을 만큼 힘들었다.

꼼짝하지도 못하고 기다리려니 피로와 추위와 통증이 한꺼번에 몰려왔다. 임시변통의 앵커에 매달린 채 나는 안전벨트의 끈이 혈액순환을 막지 않게 하려고 눈과 얼음의 경사면에 눕거나 멀쩡한 다리 쪽으로 기대면서 시간의 흐름을 지나치게 의식하지 않으려고 노력했다. 내 유일한 목표는 다 내려갈 때까지 매달리며 버티는 것이었다. 그것은 대단하고도 꾸준한 의지력을 요구했는데, 나는 호흡을 주기적으로 하는 것이야말로 의식을 잃지 않는 가장 좋은 방법이라는 사실을 깨달았다.

하강하는 마지막 몇 시간 동안 왼쪽 다리가 몹시 걱정됐다. 그쪽에 체중을 계속 실었기 때문인데, 발가락을 움직여도 감각을 느낄 수 없었다. 부러진 다리야 수술을 받으면 될 일이지만 발가락은 자를 수밖에 없을지도 모른다는 불안감이 들었다.

안 돼, 나는 그런 것을 절대 원치 않아! 그때부터 나는 빨리 내려가고 싶다는 생각밖에 들지 않았다. 얼음의 쿨르와르와 눈으로 된 마지막 600미터에서 나는 고통을 잊었다. 에리크가 일정한 속도를 낼 수 있도록 나는 그에게 잡아달라는 말을 더 이상 하지 않았다. 끝에 다다르자 그가 엄지손가락을 아래로 향해 신호를 보냈다. 나는 눈에 박은 아이스액스 끝에 두 손으로 매달린 다음 엄지손가락을 위로 향해 그에게 신호를 보냈다. 그러자 그가 나에게 내려왔다. 우리는 그런 식으로 계속 내려갔다.

그런 작업이 앞서거나 뒤서거니 완벽할 정도로 계속되다가 빠른 흐름이 갑자기 끊겼다. 에리크가 아이스액스를 단단히 꽂아 넣기도 전에 빨리 내려가고 싶은 마음이 앞선 내가 나의 아이스액스를 빼내 사면을 따라 미끄러져 내릴 준비를 한 것이다.

우리는 깜짝 놀랐지만, 다행히 재앙으로 이어지지는 않았다. 에리크는 피로한 상태에서도 여전히 반응이 빨랐다. 반쯤 꽂힌 아이스액스에 몸을 던지면서 그가 소리쳤다. "기다려. 내가 준비가 안 됐어." 내 상태를 확인한 그는 나에게 몸을 돌려 미소를 짓고는 부드러운 어조로 말했다. "조심해." 내가 처한 그 한심한 상태를 그는 더 이상 말하지 않았다. 어쨌든 그는 그럴 필요도 없었다. 내가 잘못을 충분히 느꼈으니까. 내 실수로 나는 다시 한번 산에서 곤두박질칠 뻔했다. 나는 에리크가 하는 작업을 너무나 잘 알아서 그에게 존경심이 생겼다. 긴박한 상황에서도 그는 나의 하산을 조심스럽고 효과적으로 이끌면서 우리를 한 번도 위험에 빠뜨리지 않았다.

그 사고를 되새기며, 우리는 길고 고통스러운 하산을 이어가는 동안 더욱 주의를 기울였다. 나는 이제 점차 힘이 빠져나가는 것을 느낄 수 있었다. 나는 너무나 약해져 마지막 확보지점에서는 아이스액스를 10센티미터만 간신히 박아 제동을 할 수 있었다. 내 몸과 마음과 눈이 그 허약한 앵커가 버티지 못할까 봐 두려움에 떨며 그 금속의 뾰족한 끝에 집중했다. 에리크가 내려와 우리를 단단히 확보할 때까지 나는 거의 숨도 제대로 쉬지 못했다.

마지막 100미터는 경사가 약해서 마침내 에리크는 나를 로프 끝에 매달아 앞에서 미끄러지게 하며 걸어 내려갈 수 있었다. 이제 내가 할 일은 눈에 걸리지 않도록 다리를 움직이는 것뿐이었다. 하지만 어쩔 수 없이 다리는 눈덩어리들에 부딪쳤다. 어쨌든 이제 나는 통증에 더 이상 신경 쓰지 않았다. 나는 빨리 내려가려고 몹시 서둘렀다.

오랫동안 갈망해온 수평의 얼음지대에 도착하자마자 나는 우선 왼쪽 다리의 부츠를 벗겨내고 발을 주물렀다. 발가락 끝이 내가 두려워한 검은색이 아니라 하얀색인 것을 보고 나는 안도의 한숨을 내쉬었다. 부상당한 부위가 추위에 영향을 받지는 않은 것처럼 보였지만, 나는 에리크에게 다른 쪽도 벗겨달라고 부탁했다. 극도로 낮은 기온 속에서 땀에 젖은 발을 부츠 안에 그대로 두는 것은 좋은 생각이 아니었다. 그러나 그 일은 플라스틱이 딱딱해져 아주 고된 노동이 되고 말았다. 발을 밖으로 부드럽게 꺼내기 위해 에리크는 부츠를 칼로 잘라 벌렸다. 그것은 내 심장을 찢는 것과 마찬가지였다. 부츠가 그토록 단단하다니…. 반사작용을 통해, 아직도 정신적 에너지가 조금 남아 있다는 사실을 나는 깨달았다. 그러나 나의 태도가 온순치 못하다고 느꼈을지도 모르는 에리크에게 나는 차마 그런 말을 꺼내지 못했다. 비록 숲을 벗어난 것은 아니었지만, 신경을 조금 쓰기만 한다면 나는 옷 정도는 추스를 수 있었다. 텐트는 적어도 1시간은 걸리는 곳에 있었다.

에리크가 내 부츠를 잘라내어 벗기는 모습을 바라보며, 나는 그가 나를 우리의 캠프사이트로 끌고 갈 것으로 예상했는데, 그러는 대신 텐트로 가서 썰매를 가져오겠다는 말을 듣고 나는 충격에 빠졌다. 드러내놓고 말하지는 못했지만 마음이 편치 않았다. 나는 그가 돌아올 때까지 혼자 기다려야 했다. 나는 몸을 떨고 있었고 몹시 지쳐 있었다. 2시간을 더 버틸 수 있을까? 만약 의식을 잃는다면? 그가 돌아오기 전에 잠이라도 든다면 나는 두 번 다시 깨어날 수 없을 터였다. 그런 추위를 견디며 어떻게? 살아남기 위해 최선을 다하겠다고 굳게 마음먹으며, 나는 그가 달려가는 모습을 바라보았다. 불쌍한 그 친구 역시 지쳐 있었다. 나는 그의 등 뒤에 대고 간신히 소리쳤다. "달릴 필요 없어. 난 괜찮아." 그러나 정말 소리칠 힘도 더는 없었다. 힘이 있다 하더라도 그렇게 말할 용기가 있었을까? 내 안 깊숙한 곳에서는 '좋아, 달려. 달려! 빨리 돌아와줘.'라고 애원했다.

그가 멀리 사라지자, 나는 삭막한 얼음 위에 앉아 다리를 앞으로 뻗은 다음 한 발을 하늘 방향으로 들어올리고, 다른 발을 그 옆에 이상한 각도로 기울여놓았다. 나는 도로 한가운데에 버려진 아이 같다는 느낌이 들었다. 전혀 거리낌 없이, 나는 이를 덜덜 떠는 소리를 계속 냈는데, 그것은 어린 시절 내가 북해에서 수영을 하다가 낸 소리와 똑같았다. 그 소리는 나를 안심시켰다. 왜냐하면 내가 정말 살아 있다는 증거나 마찬가지였으니까.

맙소사, 얼마나 추웠는지! 나는 계속 덜덜 떨었다. 오후 1시. 이제 태양을 볼 수 있다는 희망도 몇 시간 후면 사라질 터였다. 그러자 전날 그 시간의 우리들이 생각났다. 우리는 햇볕이 없어 다행으로 생각하며, 그 이름 없는 봉우리를 오르고 있었다. 바로 1시간 전인 것처럼 느껴졌지만, 우리가 출발한 것도 어느덧

27시간 전의 일이었다. 오랫동안 나는 또 다른 두 가지를 견뎌내야 했다. 내 몸이 견딜 수 없을 정도로 떨려서, 추위의 영향을 그대로 놔뒀다가는 살아남지 못할 것이라는 사실을 깨달은 것이 그중 하나였다. 그래서 나는 숨을 한 번 내쉴 때마다 근육을 풀어주며 심호흡을 했다. 효과는 곧바로 나타났다. 몸이 편안해지면서 따뜻한 기운이 온몸으로 퍼지는 것 같은 느낌이 들었다.

불행하게도, 이 갑작스러운 행복은 오래가지 못했다. 나는 여전히 추위를 느꼈다. 나는 앞뒤로 몸을 흔들기 시작했다. 마치 정신병자처럼 나는 그 운동을 계속했다. 동시에 나는 꽁꽁 언 발과 허벅지 그리고 팔을 주물렀다. 그런 다양한 움직임은 효과가 있었다. 그러나 추위와의 싸움은 몹시 힘들었다. 추위에 맞서기 위해 나는 지금 하고 있는 일에만 온 신경을 집중했다. 끝없이 기다리는 동안 그렇게 몇 초, 몇 분, 몇 시간이 흘러갔다. 나는 온 마음을 다해 오직 하나, 즉 얼마나 계속될지를 미리 예단하지 않고 견디고, 또 견디는 것에만 매달렸다. 그리고 추위와 피로와 고통을 견디고 살아남으리라고 굳게 결심했다. 만약 에리크가 30분만 더 걸렸어도 나는 도저히 참지 못했을 것이다.

마침내 도착한 그는 약간의 에너지를 더 얻기 위해 뜨거운 커피를 마시느라 시간이 조금 더 걸렸다고 사과했다. 나에게는 그가 안전하고 건강하게 내 곁에 있다는 사실만이 가장 중요했다. 그것은 이제 곧 악몽이 끝난다는 의미였다. 우리는 텐트에 도착해 정신없이 마시고 먹고, 잠을 잔 다음 우리를 이곳까지 실어다준 패트리어트 힐스Patriot Hills 기지에 있는 사람들과 연락을 취했다. 그리고 나서 우리는 편안하게 앉아 트윈 오터Twin Otter가 날아오기를 기다렸다. 하지만 불행하게도 그런 일은 일어나지 않았다.

우리는 잘 먹고 충분히 쉬었다. 그래서 2시간 거리에 우리가 놓아둔 무전기를 가지러 에리크가 출발했다. 몇 시간 뒤에 돌아온 그는 약속된 시간인 밤 9시에 기지를 불렀지만 교신에 실패했다고 말했다.

그는 당황한 기색도 없이 이렇게 말했다. "내일 다시 해보지 뭐."

이제 나의 부상 부위가 감염되지 않도록 하는 것이 우선순위가 되었다. 먼저 다리. 살점이 떨어져 나가고 그에 따라 피부가 찢어진 부상 부위는 꽤 깊고 넓었다. 에리크는 상당량의 소독제를 그곳에 붓고, 살균 드레싱을 만들어 붙인 다음, 그 둘레를 고무 매트로 감아서 발이 다리와 일직선이 되도록 했다. 그는 팔꿈치도 똑같이 치료했다. 그곳은 피부가 5센티미터 폭에 10센티미터 길이로 찢어져 있었다. 그곳의 부상 부위 역시 다리 쪽만큼 나빠 보였지만 그렇게 아프지는 않았다. 그러나 불행하게도 발과 어깨에 대해서는 우리가 할 수 있는 것이 거의 없었다. 그런 다음 그는 나에게 항생제를 주었다. 우리에게 진통제는 없었지만, 어쨌든 나는 정신이 멀쩡한 상태에서 내가 해야만 하는 일을 알고 싶었기 때문에 그런 약은 먹고 싶지 않았다. 다음 무전교신을 기다리는 동안 우리는 먹고 자면서 시간을 보냈다.

오후 3시 무렵 바람이 불자 이제는 에리크가 걱정하기 시작했다. 폭풍이 불어도 무전교신이 가능할까? 두 개의 스키 사이를 15미터 길이의 선으로 공중에 띄워 연결해놓은 그 생명선은 언제든 돌풍에 끊어질 수 있었다. 천만다행으로, 9시쯤 에리크가 패트리어트 기지와 교신하는 데 성공했다. 남극대륙에 있는 다른 기지들과 달리, 그곳은 과학적 조사를 위한 연구소가 아니라, 도보여행자들이나 관광객들 그리고 클라이머들과 같이 다양한 종류의 모험가들과 탐험가들이 대륙을 횡단할 수 있도록, 사람과 물자를 실어 나르기 위해 항공 동호인들이 만든 일종의 작은 비행장이었다.

에리크가 무전으로 우리의 상황을 간단하게 설명하고, 특히 GPS 좌표를 알려주는 것을 들으며 나는 이렇게 생각했다. '이젠 살았구나.'

이제는 그 선이 끊어져도 구조대원들이 우리를 데리러 오는 데는 아무 문제도 없을 터였다. 그러나 우리가 실제로 '살아난' 것은 아직 아니었다. 밤 10시가 가까워지자 어떤 비행기도 접근하지 못할 정도로 바람이 세졌다. 바람의 힘이 더욱 난폭해진다면 우리 텐트는 오래 견디지 못할 터였다. 취약하기 짝이 없는 우리의 피난처를 위해 눈으로 벽을 만들려고 에리크가 밖으로 나갔다. 그는 텐트 주위에 30센티미터 높이의 작은 벽을 만든 다음 추위로 꽁꽁 언 채 안으로 들어왔다. 그리고 만약 상황이 더 나빠진다면 그것만으로는 충분치 않다고 말했다.

바람이 텐트 천을 하도 세게 흔들어대며 끔찍한 소음을 만들어내는 통에 우리는 잠도 제대로 잘 수 없었다. 우리는 누워서 눈을 동그랗게 뜨고 텐트의 가장 취약한 부분을 걱정스레 쳐다보았다. 몇 시간이 지나자 텐트 프레임 사이의 한 지점으로 갑자기 빛이 들어오기 시작했다. 그곳은 마찰로 천이 닳은 곳이었다. 에리크가 다시 밖으로 나갔다. 그러나 바람이 너무 세서 그는 똑바로 서기는커녕 무릎을 대고도 상체를 제대로 세울 수 없었다. 다른 환경이었다면, 보호막을 다시 만들려고 눈 위에 앉아 있는 거대한 몸집의 사나이를 보는 것이 아주 재미있었겠지만, 지금은 마냥 웃을 수도 없는 노릇이었다. 그는 하던 일을 곧 그만두고 낙담을 한 채 텐트의 피난처 안으로 들어왔다. 텐트가 과연 버텨낼지 자신하지 못한 그는 폭풍이 약해지기만을 바랐다.

6시간 후, 바람의 힘이 두 배로 커지자 우리의 고통은 최고조에 달했다. 탄성을 가진 텐트 폴 2개가 바람의 힘에 굴복해 날카롭게 휘어져, 그 주위의 천이 어쩔 수 없이 찢어지기 시작했다. 계속 찢어지는 것을 막기 위해 에리크는 팔을 들어 올려 텐트를 붙잡고 바람의 힘에 흔들리며 몇 시간을 그대로 있어야 했다. 나는 고도계를 쳐다보며, 바람이 잦아들기만 바랄 뿐 달리 도울 수 있는 일이 없었다. 한 번 더 나는 시간이 빨리 흘러가기를 바랐다. 그러나 내 안의 힘이 차츰 사그라진다는 느낌이 들 정도로 나는 인내심의 한계를 느꼈다.

24시간 후, 마침내 구조대가 도착해 우리를 지옥에서 꺼내주었다. 페트피셔트 힐스에서 우리를 본 사람들이 놀라서 믿을 수 없다는 표정을 짓는 것을 보고, 그들이 나를 죽었다가 다시 깨어난 어떤 사람으로 여긴다는 사실을 나는 알 수 있었다. 마침내, 의사의 치료를 받게 된 나는 그만 자제력을 잃고 말았다. 부러진 뼈를 돌보기 전에 그는 나에게 모르핀 주사를 놔주었다.

내 마음이 약의 힘으로 누그러지자, 나는 추락 후 처음으로 두 뺨 위에 눈물을 주르륵 흘렸다. 나는 그들의 눈에 비친 내 모습을 이해했다. 그리고 그들이 영어로 말하는 소리를 얼핏 들을 수 있었다. "살아난 건 기적이야. … 지옥에서 돌아온 거니까."

이야기는 잘 끝났다. 칠레의 푼타아레나스에 있는 현명한 외과의사 덕분에 나에게는 이제 사고의 후유증이 더 이상 없다.

과연 기적이었을까? 나는 꼭 그렇게 생각하지는 않는다. 당연히, 그런 상황에까지 직면하게 되는 누군가의 개인적인 입장을 다른 사람들이 완전히 이해하는 것은 불가능하다. 하지만 절대적으로 확신컨대 바위에 첫 발을 들여놓은 그 순간까지 거슬러 올라가는 등반 경험이 없었다면 나는 결코 무사히 돌아오지 못했을 것이다.

열정을 타고나다

하나의 풍경도 없는 사람은 빈곤하다.

파트리크 모디아노Patrick Modiano

어린 시절, 부모님은 신선한 공기를 찾아 주말이면 퐁텐블루 Fontainebleau의 숲속으로 자식들을 데려가곤 하셨다. 그곳에서 아버지는 친구들과 등반을 즐기셨다. 그때 우리는 딸만 넷으로 내가 맏이였다. 우리는 등반에 흥미가 없었다. 대신 우리는 바위 사이에서 숨바꼭질 같은 자연스러운 게임을 하며 놀았다. 하루 종일 서로를 쫓아다니느라 우리는 녹초가 되어 집으로 돌아왔는데, 그렇게 개구쟁이인 우리의 모습은 바로 부모님이 바라신 것이었다. 하지만 시간이 지나면서 숲속으로 가는 나들이의 횟수가 줄어들었다. 그리고 남동생에 이어 여동생까지 태어나 가족이 많아지자 밖으로 나가는 것은 한바탕의 소동이 되었다. 아마도 그때쯤 부모님의 관심도 시들해진 것 같았다. 균형 잡힌 교육을 시키자는 것이 우리를 더욱 다루기 힘든 아이들로 만들었으니까.

열한 살 때쯤 나는 파리 교외의 사비니 쉬르 오르주Savigny-sur-Orge에 있는 집에서 주로 놀았다. 나는 친구가 많아 주말마다 그들과 함께 밖으로 나가 롤러스케이트를 타고, 자전거를 타고, 공기놀이를 했다. 그리고 사실은 그런 놀이가 숲속으로 가는 것만큼 재미있었다. 우리는 시간 가는 줄도 모르고 흥미가 시들해질 때까지 놀았다. 내 주변의 친구들은 야외에서 하는 놀이에 나만큼 관심을 보이지 않았다. 그들은 잡담을 하거나 음악을 듣고, 오후 내내 문을 꼭 걸어 잠그고 집 안에 머물렀다. 대신 우리들은 마을 주위를 돌아다니며 어른들의 말마따나 '나쁜 짓'을 하며 놀았다. 하지만 우리가 그렇게 나쁜 짓만 한 것은 아니었다. 몰래 숨어서 담배를 피운 것 정도가 가장 나쁜 짓이 아니었을까? 하지만 달리 할 일이 없어, 혼자만의 시간을 갖지 못한 나는 거칠게 행동하고 짜증을 냈다.

그러자 부모님이 나를 프랑스산악회Club Alpin Français(CAF)에 등록시켜 등반을 할 수 있도록 해주셨다. 부모님의 배려에 나는 뛸 듯이 기뻐했다. 어머니의 친구 한 분이 나의 부모님에게 그런 제안을 하는 것을 얼핏 들은 후 그 순간을 몹시 기다렸기 때문이다. 등반을 하면 산에 갈 수 있지 않을까? 그리고 그것이야말로 내가 어른이 되면 제일 먼저 하고 싶었던 일, 즉 양치기와 딱 맞아떨어지는 것이었다.

열두 살이 되던 해의 9월, 나는 CAF에 정식으로 등록했다. 그리하여 나는 일요일마다 퐁텐블루의 숲속으로 자유롭게 갈 수 있었다. 나는 새벽 5시에 일어나 파리의 리옹역으로 갔다. 그곳에서 나는 다른 교육생들과 함께 8시 23분 기차를 탔다. 우리 모두는 CAF 회원들이었다. 따라서 열심히 할 필요가 있었다. 누군가는 곧 탈락할 테니까. 그 여행을 몹시 기다린 나는 수요일이면 벌써 짐을 꾸리기 시작했다. 나는 별 수 없이 내가 좋아하는 낡아빠진 녹색 벨벳 바지와 (똑같은 상태의) 녹색 스웨터, 그리고 오렌지색과 녹색 체크무늬로 된 멋진 셔츠를 입고 다녔다. 이런 옷들은 빨래를 한 다음 건조기로 보들보들하게 말려 미리 준비해야 했다.

어머니가 정하기는 했지만 녹색은 내가 제일 좋아하는 색깔이었다. 남동생과 여동생이 태어나 가족이 늘어나자, 어머니는 자식들이 서로 다투지 않도록 하려고 여섯 명을 색깔별로 나눠주셨다. 그리하여 할머니가 짜신 풀오버pullover 녹색 스웨터, 녹색 책가방, 녹색 양말, 녹색 수건이 나의 것이 되었다. 내 눈에는 그것들 모두가 아름답게 보였다. 나는 숲이라는 자연 배경과 어울리는 색깔을 특히 좋아했다. 소풍 준비의 마무리는 암벽화와 양말을 배낭 속에 잘 집어넣는 것이었다. 그러나 나는 그런 절차가 지시를 정확히 따르는 것인지는 전혀 자신하지 못했다.

일요일이면 나는 언제나 일찍 일어났다. 그리고 근처의 베이커리에서 사온 따뜻한 크루아상과 바게트로 아침식사를 간단하게 해결했다. 기대에 몹시 부푼 나는 고요한 새벽의 사비니 거리를 의기양양하게 걸어갔다. 사실 처음 몇 번은 너무나 의기

소침해, 혼자의 힘으로 파리에 간다는 사실에만 자긍심을 가졌다고 고백해야 할 것 같다. 내가 그곳에 도착했는데도 거리는 여전히 텅 비어 있었다. 나는 혹시 너무 늦은 것은 아닌지, 플랫폼을 잘못 안 것은 아닌지, 우리 일행을 제대로 알아차리지 못한 것은 아닌지 불안해했다. 물론 아무런 문제가 없었다. 스무 명 남짓 되는 우리는 기차를 타고 부아 르 루아Bois-le-Roi로 갔고, 그곳에서 바위가 있는 곳까지 10킬로미터를 걸어 올라갔다. 하지만 나는 그런 일을 전혀 귀찮게 생각하지 않았다. 오히려 나는 숲에서 들려오는 소리와 그 풍경과 냄새에 감탄했다.

함께 걸어가는 동안, 나는 여름을 산에서 보냈다는 다른 사람들의 이야기에 흠뻑 빠졌다. 소곤소곤 귓속말을 나누는 사람들도 있었고, 자신들의 행위를 아주 구체적으로 묘사하는 사람들도 있었다. 나는 그 낯선 사람들 사이에서 마치 이방인인 것처럼 소외감을 느꼈다. 나는 지난 두 달을 바닷가에서 보냈기 때문에 그들이 마지막으로 듣고 싶어 하는 것은 내가 낚시를 하러 간 이야기일지 모른다고 생각했다. 등반이라는 스포츠가 그것만의 고유한 언어가 있고, 클라이머들의 작은 집단은 일단 의식과 규정을 통해 들어갈 수 있기 때문에 훨씬 더 큰 소외감을 느끼기는 했지만, 나는 그들의 특별한 언어에 흥분과 호기심을 느꼈다. 나는 모든 것을 배워야 했다.

정확히 말하면, 내가 클라이머의 관점에서 숲을 제대로 바라보게 된 것은 아프레몽 고르주Apremont Gorges의 바르비종

Barbizon으로 나간 산악회의 첫 번째 나들이를 통해서였다. 다함께 모인 우리들은 재충전의 시간을 잠깐 가진 다음, 작은 그룹으로 나뉘어 주변의 바위로 흩어졌다. 바위들은 서로 다른 색깔의 화살표로 표시되어 있었는데, 나는 곧 그것이 난이도의 차이라는 사실을 알게 되었다. 나는 노란색 루트부터 시작할 열 명 남짓의 청소년 그룹에 속했다. 우리는 차례차례 시도할 예정이었다. 마침내 내 차례가 될 때까지 강사가 다른 사람들에게 해주는 조언을 나는 귀를 쫑긋 세우고 들었다. 이제 모든 눈이 나로 향하고 있다는 생각에 나는 얼굴이 조금 발개졌다. 그리고 출발했는데, 놀랍고 또 놀랍게도 나는 첫 시도로 모든 바위를 올랐다. 비록 초보자용이기는 했지만 그 루트들은 전혀 어렵지 않았다.

열두서너 군데의 바위를 끝내자 나는 가만히 있을 수가 없었다. 나는 올라가보고 싶어 미칠 지경이었지만 길을 줄게 서야 했다. 결국 더 이상 참지 못한 나는 근처의 다른 바위들을 돌아다니며 모험을 했는데 야단만 맞고 말았다. 물론 강사의 말이 옳았다. 위험할 수도 있었고, 안전의 문제도 있었으니까. 하지만 나는 그렇게 생각하지 않아 몹시 안달이 났다.

다행스럽게도, 마침 바쁘지 않은 강사 하나가 나를 도와주겠다고 나섰다. 이제 나는 내가 하고 싶은 대로 할 수 있었다. 나는 몇 번을 더 시도했고 그만큼 떨어진 다음 위로 올라갔다. 모든 곳을 다 오른 나는 무한한 자긍심을 느꼈다. 그리고 믿을 수 없을 정도로 빠른 발전에 속으로 의기양양해하면서 후에 다시 할 수 있도록 각각의 스텝과 무브move*를 자세히 암기했다. 나는 머릿속이 혼란스러웠다. 나는 이제 신세계에 발을 들여놓으려 하고 있었다.

나를 이미 다른 눈으로 바라보기 시작한 내 그룹으로 돌아간 나는 나의 첫 번째 강사가 방금 전 내가 했던 곳을 시도하는 모습을 지켜보았다. 그는 그곳을 잘 모르거나 난이도를 제대로 파악하지 못하고 있는 것 같았다. 그는 그중 한 군데를 오르지 못했다. 그날 내 새로운 등반 친구들은 거의 존경의 눈초리로 나를 바라보지 않았을까?

이제 나와 강사의 관계가 조금 어색해졌다. 그의 동료 — 그는 나 자신을 발견할 수 있도록 소중한 선물을 주었는데 — 가 다른 등반을 보여주겠다고 했을 때 나는 최고로 행복했다. 처음에는 약간 당황하면서 그 제안을 받아들였지만, 그도 나만큼 재미있어하는 것 같았다.

그 후 우리는 주말마다 그곳으로 가서 집으로 돌아올 시간이 될 때까지 일련의 루트들을 차례차례 올랐다. 저녁 기차를 놓치지 않으려면 오후 3시까지만 등반할 수 있었다. 나는 파김치가 되고, 손가락 끝이 까져 쓰리고 아팠지만, 나의 하루에 행복해하며 밤 9시쯤 집으로 돌아오곤 했다. 저녁을 먹으며 등반에 대한 모든 것을 가족들에게 이야기했지만, 그것이 나에게 얼마나 대단한 의미가 있는지 알아차리는 사람이 아무도 없어 나는 점

---

* 암벽등반, 빙벽등반, 스포츠클라이밍 등에서 손과 발의 움직임 [역주]

점 더 입을 다물게 되었다. 나는 그날의 등반에 따라 단지 "좋았어."라든가 "별로였어."라는 말만 했다. 사실 대화의 공통된 주제가 많지 않아서 집에 들어가 얼굴을 한 번씩 보는 것만으로도 귀가를 알리기에는 충분했다.

———

월요일 아침이면 나는 제대로 움직이지도 못할 정도로 근육이 뻐근했다. 나는 포장된 도로를 따라 간신히 걸었는데, 회복에는 보통 2~3일이 걸렸다. 일주일의 나머지는 다음 일요일이 빨리 오기만을 기다리며 보냈다. 나의 입문은 진정한 계시가 되어, 나는 등반에 푹 빠졌다. 낮에는 그 생각만 하며 보냈고 밤에는 그에 대한 꿈을 꾸었다.

　나는 산악회의 소식지를 받으면 하나도 빼놓지 않고 모두 읽었다. 출생과 결혼, 사망 소식까지도. 그리고 그것을 내 침대 옆에 잘 모셔둔 다음 잠을 자기 전에 또다시 읽었다. 나는 등반에 몰두한 나머지 영광의 약속이 될 여행 프로그램에 대한 몽상에 젖곤 했다. 겨울이면 해가 짧아지고 비가 자주 오고 몹시 추웠지만 그 여행에 나는 단 한 번도 빠진 적이 없었다. 내가 등반을 하러 가면 가끔은 눈이 와서 홀드 위의 눈을 치워야 했는데, 그럴 때는 손가락이 얼얼했다.

　그룹의 최고들을 뽑아 산속에서 여름 코스를 진행한다는 말을 들은 나는 내 체력을 테스트했고, 그 결과 내 능력과 신체적·정신적 한계를 알게 되었다. 그 코스에 대한 기대에 젖은 나는 열심히 운동했다. 그리고 항상 더 많이 했다. 그렇게 하자 내 눈에는 물론이고 다른 사람의 눈에도 내가 자연스럽게 드러났다. 나는 항상 모든 것을 제대로 하고 싶었다. 따라서 "산에서 발이 돌멩이에 걸리면 치명적이야."라는 말을 들으면, 나는 크고 부드럽게 뛰어넘으려고 집중력을 한껏 높였다. 그리고 그들이 "더 강해야 해."라고 말하면, 나는 내가 얼마나 잘 걸을 수 있는지를 보여주었으며, 추위 따위는 아랑곳하지도 않고 어떤 것이든 기분 좋게 내 보폭 안에 받아들일 수 있다는 것을 보여주었다.

어느 날, 지구력 테스트도 할 겸 나는 눈이 내리는 가운데 반바지만 입고 하루 종일 끝까지 등반했다. 사실 나는 다른 사람들보다도 훨씬 더 많이 연습할 필요를 느꼈는데, 그룹의 막내로서 나는 병약하게 보이고 싶지는 않았다. 하루는 날씨가 좋지 않다는 사실을 알게 된 부모님이 나를 데리러 오시는 잘못된 판단을 하셨다. 부모님은 친절을 베푸셨지만 나는 화가 났다. 다른 사람들과 함께 있었던 나는 응석받이가 아니라 그들과 똑같이 취급받고 싶었다. 아무튼 나는 등반에 온힘을 다한 다음 걸어가면서 기분전환을 하고 싶었다. 돌아오는 여행은 차분했다. 그 시간은 머릿속을 깨끗이 하고, 마치 자동화 과정처럼 나 자신을 지친 채로 그냥 놔두지만, 행복한 몸이 나와 함께하는 시간이었다.

—

절벽으로 가는 첫 번째 나들이는 부활절 연휴기간 중에 있었다. 그 스릴이란! 열두 살 나이의 내 눈에 절벽을 올라가는 것은 진짜 등반의 시작으로 보였다. 나는 그런 사람을 눈을 크게 뜨고 존경하는 마음으로 지켜보았다. 그런 등반이 가능하리라는 생각이 거의 들지 않아서 나에게는 신기하기 짝이 없었다. 그 등반을 위해 부모님은 나에게 안전벨트와 오렌지색 잠금 카라비너를 사주셨다. 또한 나는 부모님의 침낭을 쓸 수 있는 허락까지 받았다. 두 가지가 마음에 걸렸다. 그 안전벨트는 어린이용이었는데 나는 아직도 많이 자라지 않은 상태였다. 그리고 나는 빨강과 오렌지의 밝은 색깔이 잘 어울리지 않는다고 생각했다.

나는 코트 도르Côte-d'Or의 사프르Saffres로 간 첫 여행을 결코 잊지 못한다. 그곳에서 나는 사진에서 본 산악인들처럼 처음으로 로프와 카라비너를 사용하는 등반을 했다. 사실, 내가 그 절벽 밑에 갔을 때 처음에는 조금 실망했다. 나는 그곳이 적어도 내가 살고 있는 아파트만큼 높을 것으로 기대했었다. 그런데 그곳은 12층 높이와 맞먹는 30~35미터에 불과했다. 현대적 빌딩의 긴 수직의 선들에 의해 잘못된 원근법으로 나는 그만 바보가 되고 말았다.

우리는 레클레L'éclair에서 등반을 시작했다. 그곳은 꼭대기까지 나 있는 긴 (번개) 자국으로 그런 이름이 붙었다. 등반의 난이도로 보면, 그곳은 가장 쉬운 것부터 가장 어려운 것까지 여섯으로 나뉜 등급 중 두 번째에 해당했다. 훗날 등반이 발전하면서, 1977년에는 7급이 더해졌고, 1982년에는 8급, 그리고 1990년에는 9급까지 생겨났다.* 그 당시 나는 그런 수준에는 전혀 이르지 못했다.

강사인 선등자의 확보를 보라는 임무가 나에게 떨어졌다. 그는 나에게 요령을 알려준 다음 내 쪽에도 로프를 묶었다. 그리하여 마침내 나는 위대한 산악인처럼 로프로 연결됐다. 나는 퐁텐블루에서 지켜보고, 책과 잡지에서 본 확보 방식을 흉내 내려고 아주 열심히 노력했다. 신뢰를 받은 나는 우쭐했지만 걱정을 조금 하기도 했다. 잘할 수 있을까? 만약 그가 떨어지기라도 한다면 내가(그때 나는 작았다) 저 덩치 큰 사나이를 잡아챌 수 있을까? 그는 틀림없이 잘할 수 있다는 생각으로 나는 위안을 얻으려 노력했다. 그는 절벽 꼭대기에 도착해 이제는 내 차례라고 소리쳤다.

그 순간을 기다려온 나에게 그것은 파란 신호등이었다. 나는 로켓처럼 출발했다. 시간을 신경 썼고, 그 시간이 나에게 달린 것이기는 했지만, 나는 항상 가장 빠른 속도로 등반을 했는데, 나는 그 이유를 알지 못했다. 나의 등반 동료들에게 일부러 보여주려고 그랬던 것 같지는 않다. 아니면, 참을성이 없는 천성 때문이었는지도 모른다. 요즘은 그런 노력을 하면서도 호흡을 가다듬는 법을 알게 되었지만, 그때의 나는 숨도 거의 쉬지 않

---

* 더그 스콧이 서문에서 밝힌 바와 같이 카트린 데스티벨은 '몽블랑출판사'를 운영한다. 그녀가 발행한 『제9급—자유등반의 150년 역사THE 9TH GRADE: 150 YEARS OF FREE CLIMBING』도 하루재클럽에서 소개할 예정이다. [역주]

48

고 루트의 꼭대기까지 내달렸다. 그러나 나는 특별한 재능이 있다는 것을 깨달았다. 높은 곳에 올라가도 내가 태연하다는 사실을 발견한 것이 바로 그때였다.

한 가지 사실이 나를 계속 괴롭혔다. 내가 재빨리 올라가 확보물에 도착하면, 카라비너에서 로프를 빼내지도 않고 그대로 지나치는 것이다. 그러면 50센티미터 위에서 홱 끌어당겨지는 나 자신을 발견한다. 왜 그러지? 나는 나를 멈추게 하는 그 녀석에게 저주를 퍼붓는다. 맙소사, 당연하지! 로프를 빼낸다는 것을 또다시 깜빡한 것이다. 그럴 때마다 나는 몹시 화가 났다.

그날 아침 사프르에서 나는 같은 등급의 루트 둘을 더 등반했는데, 확보물에 매달리거나, 선등자에게 붙잡아달라고 하거나, 혹은 끌어당겨달라고 하지 않은 것에 커다란 자부심을 느꼈다.

오후에 나는 선등에 나섰다. 출발하기 전 절벽을 주의 깊게 관찰하면서, 나는 한 번 관찰하는 것으로 잠재적인 어려움과 홀드를 찾아내는 선등의 기쁨은 물론이고, 몸이 행동에 들어가고 중력을 거부할 준비가 되어 있을 때 느끼는 흥분으로 가볍게 떨었다. 일단 바위에 달라붙자 근육이 모든 요구에 반응하면서 나는 완벽한 조화 속에 부드럽게 동작을 이어나갔다. 나는 선등으로 꼭대기까지 올라갔다. 그러자 난생처음으로 완벽하다는 느낌이 들었다.

절벽 밑에서의 세심한 관찰은 그 후 나의 습관이 되었다. 그것은 내가 출발할 때마다 하는 하나의 반응으로, 나에게 큰 도움이 되었다. 나는 약간 더 어려운 루트 둘을 그럭저럭 해냈는데, 루트가 어려우면 어려울수록 나는 등반을 오히려 더 즐겼다. 나는 알맞은 돌기, 마침내 찾게 되면 힘차게 당기며 스릴을 느낄 수 있는 홀드가 되는 그 돌기를 찾아 바위를 살살 더듬는 손과 눈의 분주한 놀림을 좋아했다. 그리고 홀드에서 홀드로 옮겨 갈 때 움직이는 근육과 힘줄의 느낌으로부터 나는 커다란 만족을 느꼈다.

나는 등반을 하면서 행복하다는 느낌을 받았다. 방해받을 때를 빼고, 나는 내 몸이 무한히 준비되어 있다고 느꼈다. 퐁텐블루에서 몇 개의 루트를 연달아 오른 후 나는 그런 사실을 알게되었다. 그날 몇 개의 루트를 등반하면서, 나는 마음이 너무나 평온해 완벽하게 집중할 수 있었다. 나는 등반을 하면 할수록 더 하고 싶었다. 그리하여 등반이 점차적으로 나를 접수해나가기 시작했다. 나에게 등반은 점점 더 중독되어 가는 마약과 같았다.

여름휴가가 다가오고 있었다. 산에서 일련의 훈련을 받을 수 있도록 선발된 10명의 초보자 중 내가 막내였다. 우리는 발고드마Valgaudemar에서 3주일을 보낼 계획이었는데, 나는 내가 여전히 그 존재를 믿는 신의 근처까지 높이 올라가 양치기처럼 캠핑을 한다는 생각에 무척 흥분했다. 일부 신자들이 나에게 보인 위선을 깨닫고 지금은 덜하지만, 나는 종교적으로 엄격한 교육을 받아서 여전히 그런 믿음을 가지고 있었다.

부모님은 머리부터 발끝까지 내가 입을 것을 손수 만들어주셨다. 그리고 새로운 배낭도 사주셨다. 크기가 꽤나 큰 그 파란색 배낭에는 주머니가 여기저기 달려 있어서, 그 안에 숨겨둔 무엇인가를 찾으려면 시간이 꽤 걸렸다. 고백컨대, 사실 그 배낭은 산에서 등산용으로 쓰기에는 적절치 않았다. 주머니가 걸리적거리는 데다 무게로 인해 균형을 잡기가 힘들었기 때문이다. 그러나 정말 그럴 듯해 보여서 그런 것은 큰 문제가 되지 않았다. 내가 부모님과 오랫동안 떨어져 지낸 것은 그때가 처음이었다. 따라서 산에 간다는 설렘에도 불구하고, 나는 집 생각이 나지 않을까 걱정했다. 예전에는 가족의 품을 며칠만 벗어나도 눈물을 쏟곤 했는데, 이제는 아무렇지도 않았다. 나는 구름 위를 걷고 있었다. 내 자존심을 위해서는 다행스러운 일이었지만, 그런 불안감에 더 이상 영향 받지 않는 사람들 사이에 있다는 것은 내가 철부지 같은 짓을 해서는 안 된다는 의미였다.

가이드 하나와 강사 몇몇의 안내를 받은 우리들은 로프를 다루고 사리는 방법과 매듭을 만드는 방법을 배우며 처음 며칠을 보냈다. 흥미진진한 교육은 아니었어도 나는 조심스럽게 행동했다. 교육의 그다음 단계가 좋기는 했지만 내가 추구하는 것과는 사뭇 달랐다. 물론 우리의 가이드가 아찔한 장소로 안내해 정말 만족스럽기는 했다. 적당한 바위들을 찾아낸 우리는 서로 돌아가며 연습했다. 등반을 몇 번 하고 나서 나는 더 어려운 루트 하나를 찾아냈다. 꽤 오랫동안 사투를 벌이며 그곳을 간신히 올라간 가이드는 어린 아이가 유연하게 올라가는 모습을 보고 성질을 내며 욕을 해댔다. 등을 돌린 그는 체면을 세우기 위해 자리를 벗어나더니 커다란 오버행을 찾아냈다. 하지만 자랑스럽게도 나는 그것마저 올라갔다.

이제, 우리는 난생처음 산장으로 올라갔다. 우리는 식량을 균등하게 나누어 짊어지고 가야 했다. 주로 캔으로 된 그 식량 가운데 어떤 것들은 무게가 5킬로그램이나 나갔다. 다른 몇몇은 자신들의 배낭이 너무 작다는 핑계를 대며 큰 짐을 나르는 것을 꺼려했지만, 그것들 중 일부를 받아주겠다고 했을 정도로 나는 커다란 배낭을 아주 자랑스럽게 생각했다. 산길을 따라 올라갈 때 우리는 일정한 속도를 유지하고 때때로 쉬면서 물을 마시라는 이야기를 들었다. 나는 가이드 바로 뒤를 따라가는 두 번째 위치였다. 내가 그의 발자국을 기운차게 따라가자, 부츠의 끈을 묶기 위해 잠시 멈춘 그가 나 보고 선두에 서서 계속 가라고 말했다. 주변의 경치에 푹 빠진 나는 산장을 보고 싶다는 마음이 앞서 나의 행동을 제대로 알지도 못하고 속도를 높였다. 그러자 우리 일행의 줄이 점점 더 길게 늘어져, 교육생들 중 한 명만 내 뒤를 따라오게 되었다. 우리는 다른 사람들의 방해를 받지 않고 우리만의 속도로 가는 것이 마냥 즐거웠다. 결국 그들은 서로를 계속 기다려야 했다.

우리는 다른 사람들보다 앞서 산장에 도착했다. 그러나 그들은 우리보다 훨씬 뒤에서 길을 따라 올라오며, 마침내 우리를 따라잡게 되면 심하게 따지겠다고 벼르고 있었다. 우리는 '그렇게 체력을 방전시키는' 대신 강사들을 기다렸어야만 했다. 가이드에 대해 말하면, 그는 땀을 비 오듯 쏟았는데, 우리를 따라잡지 못해 약간 약이 오른 것 같았다.

가스레인지와 그릇, 포크, 나이프, 숟가락 등 주방기구가 완비된 산장은 놀라울 정도로 안락했다. 우리는 안으로 들어가 식사를 준비하고 누가 어디에서 잘지를 정했다. 이제 나를 알아보고 나에게 흥미를 느낀 가이드는 내 옆에 잠자리를 잡았다. 전에 산장에서 자본 적이 없어서, 나는 어떻게 해야 하는지를 전혀 알지 못했다. 그래서 나는 그를 따라했다. 담요를 펼치고, 옷을 둘둘 말아 베개를 만들고, 손전등을 가까운 거리에 잘 놓아두고…. 그는 티셔츠를 말린다며 밖에 펼쳐놓았지만 나의 것은 이미 말라 있었다. 나는 잘 잤지만 새벽 3시가 되자 잠이 깼다. 가이드가 일어나더니 밖으로 나가서, 나도 살금살금 그를 뒤따라 나갔다. 그는 하늘을 쳐다보면서 오줌을 누고 있었다. "하루 종일 날씨가 좋을 것 같다!" 그는 기분이 좋았는지 환호성을 올렸다.

내가 담요를 코끝까지 끌어당기는 순간 그가 안으로 들어왔다. 만약 그가 날씨를 걱정했다면 나는 눈물을 흘렸을지도 모른다. 나는 그만큼 산을 오르고 싶었다. 그와 마찬가지로, 나 역시 간밤에 준비를 다해놓아 즉시 나설 태세가 되어 있었고, 다른 사람들이 꼼지락거리며 일어나는 동안 그를 도와 즐겁게 아침식사를 마련했다. 가이드는 꾸물거리는 사람들에게 화를 내기 시작했다. 자신이 하는 일을 보며 서두르라는 것이었다. 출발하기에는 이미 너무 늦은 시간이 아닌지 나는 걱정이 되기 시작했다.

마침내 산장을 출발한 우리 일행은 동이 틀 무렵 만년설에 도착했다. 가이드는 우리들을 멈춰 세우고 크램폰을 차라고 지시했다. 색다른 경험이었지만, 나는 이미 준비가 되어 있었다. 나는 미리 연습했기 때문에 재빨리 내 크램폰을 찼다. 주변은 사뭇 혼란스러웠다. 크램폰을 조절하는 방법을 깜빡한 친구들이 있는가 하면, 끈을 제대로 조일 줄 모르는 친구들도 있었다. 그리하여 어수선함이 1시간 동안이나 계속됐다. 가이드는 만약 제대로 걷지 못하면 그날은 계속할 교육 내용이 더 이상 없을 것이라며 그들에게 조바심을 냈다. 나는 안달이 났지만 아무 말도 하지 않았다. 그가 말하고 있을 때 여자 하나가 넘어지더니 눈 위로 미끄러졌다. 출발부터 상황이 정말 좋지 않았다.

결국 100미터의 만년설 위에 삼삼오오 모인 우리들은 가이드로부터 하루 종일 눈 위에서 연습할 것이고, 더 높은 곳의 설사면은 다음번에 도전할 것이라는 이야기를 들었다. 하지만 너무나 재미있어서 나의 실망은 오래가지 않았다. 우리는 팀을 만든 다음 서로를 넘어지게 해서 로프로 확보를 보는 연습을 했다. 교육생 두 명당 강사가 한 명씩이었다. 그런데 나는 '운'이 좋게도, 그 잘생긴 가이드와 짝을 이루었다. 나는 더없이 행복했다. 그가 추락하는 척하면 내가 잡아채기로 되어 있었다. 그는 자신의 몸을 적당히 던졌다. 누군가를 설사면에서 잡아채는 일은 결코 쉽지 않아, 나는 그가 추락하기도 전에 만반의 준비를 해야 했다. 만약 갑작스럽고 예상치 못한 추락이 실제로 일어난다면 내가 과연 해낼 수 있을까? 다음 연습은 설사면에서 머리부터 곤두박질친 후 재빨리 자세를 바로잡는 것이었다. 우리는 눈 위에서 장난을 치며 신나게 놀았다. 결국 등반을 하지 않는 날도 아주 나쁘지는 않았다.

다음 날 우리는 드디어 진지한 과제를 부여받고, 콜 뒤 루Col du Loup를 넘어 피크 뒤 루Pic du Loup로 갔다. 콜 뒤 루로 가는 길은 크레바스를 한 번도 건너지 않고 눈을 곧장 걸어 올라가서, 아무리 상상을 하려 해도 위험의 낌새가 전혀 없었다. 따라서 뒤로 처져 혼자서 바둥거리는 일 외에 로프 사용법을 알 수 없는 그 등반은 나에게 전혀 인상적이지 못했다. 더구나 나와 로프를 묶은 선등자는 능선에서 지나치게 조바심을 낸 나머지 우리 넷 모두를 끌어올리려 하지 않았다. 나는 화가 났는데도, 가이드는 가끔 주위를 둘러본 다음 우리가 하는 모습을 보고 웃음을 터뜨렸다.

하루하루가 지나감에 따라 나는 점점 더 견딜 수가 없었다. 마냥 기다리기만 하는 느낌이 들었고, 내 친구들의 실수와 불안에 떠는 모습에 화가 났다. 나는 소위 '제멋대로의' 행동으로 잇달아 심한 꾸지람을 들었는데, 그것은 내가 다른 사람들과 같은 속도로 배우려 하지 않거나, 걸으면서 속도를 늦추지 않거나, 길에 머물러 있지 않으려 했기 때문이다.

어느 날 아침 우리가 대피소로 올라가려고 하는데, 머리가 지끈거리고 목도 아파 나는 컨디션이 정말 좋지 않다는 느낌을 받았다. 결국 등반으로 예정된 그날의 교육에서 빠질 수밖에 없었다. 나는 걷는 것이 건강을 회복시키리라 믿으면서 아무 말도 하지 않았다. 하지만 내가 대피소까지 힘들게 올라가 배낭을 내려놓으려니 정신이 어질어질했다. 어쩔 수 없이 내가 더 이상 활발하게 움직이지 못하자, 우리 팀의 나머지 사람들은 어쩔 줄 몰라 했다. 그들은 나를 침상에 눕힌 다음, 열이 나 끙끙거리는 나를 밤새 지켰다. 나는 할 말이 없었다. 다른 사람들이 등반을 하러 떠난 사이 나는 담요더미 밑에서 그들을 기다렸다. 그러나 나는 정말 위로를 받았다. 왜냐하면 가이드가 나와 함께 남았기 때문이다. 그는 내가 헬기를 타고 산을 내려가기를 원했지만, 나는 그렇게 심하게 아프지는 않아 항의할 정도의 힘은 있었다. 이제 나는 걸어서 내려갈 만큼 컨디션이 좋아졌다. 나는 헬기를 타는 창피를 모면하기는 했지만, 하나는 포기하고 말았다. … 그가 내 대신 배낭을 멘 것이다. 나는 어쩔 수 없이 의사를 찾아가야 했는데, 결국은 항생제를 맞고 침대에 누워 휴식을 취하는 지루한 과정을 밟아야 했다. 그 와중에 내 보호자인 가이드 롤랑Roland이 온갖 시중을 들면서 따뜻한 음료를 나에게 주어 나는 대단히 기뻤다. 그는 내가 놓친 것보다 훨씬 더 아름다운 경치가 있는, 훨씬 더 인상적인 등반지로 나를 데려가겠다고 약속했다.

나는 처방을 받으며 3일 동안 휴식을 취한 다음, 마침내 우리 일행과 합류할 수 있었다. 롤랑이 우리 일행 곁을 떠난 사이 그 자리는 모든 것을 자기 마음대로 해야 직성이 풀리는 성질 고약한 다른 가이드로 대체됐다. 그는 우리를 이끄는 다른 사람들의 의견을 무시하고 모든 것을 미친 듯이 밀어붙였다. 그는 자신을 향하는 따가운 눈초리도 알지 못하고, 메뉴를 바꾸어 식량을 엉망으로 만드는가 하면, 공동으로 쓰는 도미토리에서 발가벗고 자 어린 숙녀들에게 충격을 주었다.

일련의 과정이 끝나갈 무렵, 내가 졸라대자 결국 부모님은 더 머무를 수 있도록 허락하면서 추가 비용을 내주셨다. 그것은 롤랑이 약속한 루트, 즉 발고드마 산군에서 가장 높은 시라크Sirac 의 북벽을 등반할 수 있다는 의미였다. 그리하여 나는 산을 진정으로 경험할 수 있었다. 고요 속에서 자신을 위로 끌어올리는 기쁨과 정상에 올랐을 때의 희열 같은 것이랄까. 한 팀이 된 우리는 진짜 산악인들처럼 선등을 서로 바꾸어가며 등반했다. 우리는 모두 15명이어서 산은 나의 기대에 부응하지 못했다. 그때 롤랑이 자신의 손님들과 함께 가는 등반에 나를 초대해, 며칠 동안 나는 교육의 전 과정을 통해 배운 것보다도 훨씬 더 많은 경험을 할 수 있었다.

그런 생활은 용돈이 떨어질 때까지 계속됐다. 나는 호스텔과 식량 비용을 대야 해서 계속 머물 수 있도록 산장을 청소하며 용돈을 벌었고, 산에서 자라는 작은 야생화인 '제네피Genepi' 를 꺾어 같은 이름의 술을 만들었다. 접근이 쉽지 않은 곳에서 자라는 눈부신 꽃들을 발견한 나는 약간의 수고 끝에 아주 많이 꺾을 수 있었다. 하지만 맙소사! 그것들을 가지고 내려오는 것은 한 편의 드라마였다. 굴러 떨어지기 딱 좋은 곳이어서, 나는 손에 움켜잡은 꽃들을 떨어뜨리지 않고 균형을 유지하기 위해 무엇이든 잡아야만 했다. 마치 흙처럼 부서지는 바위가 발밑에서 그대로 무너져 내렸다. 조그만 돌멩이가 굴렀는데도 실제로 작은 사태로 이어져, 나는 주위가 흔들리는 것이 느껴졌다. 산 밑은 커다란 돌무더기였다. 나는 산속에 갇혀 두려움에 떠는, 옛날 만화의 주인공 베카신처럼 어리석은 소녀가 된 느낌이었다.

감히 움직일 생각도 하지 못한 나는 손과 무릎으로 버티며 1시간 내내 옴짝달싹하지 못했다. 만약 부모님이 내 상황을 아셨다면 뭐라고 하셨을까? 나는 겨우 정신을 차리고 혼잣말을 했다. "자, 카트린. 참착해. 쉬워! 이틀이 걸려도 넌 해낼 수 있어. 왼발을 거기에 대. 좋아. 이제 오른발로 그 돌을 툭툭 차봐. 그게 괜찮은지." 하지만 그것들은 대부분 불안했다. 끔찍한 상황이었다. 내가 마지못해 발을 옮길 때는 그 돌이 바닥으로 굴러 떨어져 산산조각이 나는 것은 아닐까, 하는 상상에 사로잡히기도 했다. 그러자 내 인생이 주마등처럼 머릿속을 스쳤다. 부모님, 남동생, 여동생들과의 영원한 이별…. 나는 아주 조심스럽게 움직였다. "자, 카트린. 넌 겁을 먹어서 너무 뻣뻣해. 평정심을 되찾아." 나는 한 걸음을 옮길 때마다 혼잣말을 하며, 3시간 후에 그곳을 탈출했다.

나는 구조대원들도 찾지 못하는 곳으로 모험을 떠난 셈이었다. 그날 저녁, 이야기를 들려주는 내 목소리는 여전히 떨렸다. 마음을 진정시키려고 과일 샐러드 캔을 먹을 때 비로소 내가 다시 살아났다는 느낌이 들었는데, 그 순간이 아직까지도 기억에 생생하다.

부모님이 허락해주신 별도의 시간은 방학과 함께 자연스레 끝나갔다. 그와 같은 여름을 보낸 나는 교실로 돌아가고 싶은 마음이 전혀 들지 않았다. 내 머릿속은 산으로 돌아갈 생각으로 가득 찼다. 롤랑이 나에게 몇 주 동안 함께 등반하자고 제안해, 나는 학교 숙제를 신중하게 생각하면서 시간을 낼 수 있는지 알아보았다. 그런 사실을 부모님께 말씀드릴 때 나는 전혀 낙관하지 못했다. 그리고 아니나 다를까 뻔한 반응이 나왔다. "꿈도 꾸지 마라, 얘야. 산에서 시간을 너무 많이 보내면 지친다. … 그럼 숙제는 어떻게 하니? 그리고 우린 그 가이드를 잘 알지도 못해." 그래서 나는 — 이미 작정을 했지만 — 부모님의 허락을 무시하기로 했다.

그 얼마 전에는 부모님과 떨어지면 두려움에 떨고 눈물을 흘렸었는데 이제는 그것도 옛날 일이었다. 나는 복잡한 시나리오를 정교하게 짰다. 공식적으로는 프랑스산악회의 교육생들과 함께 퐁텐블루의 숲에서 매주말을 보내는 것으로 하고, 실제로는 알프스의 산록에 있는 가프Gap에서 나의 선생님이자 가이드이며 친구와 만나기로 한 것이다. 나는 늘 같은 장소인 파리의 리옹역에서 떠났지만, 그것은 훨씬 더 오래 걸리는 야간열차 여행에 요금도 상당히 비쌌다. 빈약한 재원을 보충하기 위해 나는 사악한 계획을 몇 개 세웠다. 그 중 하나가 가족 할인티켓을 사는 것이었다. 유효기간은 두 달. 일단 열차가 출발하면 검표원과 숨바꼭질을 한다. (그의 눈을 피하기 위해 의자 밑으로 숨거나, 훨씬 더 안락한 곳인 천장의 짐칸으로 들어간다) 그리고 역에 도착하면 화물차 사이로 몰래 빠져나가 다른 출구를 찾는다.

유효기간이 끝나면 나는 사용하지 않았다며 환불을 받아 한 장을 다시 구입하고, 똑같은 방법을 몇 번이고 되풀이했다. 그리하여 나는 별다른 제지를 받지 않고 멀리 베르코르Vercors 산군까지 가서 몽테귀Mont Aiguille의 아르시안Archiane과 글랑다스Glandasse를 등반할 수 있었다. 주말에 가끔 등반을 두 번씩 하기도 했지만, 일요일 저녁이면 유달리 피곤해 보이는 나를 속일 수는 없었다. 그런 등반은 흥미진진하기도 했고 약간 불안하기도 했다. 내가 무엇에 빠졌는지 부모님이 알면 어떻게 하지? 나에 대한 호의에 확률을 더하고, 부모님이 적극 찬성한 '퐁텐블루에 가는 착한 소녀'처럼 계속 행동하기 위해, 나는 주중에 학교 공부를 열심히 하는 소녀가 될 필요가 있었다. 그리고 그 결과 성적이 좋아서 모두가 행복하게 되었다.

그런 전략이 완벽하게 먹혀들어가, 나는 봄에 크로스컨트리 스키를 조금 즐길 수 있는 자유까지 얻었다. 하지만 그것은 현명하지 못한 판단이었다. 햇볕에 피부를 너무 많이 태우고 눈이 거의 안 보이는 상태로 돌아온 것이다. 고글 없이 스키를 타서 나는 그만 약간의 설맹에 걸리고 말았다. 나는 마치 파리 남쪽에서 주말을 보낸 것처럼 그 상황을 속여 넘겼다. 나는 눈에 모래가 들어간 양 거짓으로 둘러댔는데, 가엾은 아버지는 일요일 저녁에 안약을 사려고 동네를 샅샅이 뒤졌다. 나는 안절부절하지 못했다. 내 작전은 너무나 드라마틱했지만, 부모님은 지나칠 정도로 자세히 조사하지는 않았다.

그럼에도 의심을 완전히 거두지 못한 부모님은 주말에 누군가가 나를 데리러 집으로 올 것이라고 말했다. 아, 어떻게 돌파하지? 나는 친구의 오빠에게 비밀을 털어놓았다. 나는 공범이 필요했다. 그가 그렇게 해줄까? 그는 고개를 끄덕였지만 너무나 놀랍게도 오토바이 헬멧을 가지고 나타났다. 아뿔싸! 차가 올 것이라고 말했는데…. 어머니는 다시 의심을 하기 시작했다. 나는 구구절절 변명을 늘어놓아 궁지에서, 즉 집에서 빠져나오는 데 성공했다. 그리고 난생처음 오토바이 뒤에 타는 스릴을 만끽했다. 그는 주비시Juvisy에 있는 역에 나를 내려주었고, 나는 그곳에서 첫 순환열차에 올라타 리옹역에 2시간 일찍 도착했다.

짐을 열차에 남겨두고 싶지 않아, 나는 높은 곳에 있는 수화물 카트에 쪼그리고 앉아 출발시간을 기다리기로 했다. 행인들이 오가는 모습, 즉 그들의 복장과 짐과 표정을 관찰하고 지켜보는 것은 재미있었다. 그런데 갑자기 놀랍고 또 놀랍게도 아버지가 플랫폼을 향해 다가오고 있었다. 화가 난 표정의 아버지 얼굴은 잔뜩 찌푸려 있었다. 나는 말 그대로 그 자리에 얼어붙었고, 심장이 너무나 빨리 요동치는 바람에 머릿속이 하얗게 되었다. 내가 반응을 하는 데는 몇 초가 걸렸다. 완전한 공황상태에 빠진 나는 자리에서 뛰어내려 우편열차 밑으로 숨어든 다음, 누구도 나를 끄집어내지 않거나, 또는 어떤 경우에도 열차가 출발하지 않기를 간절히 기도했다. 눈을 두리번거리며 입을 쑥 내민 채 플랫폼으로 걸어오는 아버지가 점점 더 생생한 장면으로 다가왔다. 아버지가 열차의 모든 칸을 일일이 확인하는 모습을 보고 나는 짐을 두고 내리지 않은 것이 얼마나 다행인가 하는 생각이 들었다. 아버지는 열차가 떠난 후에도 나를 계속 찾았다. 그러다가 브리앙숑Briançon으로 가는 마지막 열차가 출발한 후에야 역을 떠났다. 아버지는 어리숙하지 않았다.

확실히 하기 위해, 나는 몸을 움츠리고 역이 텅 비기를 기다리며 새벽 1시까지 숨어 있었고, 그때서야 탈주자처럼 과감하게 은신처에서 기어 나와 매표소와 신문 판매대와 음료수 판매대를 확인했다. 아버지는 잠복해 있지 않았다. 그리하여 나는 아버지와 직접 마주치는 최악의 상황을 모면할 수 있었다. 나는 아버지가 화나면 어떤 모습인지 알고 있었다. 이제 가프로 떠날 수 없게 되었다. 그렇다고 집으로 돌아갈 수도 없는 노릇이었다. 나는 나의 대부에게 전화를 걸었지만 헛수고에 그치고 말았다.

어디 가서 밤을 보내지? 나는 열차를 기다리는 사람처럼 보이게 하면서 2시까지 역 주변을 초조하게 돌아다녔다. 그러나 그 새벽 시간에 떠나는 열차가 있을 리는 만무했다. 바로 그때 한 아프리카인이 나에게 다가와 내가 무엇을 하고 있는지 친절하게 물었다. 그는 역무원들이 잠을 자기 위해 역을 곧 비울 것이라며, '어떤 경우든 그곳에 있는 것은 현명치 않다'고 말했다. 나는 그가 옳다고 생각했다. 그런데 그가 나에게 함께 자기 집으로 가자고 제안했다. 그곳이 안전하다는 것이었다. 그는 낯선 사람이었다. 하지만 나는 분명 경찰서로 끌려가는 것도 원치 않았다.

나는 곧바로 대답하지 않았다. 그는 직업이 교사며, 만약 내가 자신을 믿지 못하면, 대신 청소년센터로 데려다줄 수도 있다고 나를 설득했다. 나는 안심이 되었다. 결국, 그가 믿을 만한 사람으로 보여 나는 그를 따라 그의 집으로 가기로 결정했다. 그가 파리 교외에 살고 있어서, 나는 열차를 탔고, 내 이야기를 기꺼이 들어주는 그 남자에게 내 고민을 털어놓았다. 하루의 긴장 뒤에 오는 그 안도감이란! 그의 집에서, 그는 자기 나라에서 만들었다는 시리얼을 나에게 주었는데, 처음 먹어보는 것이었다. 그 시리얼은 맛이 좋았다. 그리고 그는 나를 정신적으로 완전히 혼란에 빠뜨린 아프리카 음악들을 틀어주었다. 취침시간이 되자 그는 나에게 자신의 침대를 원하는지, 아니면 다른 곳에서 잘 것인지 물었다. 나는 비박을 위한 훈련을 할 때 종종 그러는 것처럼 바닥에서 자는 것을 선택했다. 사실, 나는 발코니에서도 강화훈련을 하고 있었다.

나는 그 남자와 밤을 거의 새울 정도로 이야기를 나눈 다음 잠깐 눈을 붙였다. 나는 전에 어느 누구에게도 그토록 많이 비밀을 털어놓은 적이 없었다. 눈을 떠보니 나는 혼자였고, 내 옆에는 쪽지가 놓여 있었다. 그곳에는 원하면 며칠을 더 머물러도 좋고, 떠나고 싶으면 문을 당겨 연 다음 닫고 나가라고 쓰여 있었다. 그처럼 착한 사람을 우연히 만난 것은 정말 믿을 수 없는 행운이었다. 그는 내 머리칼 하나도 건드리려 하지 않았다. 나는 내가 부모님께 말씀드린 대로 며칠 동안 퐁텐블루에 가는 것이 좋겠다고 생각했다. 그리하여 나는 몇 시간 후 그곳에 있었다.

기분이 발밑의 이끼만큼 칙칙했다. 나는 비참한 심정과 전혀 내키지 않는 감정으로 마음이 짓눌렸다. 게다가 배낭까지 무척 무거웠다. 고온다습한 날이었는데 망가진 내 배낭 안에는 마실 물 한 방울조차 없었다. 부아 르 루아에서 바르비종까지 걸어가는 동안 언짢은 생각이 발걸음에 따라 춤을 추었다. 산으로 가는 것이 허락되지 않으면, 나는 일상에 진저리를 냈다. 아무도 나를 이해하지 않았고, 아무도 나를 사랑하지 않았다. 나는 도움을 거의 받을 수 없었다.

바르비종에서 나는 물 한 통과 비스킷 한 박스를 산 후 볼더링bouldering을 하러 아프레몽 고르주Apremont Gorges로 향했다. 그러자 등반의 신비한 효과가 나에게 영향을 주었는지 우울한 기분이 사라지고, 골치 아픈 문제가 잊히면서 마음이 산뜻해졌다. 나는 무브의 완벽한 흐름에 따른 불굴의 감각과 느낌에 빠져들었다.

그날 내내 나는 나와 같은 결심을 가진 클라이머 몇몇을 우연히 만났지만, 오후가 지나면서부터는 다시 혼자가 되었다. 그때까지 나는 두 남자의 조금 이상한 행동을 전혀 눈치 채지 못했다. 잠시 후 그들이 나에게 아주 가까이 다가오는 것을 보고 나는 조금 불안한 생각이 들었다. 혼자서 그 둘을 떠맡을 것을 생각하자 내가 너무 작게 느껴졌다. 내가 잠잘 곳으로 정해놓은 바위 밑에 숨겨놓은 배낭을 어떻게 지키지? 나는 그런 상황을 전혀 좋아하지 않았다. 주위에 아무도 없는 데다 탈출할 뾰족한 수도 없었다. 커다란 배낭을 메고 내달리는 것은 생각할 수도 없는 일이었다. 수풀 속으로 숨어야 하나? 숨바꼭질이라도 하듯? 아주 작은 소리에도 소스라치게 놀라며? 좋은 아이디어는 필요하면 떠오르는 법. 저 서투른 멍청이들은 올라올 수도 없는 바위 꼭대기를 왜 피난처로 삼지 않지? 나는 그들이 쉽게 올라올 수 없는 그럴듯한 바위가 하나 필요했다. 그것은 내 생각에 완벽하게 들어맞는 빨간색 표시 중 최고로 어려운 것이어야 했다. 아주 높아 배가 나온 저 두 거지들이 나에게 결코 닿을 수 없는 바위.

나는 내 물건들을 챙긴 다음 신의 뜻에 따른 그 바위로 잽싸게 도망갔다. 배낭의 무게에도 불구하고, 내가 그토록 빨리 달릴 수 있다는 사실을 나는 믿을 수가 없었다. 악마의 힘으로, 나는 그 두 괴짜가 달려들려는 순간 내 안전한 피난처로 올라갔다. 조금 성가시게도, 그들은 나에게 달콤한 이야기를 건네며 내가 무엇을 두려워하는지 물었다. 나는 정신을 바짝 차리고 차분하게 대답했다. "동물!" 이제 우리는 여우와 까마귀의 우화를 연기하고 있었지만, 나는 그 스토리를 알고 있어서 아주 불리하지만도 않았다.

그들은 친절해 보이는 말을 걸기 시작했다. "무척 예뻐서 널 저녁식사에 데려가고 싶어." 나는 비스킷을 우적우적 먹으며 그들을 내려다봤다. 그러자 궁금한 생각이 들었다. '저들이 언제나 물러갈까?' 재미있는 게임이었다. 그때 이런 말이 들려왔다. "아, 그래. 네가 내려와서 우리와 함께 있길 원치 않기 때문에 너와 사귀기 위해 우리가 올라갈 거야." 나는 그들이 절대 올라올 수 없을 것이라고 꽤나 자신하고 있었다. 그런데 한 명이 친구의 다리를 받쳐주는 모습이 보였다. 내가 지나치게 낙관적이었나?

나는 그 무례한 놈들에게 혐오감을 느꼈다. 그러나 내가 할 수 있는 일은 허세를 부리는 것뿐이었다. 나는 그들을 비웃고 놀려대며, 그들이 실제 가지고 있는 힘을 잃게 만드는 데 성공했다. 마침내 안심한 나는 잠시 후, 도시복장을 하고 바닥에서 꼼짝도 하지 못하는 어리석고 뚱뚱한 두 저질 인간의 광대 같은 장면에 실컷 웃어댔다. 이제 약이 오른 그들은 목소리를 바꾸더니 불쾌한 짓으로 나를 위협했다.

쇼의 막간 프로그램으로 그들은 옷을 벗었다. 그들이 발가벗은 채 바위 밑에서 이리저리 껑충거리는 모습을 못 본 척하고, 그들이 진정하기를 바라며 나는 잠을 자는 체했다. 하지만 그런 무시도 별 소용이 없었다. 나는 섹스 교육의 대상자가 되었다. 나는 음란하고 저속한 용어에 얼굴을 붉히지 않을 수 없었다. 겨우 열세 살 소녀의 나이로, 나는 또래들보다 그 주제에 대해 더 많은 것을 배웠다. 잠을 잘 수 없게 된 나는 만약 두 섹스 미치광이가 바위를 올라오기라도 한다면 그들의 손가락을 분질러버릴 각오를 했을 만큼 긴장했다. 나는 그들의 일거수일투족을 지켜보면서 언제 그들이 조용해질지 걱정했다. 그들은 날이 훤해질 때까지 포기하지 않았다. 그러나 나는 내가 감히 내려가기 전에 클라이머들이 몇 명 나타나기를 기다렸다.

나는 숲에서 3일을 더 보낼 수도 있었지만 등반을 하고 싶은 마음이 들지 않았다. 그래서 나는 바르비종으로 가 어슬렁거리며 기분을 전환시킬 식량을 조금 샀다. 하지만 그것이 더 안 좋은 결과로 이어졌다. 아는 사람이 아무도 없는 나는 그곳 사람들이 불친절하다고 생각한 끝에 숲으로 다시 돌아갔다. 그 남자는 외모에서부터 주변의 노동자 냄새를 풍겼다. 다행스럽게도 그는 곧 자신의 장소로 나를 안내했다. 그는 내가 그곳에 더 이상 혼자이지 않아도 되는 마지막 지푸라기였다. 이제 안전한 볼트 구멍을 찾은 것이다. 그곳에서 48시간을 버틴 나는 예정보다 하루 일찍 집으로 돌아왔다. 부모님은 내가 집으로 돌아오자 기뻐하는 것 같았다. 그분들은 내 여행을 전혀 눈치 채지 못했지만, 관대하게도 독립적으로 자라는 나를 보고 기뻐했다. 그리하여 내가 빠진 일에 지나치게 깊이 파고들지는 않았다. 10년이 지난 후 가족의 품에서 벗어났을 때 나는 그때의 일을 고백했다.

특별히 기억에 남는 그 에피소드 이후에는 더 이상 거짓말을 하고 싶은 마음이 들지 않았다. 양심의 가책을 느끼며 하는 등반은 즐거움을 반감시켰고, 산에서 그렇게 보낼 수 있는 주말도 더 이상 생기지 않았다. 여름방학이 되면 어쨌든 나는 그곳에 갈 터였다. 그리고 부모님은 우리들을 위해 샬레를 빌려주셨다. 그해는 이탈리아 국경 근처에 있는 퀴라Queyras에서 보내기로 했다. 그곳은 등반 대상지가 많지는 않았지만, 우리는 고산 초원지대에서 연푸른 나뭇잎과 꽃과 소와 내가 언제나 아주 좋아하는 작은 시냇물을 즐기며, 오래도록 걸을 수 있는 곳이었다.

우리가 고속도로를 타고 내려가는 동안, 혼자서 우장Oisans을 한 바퀴 돌아보자는 생각이 문득 들었다. 부모님도 전적으로 찬성했다. 특히 아버지는 나를 곧장 그곳으로 데려다주겠다고 말했다. 여행일정의 출발지점에 나를 내려준 다음 10일 후에 데리러 온다는 것이었다. 나는 귀를 의심하지 않을 수 없었다. 열네 살 난 딸이 산속을 오랫동안 혼자 걸을 수 있도록 해주는 부모가 과연 얼마나 될까? 나는 나를 믿어주는 부모님께 무한히 감사하는 마음이 들었다.

일주일 후 나는 라 그라브La Grave 마을에서 출발했다. 철저히 혼자 움직이기로 한 나는 배낭에 텐트와 침낭, 옷가지 그리고 며칠 분의 식량 등을 집어넣었다. 처음 며칠 동안은 정말 힘들었다. 배낭이 얼마나 무거웠는지…. 왜 산장에서 자고 싶다는 생각이 들지 않았을까? 하지만 나는 여행을 하는 내내 나의 결심을 고수했다.

실제로 그 길을 가는 동안 나는 한 번도 외롭다고 느껴본 적이 없었다. 많은 트레커들이 우장의 둘레길을 따라 걸었는데, 나에게 자주 말을 건 그들은 내가 혼자인 것을 알고 놀라는 표정을 지었다. 나는 가끔 같은 사람들과 하루 종일 걷기도 했다. 10일 후 나는 라 그라브로 돌아와 아버지와 랑데부했다.

——

여름방학이 끝나, 나는 퐁텐블루에서 주말을 보내는 평소의 스케줄로 돌아갔다. 다른 교육생들이 등반을 기다리는 그 언덕들은 이제 더 이상 나의 관심을 끌지 못했다. 그래서 나는 일요일마다 나만의 계획을 따랐다. 오전 8시 23분 리옹역에서 열차를 타고, 10~15킬로미터를 기운차게 걸어 올라간 다음, 내가 좋아하는 바위로 가는 것이다. 이제 나는 그 숲의 수많은 샛길과 숨어 있는 장소들을 손금 보듯 알게 되었다. 나는 수사슴과 암사슴을 보았고, 어느 날은 내 길을 가로지른 멧돼지의 소리를 아주 가까운 거리에서 듣기도 했다. 내가 입맛을 다시기도 전의 눈 깜짝할 사이에, 교육생들은 나의 존재를 전혀 알아차리지 못하고 자신들의 코스로 갔다.

나는 날씨에 따라 등반 대상지를 선택했다. 축축할 때도 더 마른 곳이 있었고, 더울 때도 그늘진 곳이 있었다. 바위 주위에서는 혼자 오래 있을 수 없었다. 가끔 나는 등반의 출발지점에서 나에게 조언을 해주는 또 다른 단독등반가를 만나곤 했는데, 그러면 우리는 함께 한 바퀴를 돌며 등반을 했고, 끝날 때쯤에는 그다음 주말에 다시 만나기로 약속을 하기도 했다. 그런 식으로 나는 퐁텐블루의 전문가들인 몇몇 '블로자르Bleausards'*를 만났다. 궁극적으로 클라이머들의 세계는 아주 작아서, 우리는 적어도 안면 정도는 서로 알고 지냈다. 시간이 지나면서, 나는 일요일마다 합승을 제안 받았고, 덕분에 더 이상 열차를 잡아탈 필요가 없었다.

그런 친구들 중에 나를 특별히 친절하게 대해준 피에르 리샤르Pierre Richard는 믿을 수 없는 인내심을 보여주었다. 나는 그를 쿠비에Cuvier에서 처음 만났는데, 그곳은 루트들이 몹시 어

---

* 작업복 차림의 노동자를 가리키는 말 [역쥐]

려워서 클라이머들을 만날 확률이 거의 없는 곳이었다. 그 바위들은 모두 역사도 있고 이름도 있었다. 그리고 그곳의 루트들은 피에르 알랭Pierre Allain이나 로베르 파라고Robert Paragot* 같은 위대한 클라이머들이 개척한 것들이었다. 프랑스산악회의 클라이머들은 가장 끔찍한 그 절벽은 오직 최고 중의 최고들만 시도할 수 있다는 불멸의 신화를 낮은 목소리로 소곤거렸다. 어느 날, 나는 어쨌든 그 루트들을 시도해보기로 했다. 나는 다람쥐처럼 다가가 바위 사이를 살짝 미끄러져 들어간 다음, 놀라운 클라이머들이 붙어 있는 그 놀라운 바위들을 바라보았다.

바위의 그 '대가'들이 오가는 모습을 지켜보자니 나도 모르게 호기심이 발동했다. 어떤 사람들은 작았고 어떤 사람들은 컸는데, 심하게 말하면 삐쩍 말랐다고 할 정도로 날씬했다. 나는 출발이 좋지 않다고 생각했다. 언젠가 내가 그들의 수준에 이르려면, 나는 내 몸을 바꾸기 위한 무언가를 해야 할 필요가 있었다. 잠시 후 나는 파란색 표시가 되어 있는 루트 앞에 태연하게 서서 클라이머들이 올라가는 모습을 주의 깊게 관찰했다. 그리고 마침내 혼자가 되었을 때 나는 암벽화를 재빨리 신고 등반을 시도했다. 그리고 몇 번의 시도 끝에 그곳을 올랐다. 성공에 고무된 나는 두 번째 루트에 도전했다. 아크로바틱한 자세가 훨씬 더 필요한 그곳의 거의 꼭대기에 이르렀을 때 나는 아뿔싸 떨어지고 말았다. … '다음번엔 운이 더 좋을 거야!'

그다음 루트들에서도 좋아질 것이 별로 없었다. 그러나 일곱

---

* 2012년 황금피켈상 평생공로상을 받은 프랑스 산악인 [역주]

번째 루트까지 힘들게 등반해나가는 동안, 금발머리의 큰 남자 하나가 와서 같은 루트를 시도했다. 그가 바로 피에르(알랭)였다. 그는 파란색 표시의 루트를 뛰어오르듯 등반했다. 그는 내가 애를 먹는 모습을 보더니 나에게 그곳을 돌파하는 방법을 가르쳐주었고, 대단히 친절하게도 내가 해야 할 무브와 그곳에 있는 몇 개의 홀드를 어떻게 이용해야 하는지 설명해주었다. 그의 도움에도 불구하고 여전히 그곳을 오르지 못한 나는 얼굴이 빨개졌다. 힘이 부족하든, 기술이 부족하든, 아니면 둘 다가 부족하든 나는 무엇인가를 놓치고 있었다. 그러나 나는 그것이 무엇인지 알지 못했다. 그것이 무엇이든지 간에 나는 그가 나에게 보여준 등반에 너무나 당황하고 말았다. 만약 혼자였다면, 아마도 나는 화가 나서 펑펑 울었을지도 모른다.

암벽등반에서의 기술은 힘의 부족을 보충해주기 때문에 아주 중요하다. 피에르는 바위와 관련해 어떻게 자세를 잡아가야 하는지, 암벽화의 바깥쪽 창을 어떻게 홀드에 대야 하는지, 서로 마주보거나 그 반대인 홀드들을 어떻게 잡아야 하는지, 크랙에 주먹을 어떻게 끼워 넣어야 하는지 등을 가르쳐주었다. 그 날이 끝나갈 때쯤 나는 완전히 파김치가 되었다. 우리는 그다음 주말에 그곳에서 다시 만나기로 약속했다.

나는 기쁨에 넘쳐 집으로 돌아왔다. 그러나 부모님에게는 알리고 싶지 않았다. 나는 그해 지독한 사춘기를 겪고 있었다. 그래서 부모님의 말씀에도 툭하면 성질을 부렸다. 학교에서 나는 수학과 영어, 러시아어, 라틴어에서 좋은 성적을 거두었다. …

기본적으로 그런 성적은 선생님들에게 내가 가장 얄미운 녀석이라는 인상을 심어주는 데 필요한 것들이었다.

나는 평행선을 달리는 삶을 사는 것 같았다. 등반을 할 때 만나는 친구들은 나보다 여덟이나 열 살이 많은 반면, 학교로 돌아가 만나는 친구들은 파티나, 시시한 싸움, 또는 사춘기의 콤플렉스에 대해서만 이야기하는 10대들이었기 때문이다. 나는 오히려 믿을 만한 사람의 별난 역할을 맡았다. 그들은 사소한 갈등이나 큰 문제도 나에게 와서 상의했다. 내 역할은 최선을 다해 그들을 안심시키고 격려하는 것이었다. 그러나 나에게는 나를 괴롭히는 문제가 있었다. 더구나 그들 중에는 내 비밀을 털어놓을 만한 사람이 없었다. 등반을 함께하는 친구들에게 나는 단지 '등반을 잘하는 꼬마 녀석'이었을 뿐 그 이상이 아니었다.

1년 내내 나는 단 하나만으로도 변덕스럽고 가련했다. 매일 연주하는 플루트. 그것은 나와 다른 학생들 사이에 장벽을 만들었는데, 그들은 팝송이나 히트곡을 좋아한 반면 나는 클래식만 듣거나 연주했다. 나는 사비니음악학교의 오케스트라 단원이었다. 리허설은 일주일에 두 번 있었다. 나는 열심히 참석했고, 가끔은 플루티스트가 되겠다는 기분 좋은 꿈을 꾸기도 했다. 나는 여덟 살 때부터 플루트를 배우기 시작했다. 그 나이에 나는 진정한 양치기라면 악기 하나는 연주할 필요가 있다고 확신했었다. 실제로 나는 리코더 연주를 꿈꾸기도 했다. 하지만 음악학교가 오직 플루트만 가르쳐 나는 타협을 할 수밖에 없었다.

1년 동안의 암벽등반이 끝나자 귀찮은 문제가 생겼다. 체중이 10킬로그램이나 불어난 것이다. 체중은 은연중에 불어났지만, 내 바지의 허리띠가 계속 빡빡해진 것이 분명한 신호였다. 나는 적게 먹겠다고 굳게 결심하면서도 매번 베이커리로 달려가 케이크나 과자를 사곤 했다. 20미터 전까지만 해도 내 양심은 이런 시간에 굴복해서는 안 되고, 모르는 척 그냥 지나치라고 말했지만, 나는 어쩔 수 없이 사악한 소굴로 끌려들어갔다. 어쨌든, 나는 늘 과자를 들고 다니면서, 그것들이 다 없어질 때까지 끊임없이 우적우적 먹어댔다.

방과 후에는 많은 양의 간식을 준비했다. 내가 좋아하는 레시피 중 하나가 뜨거운 밀크가 든 머그잔에 초콜릿 바를 녹여, 근사한 크림 같은 구goo*를 만드는 것이었다. 그러면 나는 긴 프렌치바게트를 조심스럽게 둘로 나누어 펼친 다음, 그 안에 버터를 깊이 발라 배가 부를 때까지 조금씩 또 조금씩 맛을 음미하며 먹었다. 나는 그 작은 흥분상태를 끝내고 나서야 숙제에 매달렸다. 소화를 하는 동안 위가 거북해지고 마음이 무뎌져 나는 종종 집중력에 애를 먹기도 했다. 그리고 저녁식사 시간이 되면, 나는 원칙을 고수해 다이어트를 하겠노라고 결심한 후 부모님께 이렇게 말했다. "오늘 저녁에는 식사를 하지 않을 거예요." 그러면 그분들은 별 문제를 삼지 않았다. 10시쯤 배가 고파지기 시작하면, 30분 후에는 남은 음식에 갑자기 달려들곤 했는

---

* 엿같이 끈적끈적한 것 |역주|

데, 나는 가능하면 푸딩을 먹었다.

　주기적으로, 나는 스스로 자제하면서 엄격한 다이어트를 시작하곤 했다. 보통은 월요일부터 시작한다. 아침식사로 차 한 잔, 점심은 삶은 달걀 하나와 사과 하나, 그리고 저녁은 수프와 또다시 사과 하나. 다음 날도 똑같다. 다만 그날 저녁이 되면 허기와 함께 유혹에 맞서 싸우는 노력으로 지쳐 나는 결국 항복하고 만다. 수요일은 가능하면 땀을 흘리기 위해 양파처럼 겹겹이 옷을 껴입은 다음 지난밤에 깨진 다이어트를 보충하려고 사비니의 거리를 한 바퀴 달린다. 그리고 나서 집에 돌아와 체중을 재면 보통 1킬로그램이 빠진다. 이 성공을 축하하기 위해 목요일에는 약간 더 먹는데, 이제 금요일이 되면 나는 미친 듯이 먹는다. 왜냐하면 보기 싫은 추가적인 몸무게를 주말에는 빼야 하므로 다이어트에서 정말로 손을 떼기 때문이다.

　주말이면 실제로 1~2킬로그램이 빠지곤 했는데, 나에게 이롭지 않은 — 정신과 훈련 양쪽으로 — 그 사악한 사이클에 빠지기 전에만 체중이 다시 불어났다. 등반을 잘하기 위해서는 체중이 가벼워야 한다. 그러나 내가 할 수 있는 것도 있었다. 집에서 하는 피트니스 훈련이었다. 나는 오버행에서 다리를 높이 들어 올릴 수 없을 만큼 허벅지가 두꺼워졌다는 사실을 알고, 매일 저녁 30분 동안 강제로 복근운동을 했다. 그리고 나서는 책상의자 밑의 바닥에 누워 그 다리를 잡고 풀업을 10번씩 여러 세트 했다. 나에게는 바벨도 있었지만 처음에는 세 번도 들어 올릴 수 없어 의자 밑 자세를 하게 된 것이다.

그런 다음 나는 바위 끝에서 유용한 프레스 업을 생각했다. 나는 몸을 만들기 위해 먼 사우나에 가기까지 했다. 욕조 바닥에 뜨거운 물을 흘리고, 마치 생존 담요로 덮인 일종의 상자 안에 들어앉은 것처럼 30분을 버티며 나는 스스로를 단련했다. 그것은 대단한 시험이었다. 심박동수가 빨라지고, 거의 곧바로 땀을 비 오듯 쏟으면서 현기증을 느끼기 때문이다. 밖으로 나오면 실신할 정도로 나는 완전한 난파선이 되었다. 하지 정맥류를 방지하기 위해서는 양쪽 다리를 위로 올린 채 누워 있어야 한다고 책에서 읽은 것과 같이, 나는 털썩 주저앉아 침대에 다리를 올리고 거꾸로 누웠다.

그렇게 하자 나의 암벽등반은 눈에 띄게 향상되기 시작했다. 그러나 음식에 대한 집착으로 체중은 전혀 빠지지 않았다. 주말마다 피에르를 비롯한 그의 친구들과 함께하는 등반은 나의 발전에 큰 도움이 되었다. 그 친구들은 정말 좋았는데, 어쩌면 그 당시에 최고였는지도 모른다. 그들은 아주 어려운 곳들만 등반했고, 나는 그들에게 받아들여지고 있다는 자긍심과 그들을 방해한다는 두려움, 그리고 그들의 수준만큼 이르지 못한다는 좌절감 사이에서 분열했다. 끈기는 부족하지 않았다. 때로는 각각의 문제를 10번이나 시도했고, 순회등반에서는 30개의 루트에 도전하기도 했다. 나는 그중 한 곳 정도만 성공했다. 우울한 일이었지만 언젠가는 나도 그곳을 오를 수 있을 터였다. 다른 사람이 할 수 있다면 나도 할 수 있지 않을까? 나는 꾸준히 노력했다.

어떤 주말에는 등반이 나와 바위의 개인적인 싸움이 될 때도 있었다. 내가 발이 아플 정도로 사암을 세게 차고, 소리를 지르고, 분노로 눈물을 흘리면서 몹시 공격적이고 격정적으로 분개하는 것이다. 그러면 주중에 복근운동의 횟수를 두 배로 늘렸다. 어떤 날에는 새로운 루트에 성공하기도 했다. 그 느낌이 얼마나 좋았는지! 그러나 단 한 번에 좋아지는 경우는 전혀 없었다. 나는 깊은 절망에 빠지며 한두 달 동안 침체기를 맞았고, 그러고 나면 갑자기 획기적인 발전이 이루어졌다. 사실, 나는 단계적으로 향상되었을 뿐이다. 물론 내가 기준을 높이 올리면 올릴수록 등반도 그만큼 힘들어졌다.

하루는 피에르가 쉬르지Surgy로 암벽등반을 하러 가자고 제안했다. 사실 나와 같은 아이에게 흥미를 보이는 훌륭한 클라이머들이 곁에 있다는 것은 나에게 행운이었다. 분명 나는 부모님이 그를 만나보도록 할 필요가 있었다. 그가 대단히 현명하고 얌전하고 총명하다는 것을 알면 얼마나 놀라실까? 이제 나는 자유를 향한 여권을 얻은 터라, 마침내 거짓말을 하지 않고도 멀리 갈 수 있었다.

쉬르지는 파리에서 남쪽으로 2시간 거리인 욘Yonne 지방에 있는 30미터 높이의 석회암 리지다. 그리고 그곳은 파리 클라이머들의 플레이그라운드다. 햇빛이 좋은 봄날 주말이면, 그곳은 퐁텐블루만큼 사람들이 붐비는데, 절벽 옆의 공터에서 함께 야영을 즐긴다.

피에르가 나보다 훨씬 더 강한 클라이머였기 때문에 나는 그를 따라갈 것으로 기대만 했지 그가 쉬운 곳에서 나를 앞세우리라고는 상상도 하지 못했다. 그러나 대단히 놀랍게도, 절벽 밑에 이르자 그는 우리가 교대로 선등을 설 것이라고 선언했다. 나는 불안하기도 하면서 너무나 기뻐 별다른 이의를 달지 않았다.

그는 꽤 쉬운 워밍업 루트에서 먼저 선등을 섰다. 그리고 나서 내 차례가 되자 그는 루트 하나를 지목했다. 내가 상황을 통제할 수 있어서 나는 그것도 잘 올라갔다. 그날 아침의 코스로 우리는 6개의 루트를 등반했다. 우리는 서로 재빨리 등반했기 때문에 결과는 훌륭했다. 그러나 오후가 되자 상황이 만만찮았다. 그가 '자바네즈Javanaise'라고 불리는 아주 어려운 루트를 해보자고 한 것이다. 내가 그 수준의 등반을 할 수 있을까? 그러나 피에르가 있었기 때문에 무언가 잘못되면 그가 도와줄 것이라고 생각하며 최선을 다해 그곳을 올라갔다.

출발은 좋았다. 나는 큰 문제없이 첫 번째 피톤에 도달했다. 두 번째 볼트는 높은 곳에 있어서 키가 작은 사람에게는 도움이 되지 않았다. 그러나 몇 번의 시도 끝에 나는 그 위에 가까스로 발을 대고, 두 번째 피톤을 잡으려고 몸을 밀어 올렸다. 그리고 세 번째 피톤에서도 똑같은 기술을 구사했다. 그때는 무엇이든 이용해 어떻게든 몸을 끌어올리는 것이 전형적인 등반 방식이었다. 그 이후는 등반이 더욱 힘들었다. 다음 볼트에 닿으려면 작은 오버행에서 까다로운 무브를 해야 했다. 기울어진 바위에서 두 번의 무브를 하고 나자 양손이 저절로 펴졌다. 그 순간 죽음이 눈앞에 어른거렸지만, 나는 몸을 볼트에 던지다시피 해서 그것을 붙잡았다. 그러나 그곳에서 나는 손가락을 바꿀 수 없었다. 나는 공포로 얼어붙었지만, 가까스로 카라비너를 그곳에 걸수 있었다.

추락의 절대적인 두려움 속에서, 나는 순간적인 에너지를 한데 모아 볼트에 내 안전벨트의 확보슬링을 걸었다. 추락에 대한 두려움뿐만이 아니었다. 나는 많은 클라이머들 앞에서 바보가 되고 말았는데, 그 심리가 나를 짓눌렀다. 추락하는 것은 아주 나쁘다. 그래서 우리는 이런 말을 하곤 했다. "세 번 추락하면 그 로프는 쓰레기통에 버려."

이어지는 곳도 그만큼 어려웠다. 그곳에서 나는 매우 반반한 슬랩의 중간에 있는 볼트에 카라비너를 걸었는데, 그다음 홀드를 잡는 방법이 언뜻 머릿속에 떠오르지 않았다. 힘과 균형을 유지하기 위해, 홀드를 잡지 않고 볼트를 이용해 몸을 끌어올리려 나는 온갖 방법을 다 동원했다. 그런데 힘이 빠지고 있었다. 밑에서는 피에르가 얼빠진 광경을 조용히 지켜보고 있었다. 더욱이 그는 휘파람으로 바흐의 곡 중 하나를 불고 있었다. 마침 그 곡은 내가 플루트로 배우고 있는 것이기도 했다. 나는 그가 음을 모두 다 알고 있다는 사실에 깊은 인상을 받았고, 나처럼 클래식 음악을 좋아하고 있다는 사실을 알고 감동받았다. 하지만 그렇다고 해서 내 문제가 해결되는 것은 아니었다. 시간이 조금 흐르자, 그는 나에게 슬링을 꺼내 볼트에 건 다음 그것을 발판으로 이용하라고 말했다. 그 방법은 '페달'이나 '발고리'라고 부르는 것이었다. 그것은 효과가 있었다. 나는 위로 일어설 수 있었지만 그래도 여전히 다음 볼트까지는 10센티미터가 부족했다. 나는 아주 작은 홀드를 잡고 몸을 쭉 편 다음 작은 바위 턱들을 찾았다. 결국 나는 홀드 하나를 더 찾아낼 수 있었다. 그 루트는 내가 해본 것 중 가장 어려웠다. 나는 그 전에도 그리고 그 후에도 그렇게 아슬아슬하고 힘든 등반을 해본 적이 없다.

다른 친구들은 내가 등반하는 모습을 계속 지켜보고 있었다. 나는 분명 호기심의 대상이었을 것이다. 그날 저녁 우리가 캠프사이트로 돌아오자 사람들이 나를 보고 수군거렸다. 내가 특별한 어떤 것을 해내기라도 한 것일까? 나는 그 루트가 가장 어려운 곳인지 물을 용기가 없었다. 그러나 기본적으로 나는 그런 것에 상관하지는 않는다. 다만 성공해서 그냥 안도했을 뿐이다. 그날 밤 나는 너무 지쳐서 유별난 식욕까지도 나를 외면했다. 나는 잠에 곯아떨어질 것으로 기대했지만, 불행하게도 밤새 그 등반이 꿈에 나타났다. 꿈속에서 그 등반은 결코 끝나지 않는 악몽이었다.

며칠 동안 우리는 마치 미치광이처럼 하루에 10개 이상의 루트를 그렇게 등반했다. 다른 클라이머들은 우리가 선등을 바꾸어가며 아주 빠른 속도로 루트를 하나씩 등반해나가는 모습을 보고 믿지 못하겠다는 표정을 지었다. 점점 더 어려운 루트를 섭렵해나가자 나의 동기부여도 그만큼 더 생겨났다. 때때로, 사람들은 내가 뛰듯이 등반하는 모습을 보고 나를 따라 하기도 했는데, 그들에게는 아마 내 방법이 쉬워 보인 것 같았다. 어린 소녀에 불과한 나를 따라 하려고 몸을 푸는 바보들을 바라보자니 살짝 기쁜 마음이 들기도 했다. 나는 그들이 스스로를 훨씬 더 바보로 만드는 방식을 곁눈질했다. 그렇게 시도한 사람들은 일반적으로 그 수준이 아니었다. 그들이 힘들게 사투를 벌이며 루트들이 그럴 만한 가치가 있다고 장담하는 모습을 곁눈질로 지켜보는 것은 유쾌하기까지 했다. 물론 나는 그런 것을 내색하지는 않았다.

—

대단한 등반을 하러 가려는 파리지앵 친구들이 나를 함께 데려가는 것을 논의하고 있었다. 그들은 스물다섯에서 서른 살 사이인데 반해 나는 겨우 열여섯 살에 불과해, 나는 그곳을 오르지도 못할뿐더러 오히려 그들에게 방해가 되지 않을까 걱정스러웠다. 그들이 이야기를 나눌 때 나는 뒤로 물러나 그저 주의 깊게 듣기만 했다. 우리가 등반에 나섰을 때 나는 어떤 불평도 하지 않았고, 무엇을 요구하지도 않았다. 그리하여 1976년과 1977년에 나는 피톤 하나를 박거나 너트 하나도 설치하지 않고, 베르동Verdon에 있는 아주 유명한 루트들을 선등으로 차례차례 오르는 행운을 얻었다. 나는 클로그clog나 스토퍼stopper, 볼트, 피톤이나 카라비너를 기술적으로 사용하는 방법을 잘 모르고 있었다. 그런 단어들은 내 머릿속에서만 유쾌하게 뒤죽박죽이 되었다.

베르동으로 간 첫 여행은 대단한 모험이었다. 그곳의 루트들은 자주 시도되지 않아, 우리가 하루 만에 그것들을 다 오를 수 있는지 장담할 수도 없었다. 그곳에는 미지의 세계로 들어간다는 모험의 분위기가 있었다. 우리는 등반 도중 비박을 할 경우에 대비해 그 장비를 가지고 등반해야 했다. 걸리적거리는 배낭은 거북스럽게 크랙에 끼고 침니에 걸렸다. 며칠간의 탐험을 끝낸 우리는 이제 하루에 루트 하나만 등반하는 것으로는 만족하지 못했다. 그래서 한 번에 두 개를 연달아 하자는 아이디어를 냈다. 아니면, 세 개는 어때? 그것은 피에르와 내가 완전히 몰입해야 하는 커다란 게임이었다. 우리는 언제나 더 많이 시도하려고 손에 스톱워치를 차고 뛰듯이 등반했다. 바위는 우리를 마법으로 사로잡았다. 나는 감히 물을 마시지도 못했고 아주 조금의 휴식을 취하지도 못했다. 그의 모토는 시간을 낭비하지 않는 것이었고, 나의 모토는 눈에 띄지 않는 것이었다. 한번은 너무나 참기 어려운 상황이 되어, 한 손으로 피에르를 확보 보면서, 대단히 민첩한 동작으로 몸을 비틀어 안전벨트를 간신히 벗겨냈다. 피에르가 선등을 하고 있을 때였다. 물론 그에게 나의 약점을 보이고 싶지는 않았다.

그때는 쉬는 날이 하루도 없어 완전히 녹초가 되었다. 최악은 등반을 끝내고 걸어 내려오는 것이었는데, 주차장까지는 항상 10킬로미터가 넘었다. 그러나 기록적인 속도로 등반을 해냈다는 극도로 기쁜 자부심으로 나는 아무런 불평도 하지 않고 성큼성큼 걸었다. 우리는 너무나 빨리 등반해 어떤 순간은 그저 기억 속에서만 뒤죽박죽이 되었다. 다른 사람들이 그곳에 있는 상황에서 등반을 언급하는 것은 어려웠다. 나는 기억조차 하지 못하는 것을 그들은 속임수라고 말했다. 자잘한 것을 크게 신경 쓰지 않았다는 것이 오히려 맞는 말이었다. 러너runner를 설치하는 것이 너무 복잡하다고 느끼면, 나는 그런 것에 방해받지 않고 등반을 계속 해나갔다. 우리가 꼭 지켜야 한다고 피에르가 주장한 규칙이 하나 있었다. 어느 곳에서든지 확보를 제대로 하는 것이었는데, 나는 그와 달리 내가 하고 싶은 대로 했다. 자립을 주고 한계를 알게 해준 그 생뚱스러운 시스템이 나에게는 알맞았다.

그런 게임에 빠진 나는 점점 더 빨리 등반하기를 원했고, 확보를 건너뛰기도 했다. 로프의 끝까지 등반하면 나는 "완료!"라고 소리치지만 피에르의 출발과 동시에 나도 사실은 등반을 계속했다. 그도 눈치 채지 않았을까? 이런 탐욕에 불을 붙인 또 다른 기술은 내가 후등자일 때 로프가 거의 남아 있지 않은데도 10미터나 20미터쯤 남았다고 소리치는 것이었다. 그렇게 해서 나는 선등자와 동시에 등반할 수 있었다.

우리는 베르동을 섭렵하고, 베르코르에서 충전하고, 돌로미테를 거칠게 관통하고, 알프스를 공격했다. 알프스에서는 '항상 밑에서 출발하고 목적지를 결코 발설하지 않는' 것을 모토로 삼았던 초창기의 알피니스트들처럼 감행을 한다는 도전의 모드로 설정했다. 우리는 아무에게도 알리지 않고 다른 사람들이 잘 가지 않고 접근이 아주 어려운 루트들을 선호했다. 우리는 아주 기민했다. 가장 어려운 루트들은 샤모니에서 출발하는 것들이었다.

우리는 케이블카나 산악열차 같은 대안이 있다는 것을 잘 알고 있었지만, 20킬로그램의 짐을 메고 걸어서 출발했다. 밤에 출발하는 것은 그렇게 나쁘지 않았다. 그 시간에는 세상이 잠들고, 어쨌든 나를 유혹하는 기차 같은 것도 없으니까. 그러나 한낮에 케이블카를 타지 않고, 내 커다란 배낭에 대해 관광객 무리로부터 눈초리를 받는 것은 곤욕이었다. 일반적으로는 길게 유지하지 않는 험악하고 불쾌한 표현을 나는 들어야만 했다. 나는 우리의 원칙과 극도의 검소에 대한 보상으로, 계곡으로 돌아오면 아이스크림을 잔뜩 먹겠다고 다짐하며 위로를 받았다. 사실은 너무나 힘들었다. 하지만 피에르가 나를 겁쟁이라고 생각하는 경우에도 나는 감히 불평하지 않았다. 나는 때로 힘이 너무 들어서 울음을 터뜨리기도 했는데, 사실은 지금도 기진맥진하면 가끔 그러기도 한다. 일단 출발하고 나서, 내가 흘러내리는 눈물을 어찌지 못하고, 주변 사람들이 무언가가 끔찍하게 잘못되어 가고 있다고 단정짓는다면 그것은 아주 창피한 일일 것이다.

걸어서 올라가는 그 대단히 어려운 접근은 나름대로의 보상이 있었다. 우리는 어느 정도 높은 곳에 베이스캠프를 설치하고 일주일 동안 머물며 ED(매우 어려운) 루트들을 찾아 그 지역을 샅샅이 훑었고, 경우에 따라서는 하루에 몇 개의 루트를 시도하기도 했다. 그것은 적게 걷고 많이 등반한다는 의미여서 나와 잘 맞았다. 우리는 많이 먹지 않았다. 하지만 결국 심장이 점점 좋아졌으며, 우리가 계곡으로 내려와 먹는 모든 음식은 축제가 되었다. 나는 시설이 좋은 캠프사이트에서 뜨거운 물로 샤워를 하고, 실컷 먹고, 아주 특별하게도 당당하게 얻은 아이스크림으로 한바탕 축제를 벌였다. 사실, 우리가 잘 걸었다고 피에르가 생각했다면, 우리는 큰마음을 먹고 더 많은 것을 사먹었을지도 모른다. 루트들과 그 이름들에 대해서는 기억이 가물가물하다. 하지만 일주일 동안 대략 10개의 루트를 등반한 기억은 난다. 시즌이 끝나갈 무렵, 우리는 ED의 루트들을 하루에 평균 800미터는 올라갔다. 나는 특히 선등을 좋아했는데, 대부분의 경우 피에르는 내가 추락하면 내가 더 가볍기 때문에 우리 둘 다에게 덜 위험할 것이라며, 인정상 내가 먼저 가도록 해주었다.

나는 루트 중간에서 다른 사람들을 추월하는 것을 대단히 즐겼다. 10미터마다 확보물을 설치하면서, 그 멋진 신사들 — 자존심이 강하고 거친 산악인들 — 을 코앞에 두고 마치 로켓처럼 쉬익 소리를 내며 지나가는 것이다. 그럴 때 나는 아주 매력적인 미소를 보내는 것으로써 그들을 다루었다. 확보지점에 이르면 용감한 신사들이 나에게 자리를 내주었지만, 그들의 배려를 좋아하지 않을 때는 더 많은 것을 보여주기 위해 그 모든 것을 생략했다. 나는 정상에 제일 먼저 도착하는 것을 좋아해서, 그러기 위해서는 종종 확보물을 건너뛰는 속임수를 쓸 수밖에 없었다. 일단 정상에 도착하면 그것은 환희였다! 나는 언제나 약간의 위로를 준비했다. 팬케이크, 케이크, 초콜릿, 또는 무엇보다도 달콤한 밤 퓌레purée가 섞인 휘핑크림. 그 작은 연회가 끝나면, 우리는 글자 그대로 하강에 대한 공격에 들어갔다. 그럼으로써 우리는 산의 진정한 왕이 되었다. 우리는 항상 로프를 묶지 않고 행동했다. 그것은 피에르의 기본적인 규칙 중 하나였다. 심연으로 친구를 끌고 떨어지는 것보다 혼자 추락하는 것이 낫다는 것이었다. 그것이 나에게는 아주 잘 맞았다. 나는 그가 긴 다리를 가졌음에도 약간 느리다고 생각했는데, 우리가 로프를 묶고 함께 움직인 초기에 그는 내가 너무 빠르다며 항상 불평했다.

우리는 그런 식으로 알프스를 평가했다. 나는 우장Oisans을 오히려 더 좋아했는데(오직 아이스크림에 대해서만은 그렇지 않았지만) 그곳은 케이블카가 없어서 평등의 땅이었다. 그곳은 캠프사이트 근처에 작은 술집도 없었다. 하지만 우장 근처의 바위는 거의 다 푸석푸석해서 내가 깜짝 놀란 곳이 그 지역이었다.

샤모니에서 계곡이 내려다보이면 몹시 화가 난다. 그곳에서는 불빛이 반짝거리는 계곡이 비박 사이트에서 내려다보일 때가 있는데, 그러면 따뜻한 샬레에 있는 사람들이 상상되는 것이다. 포근한 이불 속에 있는 그들은 얼마나 행복할까! 진짜 침대 위에서 뒹굴며⋯. 낮 동안 나는 가끔 이런 생각이 들곤 한다. '내가 도대체 여기서 뭘 하고 있는 거지? 내가 신경을 끊임없이 곤두세워야 하는 동안, 저 밑에 있는 사람들은 수영장에 느긋하게 누워 있거나, 푸른 고원목장 지대를 여유롭게 걷고, 야생화를 꺾고, 산딸기를 먹고 있을 텐데⋯. 이번에 무슨 일이 일어날지 누가 알까? 등반은 정말 위험하다. 살짝 미끄러지기라도 한다면 우리는 여지없이 저 밑으로 추락할 것이다.'

그 기간 동안 가장 아름답고 도전적이었던 기억은 이런 것들이었다. 쿠지-드메종Couzy-Demaison 루트를 통한 올랑Olan 북벽 등반, 데비에스-제르바수티Devies-Gervasutti 루트를 통한 에일프로이드Ailefroide 북벽 등반, 아메리칸 다이렉트American Direct 루트를 통한 드류Dru 등반. 1977년 7월 우리는 이 루트들을 7시간 만에 올랐다. 셋 중 가장 어려웠던 것이 드류였다. 우리는 아래쪽, 즉 가장 아래쪽인 샤모니에서 메르 드 글라스 바로 위의 드류 근처 초원지대에 있는 비박 사이트까지 무거운 배낭을 메고 출발했다. 1,000미터의 고도를 벌기 위해 몽땅베르행 작은 기차를 타는 것이 절대적으로 실현가능했지만 우리는 그러지 않았다. 우리는 순수주의자였다.

다행히 우리의 비박 사이트는 편안했다. 무성한 잔디가 아주 좋은 매트리스 역할을 한 것이다. 하지만 알람이 제대로 작동하지 않아 다음 날 아침 우리는 약간 차질을 빚었다. 그리하여 우리는 2시간이나 늦은 8시에 출발했다. 만약 우리가 일찍 출발했다면 상황이 좋지 않을 수도 있었다. 왜냐하면 그날 아침 우리보다 먼저 출발한 알피니스트들을 낙석이 덮쳐, 그들 중 하나가 다쳤기 때문이다. 그것은 기분이 좋지 않은 일이었다. 사고의 여파로 우리는 등반하고 싶은 마음이 사라졌지만, 그럼에도 피에르는 흔들리지 않았다. 그래서 정오쯤 우리는 벽과 정체구간 사이를 반쯤 올라갔다.

그 지점에서 우리는 짧은 휴식을 취하며 초콜릿 바 하나를 우적우적 먹고, 물을 마신 다음 다시 출발해 빠른 속도로 등반을 이어갔다. 90미터의 안쪽 코너와 펜듈럼pendulum, 그러고 나서 이어지는 짧은 등반. 그러자 놀랍게도 우리는 '블로크 쿤세bloc coincé'에서 비박한 팀을 따라잡아 그들을 추월했다. 평소처럼, 우리는 그들을 앞질렀다. 그들은 못마땅해하는 것 같았다. 그리고 우리는 또 한 팀을 따라잡았는데, 그들은 나를 노골적으로 째려보았다. 비우호적으로 불쌍한 녀석들! 우리는 서로 얼핏 아는 사이였지만, 그들은 가벼운 인사조차도 하지 않았다. 우리를 보고 동요한 그들은 느릿느릿 등반하는 것을 멈추고, 아주 빠른 속도로 등반하다, 설상가상으로 로프가 엉키고 만 것이 틀림없었다. 그들은 불평을 해댈 만도 했다.

그들의 미묘한 움직임을 더 복잡하게 만들지 않기 위해 우리는 북벽을 벗어나지 않고 곧장 위로 올라갔다. 내 생각에는 그곳이 가장 힘들고 위험한 구간이었다. 그 루트는 이미 많은 클라이머들이 등반한 곳이었다. 따라서 필요한 곳마다 피톤이 충분히 박혀 있다고 생각한 우리는 확보용 너트 몇 개만을 가지고 등반했다. 하지만 그곳에는 아무것도, 심지어는 피톤 하나도 없었다. 몇 번이나 아찔한 순간을 겪은 우리는 마침내 오후 3시 그 정상에 올라섰다. 블로크 쿤세를 지나서부터는 내가 줄곧 선등을 섰기 때문에 나는 팔이 아플 정도로 지쳤다.

내려가는 것은 아무 문제가 없었다. 우리는 친구인 그자비에 파르자Xavier Fargeas가 가르쳐준 대로 뛰듯이 내려갔는데, 그 길은 아주 쉽게 따라 내려갈 수 있었다. 그자비에는 그 얼마 전 드류 북벽의 쿨르와르를 동계에 처음으로 단독 등반한 대단한 알피니스트였다. 그러나 나는 그 하강이 몹시 까다로운 것으로 알고 있었다. 그래서 그는 문제를 피하며 하강할 수 있는 가장 좋은 방법을 묘사한 구체적인 정보를 우리에게 많이 제공해 주었다. 우리는 마침내 샤르푸아 대피소Charpoua Refuge에 도착했는데, 그곳은 테라스에서 햇볕을 쬐고 있는 일단의 알피니스트들에 의해 이미 점령되어 있었다. 나는 갈증이 너무 심해, 그곳에서 한숨을 돌리며 물을 실컷 마시고 싶었다. 그러나 내가 말을 꺼내기도 전에, 어떤 이의 제기도 허용치 않는 목소리로 피에르가 이렇게 선언했다. "멈출 필요 없어. 우린 샤모니로 곧장 내려갈 거야." 나는 속으로 몹시 불평했지만, 내 말을 들어줄 사람은 아무도 없었다. 그는 나보다 나이가 많았다.

밤 9시, 우리는 메르 드 글라스로 내려왔다. 그곳에서 우리는 숨겨둔 비박장비를 회수했지만, 빙하 위에서 그만 길을 잃고 말았다. 몇 시간 동안, 우리는 빙하를 벗어날 수 있는 길을 알려줄 커다란 흰색 바위를 찾아 헤맸다. 그러나 달빛이 훤하게 빛난 그날 밤은 모든 바위들이 다 하얗게 보였다. 새벽 1시, 나는 끝내 찾기를 포기하고 울음을 터뜨렸다. 나는 그곳에 주저앉아 이제는 더 이상 움직이지 못하겠다고 선언했다. 결국 우리는 그곳, 얼음 위에서 아무것도 먹거나 마시지도 못한 채 잠을 잤다.

프로 클라이머가 되다

긴 견습 기간과 직관적 통찰의 원천이 되는
경험의 축적을 대신할 수 있는 것은 아무것도 없다.

더그 스콧Doug Scott

대체 무엇이 나로 하여금 그런 벽들을 미친 듯이 등반하도록 만들었을까? 산, 그 아름다운 풍경? 피에르에 대한 존경심? 암벽등반에 대한 운동능력? 성공과 노력의 대가인 기쁨? 계곡으로 돌아왔을 때의 행복? 끊임없이 변하는 도전, 또는 새롭게 계속 증가하는 어려움? 감행? 그런 것들이 분명 조금씩은 있었을 것이다. 그리고 내가 깊이를 잴 수 없는 다른 어떤 것들도. 어쨌든 그때 나는 그런 것들을 좋아했고, 지금도 좋아한다.

하지만 이제 그런 방식으로는 좋아하지 않는다. 나는 내가 등반할 루트를 신중하게 선택하며, 도전을 할 때 이용할 수 있는 인프라를 고려한다. 요즘은 케이블카를 타거나, 사람들로부터 100미터쯤 떨어진 밖에서 추위에 떨기보다는 산장 안에서 자는 것에 양심의 가책을 느끼지 않고, 날씨가 좋을 때만 혹은 단단한 바위에서만 등반하는 것에 대해서도 꺼림칙하게 생각하지 않는다. 왜냐하면 그런 것들은 등반을 즐기는 데 필요한 조건의 일부이거나 한 조각이기 때문이다. 나는 헐거운 바위의 등반 흔적을 내 뒤에 길게 남겼다. 그러면서도 낙석을 끊임없이 걱정하고, 모든 홀드를 하나하나 시험하며, 등반을 하는 내내 두려움에 떨었다.

나는 겉으로 드러나는 벽의 아름다움과 그곳을 오르는 방법에 흥미를 느낀다. 정상을 향해 맹렬한 기세로 달리는 것은 이제 더 이상 매력이 없다. 가끔 나는 정상 바로 몇 미터 아래에서 발걸음을 멈춘다. 어쨌든 적어도 한 번은 이미 오른 곳이니까. 나는 내려가는 방법을 생각하며 올라가는 방법을 결정한다. 나는 그런 것들이 평범하기를 바란다. 다시 말하면, 내가 산에서 즐기는 것은 기쁨과 도전과 아름다움이다. 하지만 나는 피땀을 흘리고 싶지 않다. 수많은 고난을 견뎌낸 그 시절을 생각하면 나는 향수의 감촉을 느낀다. 흥미진진한 그 등반들은 4년 동안 계속됐다. 나는 그사이에 많은 곳을 돌아다녔다. 프랑스의 곳곳과 벨기에, 영국, 스위스, 이탈리아….

그렇게 열광적으로 암벽등반을 하면서도 나는 어떤 방향으로 학업을 이어갈지 고민했다. 학업이 계속되면서 나는 약간 기피자가 되었다. 주말에 등반을 떠날 생각으로 들뜬 상태에서 공부에 집중하기가 쉽지 않았다. 그럼에도, 일류대학 출신의 총명한 학생들인 내 등반 친구들을 보고 느끼는 압박감 속에 나는 수학과 물리학을 공부하기로 결심했다. 나의 미래는 그 두 과목의 점수에 달려 있었다. 나는 그런 상황을 즐겼는데, 무엇보다도 과학 공부는 훗날에 더 넓은 선택의 문을 열어줄 터였다.

　나는 마음이 자주 바뀌었다. 벌목꾼, 목수, 캐비닛 제작자, 원예사, 숲에서 사는 사람, 환경 엔지니어, 체육교사, 생물학 연구자, 플루티스트, 건축가, 모델 제작자…. 결국 나는 물리치료사가 되기로 했다. 나는 근육의 작용을 알고, 인간의 몸을 이해하고 싶었다. 더욱이 그것은 내가 원하면 언제든 휴가를 얻을 수 있는 유연한 직업이었다. 완벽했다! 마지막 결정 요인은 그것이 비교적 짧은 과정을 거칠 수 있는 실용적인 학문이라는 것이었다. 그리고 사실 나는 이미 스무 살이었다.

　그때 모든 일이 틀어졌다. 나에게는 교육적 제약 없이 빠르고 쉽게 돈을 벌 수 있고, 필요할 때 내가 원하는 곳에 가서 등반할 수 있는 자유가 있었다. 그 외에는 바라는 것이 없었다. 내가 원한 것은 다른 집단 속으로 들어가 새로운 사람들을 만나 다른 것들을 경험하는 것이었다. 나는 클라이머들과 그들의 등반 이야기, 폐쇄적인 그들 세계의 잡담에 신물이 나 있었다. "아무개 알아? 그는 그러그러한 때 그러그러한 루트를 등반했지…."

　"응, 그에겐 조건이 정말 좋았어." 그런 등등의 잡담. 그것은 사소하고 제한적이며 반복적이었다. 편집적인 세계. 등반이 아닌 대화의 주제는 드물뿐더러 빈약했다. 시간이 지나면서 나는 이것이 등반 세계에서 아주 특별하지 않다는 것을 알게 되었다. 무언가에 광적인 사람은 기발한 버릇을 다른 사람들과 공유한다.

—

관계를 완전히 단절하지 않기 위해, 나는 신선한 공기도 마시고 내가 감각을 완전히 잃어버리지 않았다는 것을 확인하러 두 달에 한 번씩 숲으로 갔다. 나는 내 몸의 상태를 확인할 겸 항상 대여섯 개의 어려운 루트를 등반했다. 그러나 열 개 이상의 바위를 돌지는 않았다. 그리고 나머지 시간에 나는 가볍게 달리거나 걸었다. 그 당시 나는 정말 또 다른 세계에 빠져들고 있었다. 도박의 세계. 그런데 그것이 등반의 세계와 아주 다르지도 않았다. 내 도박 파트너들이 클라이머들이었기 때문에 더욱 더 그랬다. 그 열정은 아주 우연히 시작됐다. 비가 오는 어느 날, 마음이 굳센 클라이머 몇몇과 함께 축축한 바위에서 불쌍하게 미끄러졌을 때 포커게임을 좋아하는 사람이 있는지 묻는 목소리가 비를 뚫고 위로 올라왔다. 그것은 제롬 장-샤를Jérôme Jean-Charles이라는 재능 있는—아주 총명하지만 약간은 별난—클라이머의 목소리였다. 그는 그때 루빅큐브Rubik's Cube에 2년이란 인생을 온전히 바치고 있었다. 그가 월드챔피언이 되어 돈을 벌 것이라고 공언했을 때 우리 중 그 말을 믿은 사람은 아무도 없었다. 그는 그 작은 큐브를 밤낮으로 비틀어, 마침내 세계 제2인자가 되었고, 그 주제에 대한 책을 두 권 쓴 저자가 되었다. 그는 그때 포커의 통계학에 열정을 쏟고 있었다. 빗속에서 노닥

거리다 지친 우리는 한 판을 벌이기 위해 파리에 있는 그의 처소로 갔다.

그렇게 해서 포커가 시작됐다. 우리는 밤새, 그리고 하루 종일, 또 다시 더 많은 밤을 포커를 하며 보냈다. 그것은 매혹적이고, 가볍게 보이고, 마음을 사로잡고, 고민스러운 것이었다. 나의 인생은 도박의 함정으로 점점 빠져들었다. 나는 내 성격의 놀라운 양상을 발견했다. 나는 부모님에게 수없이 거짓말을 하고, 내가 무엇에 빠져 있는지 둘러댈 상세한 시나리오를 수없이 만들어냈었지만, 허세를 부리는 방법을 알지 못했다. 테이블에 앉아 거짓말을 하면 나는 언제나 얼굴이 붉어지거나 창백했다. 담배연기가 자욱한 수많은 밤을 보내며, 나는 모든 색을 추측이 가능한 색으로 바꾸었고, 결과적으로 대부분의 경우 돈을 잃고 말았다. 기껏해야 몇 푼의 프랑이었을 뿐 아주 위험스럽지는 않았다. 그러나 게임이 계속되자, 그해 말 내가 잃은 돈은 상당한 금액이 되었다.

나는 온통 카드 생각과 후회를 안고 아침 7시에 집으로 돌아오곤 했다. 그러면 30분 동안 악몽에 시달리며 잠을 자고, 8시 30분의 첫 환자를 치료하러 나갔다. 시간이 째깍째깍 흘러감에 따라 나는 좀비가 되었다. 내 시간표에서 잠깐 시간이 나면 — 15분 정도라도 — 나는 마사지 테이블에 뻗어 곧장 잠에 빠졌다. 다음 환자가 벨을 누르면 나는 소스라치게 놀라 깨어났고, 벌떡 일어나 아무 일도 없었다는 듯이 마사지를 했다. 내 몸이 견뎌주기를 간절히 바라면서… 하루의 일과가 끝나면, 나는 게임에 대한 기대감으로 기분이 좋아지기 시작했다. 집으로 돌아가는 저녁 시간이면 나는 전날 밤의 손실을 만회할 수 있다는 꿈에 사로잡혔고, 그 흥분은 나를 완전히 깨어나게 만들었는데, 집에 도착할 때쯤이면 이런 생각만 남았다. '가서 게임을 해야 해. 난 따고 말 거야!'

사실 나는 궤도를 완전히 벗어나 있었다. 나는 더 이상 내가 아니었다. 나는 게임에 중독되었고, 잃어가는 고통과 이기고자 하는 욕망에 사로잡혔다. 나는 내 일이 고통스러울 정도로 끊임없이 지쳐갔다. 나는 이제 더 이상 예전과 같은 수준으로 환자를 돌볼 수 없게 되었다. 축 늘어진 나는 끔찍했다. 얼굴과 몸이 생기도 없이 붓고 나른했다. 비록 팔다리가 여전히 움직이고는 있었지만, 그것들은 더 이상 나의 것들이 아닌 것처럼 느껴졌다. 내 몸은 살이 찌고 쓸모가 없었다. 설상가상으로, 나는 항상 무언가를 절대적으로 더 먹고 싶어 했다. 나는 내 상태에 대한 일종의 복수나 처벌로 내 몸을 산산조각 내고 싶어 하는 것 같았다. 나는 매력적으로 보이든 말든 그런 것은 아랑곳하지도 않고, 옷이나 옷을 입는 것에 대해서도 더 이상 관심을 갖지 않았다. 어쨌든 내 옷은 나에게 맞지도 않았다.

폐가 이상하다는 생각이 계속 들었다. 호흡이 곤란했기 때문이다. 클리닉센터로 계단을 걸어 올라가면 몹시 괴로웠고, 그 끝에서는 잠시 숨을 몰아쉬어야 했다. 시간이 나면 나는 담배를 붙잡았고, 심지어는 그것으로 마음의 평화를 얻을 때까지 환자를 기다리게 만들기도 했다. 나는 담배를 하루에 한 갑, 어떤 때는 두 갑도 피웠다. 그것은 실제적인 재앙이었다. 나는 나에 대해 역겨움을 느꼈지만, 어쩔 수 없이 도박을 이어갔다. 내가 잃게 되면 나는 손실을 보충하기 위해 다음 날 밤 그곳으로 재빨리 돌아갔고, 내가 따게 되면 다시 더 많이 따기 위해 그곳으로 서둘러 돌아갔다. 그것은 잔인한 순환이었다. 일이 끝나고 나면, 도박을 하러 나가기 전에 텔레비전 앞에 털썩 주저앉는 것 말고 내가 절대적으로 쏟아부은 일은 그것이 전부였다.

어느 날 체중을 재봤다. 58킬로그램. 아, 이런! 나는 이제 끝이 보이지 않는 추락을 멈춰야 했다. 더 이상 카드를 하지 않고, 더 이상 불면의 밤을 보내지 않고, 이제부터는 다이어트와 운동을 해야 했다. 새로운 상황이 처음에는 또 다른 지옥이나 마찬가지였다. 나는 매일같이 나 자신을 다그쳐 뱅센Vincennes에 갔다. 내 몸은 너무나 한심했다. 1~2분도 달릴 수 없었고, 다리가 무거워 나무뿌리에 걸릴 정도로 발도 들어 올릴 수 없었다. 내 몸은 불안정했고 안 아픈 데가 없었다. 처음에 나는 간신히 10분을 버텼는데, 집으로 돌아오면 파김치가 되고 땀을 비 오듯 쏟았다. 빵이나 파스타, 단 것을 배제한 엄격한 다이어트 덕분에, 이제 나에게는 얼굴을 화장하는 위로 같은 것이 더 이상 필요 없었다. 정말 비참한 상태여서, 나는 이 싸움을 유일한 해결책으로 보았다. 그리고 이것은 마음과의 끊임없는 투쟁이 되었다.

자주, 작은 목소리가 안에서 정답게 속삭였다. '자, 너무 힘들지. 그만해.' 하지만 나는 절망의 힘에 매달렸다. 내가 남긴 작은 자존심. 나는 밤마다 9시간을 잠에 곯아떨어져도 여전히 피곤했다. 그러나 서서히 그리고 분명히 나는 다시 일어서고 있었다. 이제 나는 30분을 계속 달릴 수 있었고, 3주일이 지나자 하루에 두 번 달릴 수 있었다. 일을 시작하기 전인 아침 7시, 나는 땀을 흘리기 위해 양파처럼 겹겹이 껴입고 20분 동안 가벼운 조깅을 했다. 그리고 나서 요구르트, 크래커, 설탕을 넣지 않은 차로 가벼운 아침식사를 했다. 나는 한낮에 조깅을 한 번 더 했다. 이번에는 30~40분 정도, 하지만 옷은 덜 껴입고. 그리고 점심으로 수프, 요구르트나 달걀, 샐러드를 먹었다. 조깅으로써는 충분치 않았다. 나는 근육을 새로 만들어야 했는데, 결코 만만 찮은 일이었다. 나는 복근과 등 근육, 엉덩이와 팔 근육을 다시 얻기 위해 매일같이 운동했다. 모든 운동이 힘들어서 금방 지쳤지만, 그래도 나는 여전히 무겁고 피둥피둥했다. 그러던 중 체중이 3킬로그램이나 빠지자 희망이 되살아났다. 마침내 실제적인 효과가 나타난 것이다! 하지만 갈 길은 여전히 멀고 힘들었다. 내가 제대로 된 몸을 되찾으려면 훨씬 더 많은 고통이 있을 터였다. 싸움이 편해졌고, 나는 몇 가지 의미 있는 성과를 얻었다. 운동을 해도 덜 지쳤다. 그리고 배고픔, 혹은 배를 든든히 채우고자 하는 욕망은 이제 더 이상 나의 위를 괴롭히지 않았다. 나는 청바지를 다시 입을 수 있었다. 나는 내 도박 파트너들의 전화를 받지 않고, 특별히 어떤 자부심을 느껴 그 미끄러운 바위를 올라갔다.

터널 끝에서 빛이 보였지만, 행복한 인생을 위해서는 여전히 무언가가 빠져 있었다. 나는 분명 직업이 있었다. 나는 분명 물리치료사였다. 하지만 언제나 물리치료에만 머물 수는 없는 노릇이었다. 나는 단순히 할 일만 해왔다는 느낌이 들었다. 아주 다양한 종류의 환자들이 있었지만, 내 일은 나를 단순하게 반복되는 일상으로 몰고 갔다. 나는 언제나 똑같은 공손한 말투를 하고, 언제나 똑같은 농담을 하며, 언제나 똑같은 치료를 하고 있었다. 하루 종일 환자가 들이닥쳤다. 심술궂은 사람들, 따분한 사람들, 그리고 지저분한 사람들. 프로라는 현실이 점점 더 매력이 없었다. 더구나 나의 일에는 변화가 없었다. 실망스럽게도, 나는 1년 내내 똑같은 등의 문제를 가진 똑같은 사람들을 봐줘야 했다.

나는 그들에게 소리치고 싶었다. "다시 아프고 싶지 않으면 제발 좀 걸으세요." 그런 사람들은 마사지만으로는 결코 충분치 않아 스스로 운동을 해야 했다. … 그러나 그들은 내가 내리는 어떤 처방도 받아들이지 않았다. 나는 약간의 운동이 가져오는 수많은 장점을 설명하는 데 최선을 다했지만, 별 소용이 없었다. "아, 이봐요. 당신과 함께 한두 번이라면 모르겠는데, 시간이 없습니다. 그리고 남편이 알까 봐 겁나고요. 또 운동을 잘못할까 봐 두렵습니다."

결국 그들은 나에게 격려가 되지 못했다. 나는 공부를 더 많이 하거나, 물리치료라는 한 영역, 즉 스포츠 쪽으로 더 전문화하거나, 혹은 안마치료에 대한 공부를 시작할까도 고민했다. 여전히 무엇을 할 것인가 심사숙고하고 있을 때 작은 프로덕션 회사로부터 느닷없이 한 통의 전화가 걸려왔다. 그들은 나에게 「지구 끝 수수께끼Enigmas from the ends of the Earth」라고 불리는 새로운 텔레비전 게임에 참가해달라고 요청했다. 내가 할 일은 머리에 워키토키를 달고 사회자의 질문에 대답하며 베르코르에서 등반하는 것이었다. 마침 시의적절한 제안이어서 나는 기꺼이 응했다. 3년 동안 등반을 하지 않아 아주 쉬운 일은 아닐지라도 요령을 완전히 잃어버리지는 않았을 테니까.

첫 번째 프로그램은 성공적이었다. 그러자 프로듀서는 나에게 인도네시아와 발리와 싱가포르에 가도록 요구했다. 도전은 해변에서 달리고, 박쥐 동굴로 뛰어들고, 사활이 걸린 문제를 질문하는 현명한 사람 앞에서 자신을 낮추는 것이었다. 비록 바보 같은 짓이기는 했지만, 그것은 일상에서 나의 변화를 이끌어냈다. 싱가포르에서는 해상 스쿠터를 타다 거친 바다 한가운데에서 거대한 파도에 휩쓸리기도 했고, 진흙투성이의 땅에서는 음향장비가 마치 유령 같은 소리를 내기도 했다. 나는 탈락했지만, 대신 로프를 사용해야 하는 곳에서의 에피소드에 대한 기술자문을 맡았다. 그리하여 나는 계속 여행을 할 수 있었고, 텔레비전의 장면 뒤에서 이루어지는 일들, 즉 타협을 하는 요령과 영상을 만드는 기법 등을 배울 수 있었다.

나는 새로운 나라를 발견하고 다른 사람들을 만났다. 나는 한참동안 그것을 좋아했는지도 모른다. 그러나 프로그램은 큰 성공을 거두지 못했다. 내가 운이 다 됐다고 생각한 바로 그때 영상 제작자인 로베르 니코Robert Nicod가 전화를 걸어왔다. 그는 나를 출연시켜 베르동 고르주에서 등반 영상을 만들고 싶어했다. 그는 내 등반속도가 매우 빠르다는 것을 기억하고 있었다. 그는 그 전해에도 나에게 전화를 했었는데, 그때 나는 그의 요구를 받아들이지 않았었다. 왜냐하면 비슷한 제안을 몇 번 받았는데 전부 헛수고가 되고 말았기 때문이다. 그러나 이번은 좀 더 진지하고 구체적이었다. 촬영은 6월에 시작하기로 했다.

그 당시 로베르 니코는 아름다운 등반 사진을 찍는 것으로 특히 유명했다. 그는 이미지를 예리한 눈으로 잡아내는 최고의 전문가였다. 나는 그가 암벽에서도 아래쪽 허공에 특별한 느낌을 주도록 촬영한 최초의 사진가라고 믿고 있다. 그는 유명한 자유등반가인 파트리크 에들랭제의 멋진 사진들을 찍어 주목을 받고 있었다. 나는 파트리크 에들랭제의 뛰어난 영상물 2개에 그가 카메라맨으로 참여했다는 사실을 알고 있었다. 「라 비 오 부데 두아La Vie au bout des doigts(손톱 끝에 달린 생명)」과 「오페라 베르티칼Opéra Vertical」

귀가 솔깃하는 제안이었다. 그러나 생각해야 할 것이 하나 있었다. 그곳은 비교적 어려운 루트들이 있는 곳이었다. 그는 이전과는 색다른 것을 해보고 싶어 했다. 그렇다면 나의 몸 상태가 아주 좋아야 할 터였다. 시기가 아주 좋았다. 이제 2월이어서 월말에 일을 그만두고 촬영지로 가서 훈련을 하면 되니까. 장단점을 철저히 분석한 후 나는 그 모험에 뛰어들기로 결심했다. 사전에 돈을 받은 나는 내 환자들을 동료에게 넘겨주었다. 도전에 맞추는 것은 결코 쉽지 않은 일이 될 터였다. 왜냐하면 내 몸은 더없이 망가져 있었고, 기술도 한참 뒤떨어져 있었기 때문이다. 바꾸어 말하면, 나의 전성기에는 우리 모두가 정해진 루트에서 등반을 했지만, 그 후 게임이 바뀌었다. 미국에서 시작된 '자유등반'이 새로운 유행이 된 것이다. 그 규칙은 등반을 하면서 확보물을 이용하지 않는 것으로, 오직 몸과 바위만 있는 등반이었다.

내가 방탕에 빠져 있는 동안 난이도 시스템이 확장됐다. 7a(5.11d)에 이어 7b(5.12b)가 나타난 것이다. 나는 새 규칙에 적응할 필요가 있었다. 이전에 나는 볼트를 잡고, 그 위에서 다음 볼트로 손을 뻗었었다. 이제, 만약 내가 놀림감이 되지 않으면서 등반을 진지하게 받아들이고자 한다면, 나는 '괜찮은 스타일'을 채택해야만 했다. 그래서 나는 근육을 다시 만들고, 밸런스를 되찾고, 고도감을 다루는 법을 다시 배우는 것뿐만 아니라, 오래전부터 몸에 밴 나쁜 습관을 고칠 필요가 있었다. 나는 할 일이 너무나 많았다. 1985년 3월 26일, 나는 위기일발의 상황에서 베르동 고르주를 선택해, 훈련을 하고 다시 태어나기 위해 빨간색의 작은 르노5를 타고 그곳으로 출발했다.

첫 번째 도전은 캠프사이트였다. 끔찍하게 추웠다. 나에게는 장비가 제대로 없어 영원히 얼어붙을 뿐 따뜻해질 기미가 보이지 않았다. 더욱 우려스럽게도, 인스턴트식품을 먹어서 균형이 깨진 다이어트는 나를 지치게 만들었다. 이렇게 해서 도대체 어떻게 한 달을 유지해 나가지? 로프를 함께 묶을 클라이머를 아침마다 찾으러 나가는 내 마음은 산란하고 흥미 없고 외로웠다.

그것은 아주 귀찮은 일이었다. 나는 내가 알고 내가 믿을 수 있는 사람과 등반하는 것을 좋아한다. 다른 사람에게 강요하는 것은 부담스럽다. 나 역시 그들을 성가시게 할지도 모르니까.

처음 며칠 동안 나는 의욕을 잃었다. 등반이 엉망진창이어서 더욱 더 그랬다. 나는 등반이 무서웠다. 나를 안심시키는 것은 아무것도 없었다. 로프가 너무 가늘게 보이고, 볼트의 거리가 너무 멀고 작게 보였으며, 안전벨트가 너무 비현실적으로 느껴졌다.(나는 이중로프를 사용하기까지 했다) … 나는 동작을 한 번 취할 때마다 소스라치게 놀라며, 불안에 떠는 달팽이처럼 등반했다. 끔찍한 악몽. 나는 6b(5.10d)에서도 헤맸다. 나는 홀드를 붙잡고 옴짝달싹하지 못했다. 그것은 살아 있는 악몽이었다. 나는 혼잣말을 했다. "넌 미쳤어! 여기서 뭘 하고 있다고 생각해? 네가 정말 쓸모없다는 게 보이지 않아? 넌 지금 성공할 수 없어. 네 나이에. 그냥 포기해." 심지어는 어떤 수호신에게 도움을 호소해야 할지도 생각나지 않았다. 나는 자신하지 못했고 심하게 동요했다. '마음을 조금 편하게 먹으면 좋아지지 않을까? 한번 해볼 만한 가치는 있을 거야.'

그때 그곳에서 나는 아침과 저녁을 주는 호텔로 들어가기로 결정했다. 아, 얼마나 좋은지! 매일 할 수 있는 뜨거운 샤워와 안락한 침대. 저녁이면 의자에 앉아 편하게 식사를 할 수 있었다. 그것이야말로 바로 내가 원하는 것이었다. 마음이 편해진 나는 등반에 집중할 수 있었다. 결국, 4년 동안 비용을 극단적으로 아끼려고 단 하루의 휴가도 가지 않은 나는 등반을 잘하기 위해 호텔에 머물렀다. 조그만 텐트에서 떨지 않고, 그때부터 나는 진지한 훈련을 위한 일정에 돌입했다. 8시에 일어나, 9시부터 4시까지 등반하고 나서 조깅을 조금 한다. 웨이트트레이닝 기구를 많이 가져왔으므로 호텔로 돌아와서는 하루를 끝내는 훈련과 함께 활기차게 팔굽혀펴기를 한다. 저녁 6시, 나는 책을 한 권 들고 뜨겁고 기분 좋은 욕탕 안에 몸을 담근다. 저녁 식사는 7시 30분. 그러고 나서 8시면 깊은 잠에 빠진다.

나는 조금씩 진전을 이루었다. 10일이 지나자 나는 6c(5.11b) 정도를 자유 등반할 수 있었고, 다시 5일이 지나자 7a(5.11d)까지도 할 수 있었다. 그리하여 나는 한 번 더 일상을 즐길 수 있었다. 재미있었다. 나는 등반을 다시 사랑하게 되었다. 특히 자유등반이 좋았는데, 그것은 새로운 게임이었다. 퐁텐블루의 옛 친구들이 차례로 찾아와 나와 함께 등반했다. 그들에게는 그것이 며칠간 쉴 수 있는 기회였고, 나에게는 마침내 서로 어울려 등반을 하면서 대화를 나누고 내 감정을 친구들과 공유할 수 있는 기회였다.

나의 유일한 걱정은 7b/c(5.12b/12d) 정도 되는 '봉베 드 피쉐니뷸Bombé de Pichenibule'을 등반할 수준까지 능력을 끌어올릴 수 있느냐 하는 것이었다. 그곳은 로베르가 촬영을 하고 싶어 하는 곳이었다. 처음에 나는 홀드를 찾지 못해 단 한 동작도 할 수 없었다. 더욱이 그곳은 멋진 전망을 가진 매우 인상적인 곳이었다. 소시지처럼 로프에 댕그라니 매달려 퍼즐을 풀지도 못할지 모르는데, 겉보기에는 편안하게 그 구간을 올라간다고 어떻게 기대할 수 있지? 하지만 나는 포기하지 않고 굳은 결심으로 한 달 반 동안 훈련을 이어갔고, 그런 자세에 어느 정도 자긍심을 느꼈다. 그러나 저녁에 내 작은 호텔 방에 혼자 있으면 정말 외롭기도 했다. 고르주 뒤 베르동Gorges du Verdon 근처에는 사람들이 많지 않았다. 따라서 종종 나는 호텔의 유일한 손님이 되기도 했다. 식당에 혼자 앉아 있으면 약간 으스스한 느낌이 들 때도 있었다. 아직 성공이 보장된 것이 아니었기 때문에 나는 수시로 불안했다. 진전을 이루기는 했지만 지나치게 승부에 집착하는 것은 아닐까?

멋진 장면의 영상을 얻기 위해서는 부드럽고 빠르게 등반할 수 있어야 한다. 로베르는 자신이 촬영하고자 하는 루트에서의 구체적인 시나리오를 나에게 건네주었다. 가장 쉬운 곳이 6b/c(5.10d/11b) 수준이었다. 날마다 나는 촬영이 될 그 구간 중 한 군데서 연습했다. 날씨가 춥고 바람이 부는 날은 제법 어려웠다. 그럼에도 몇 번이고 연습을 이어간 나는 그곳이 결국은 함락되고 말 것이라고 확신하기에 이르렀다. 가장 큰 문제는 '봉베 드 피쉐니불'이었다. 나는 계속 떨어졌다. 그리하여 그곳에 사로잡힌 나는 매일 밤 머릿속에서 무브들을 반복해 연습했다. 나에게 악몽을 주는 곳은 항상 같은 구간이었다. 왼발의 바깥쪽을 아주 작은 돌기에, 오른발의 끝을 벌어진 크랙에 대고, 오른손으로 미세한 홀드를 잡은 다음, 왼손을 위로 쭉 뻗어 올린다. 그런 다음 오른손을 옆에 대고 아래쪽 발을 한군데로 모은 다음, 오른쪽 가운뎃손가락을 이용해 힘껏 밀어 올린다. 그리고 왼손을 크랙에 집어넣어 재밍jamming을 한다. 휴! 확보를 하고 한숨을 내쉰다. 그런데 어느 날 기적처럼 그것이 가능했다. 그 안도감이란! 도전에 성공한 나는 흥분에 휩싸였다.

더 이상 할 일이 없어진 나는 그날 밤 파리로 돌아왔다. 베르동과 호텔과 힘든 일상과 긴장에 진저리가 났기 때문이다. 나는 차를 몰고 파리로 돌아오는 내내 콧노래를 흥얼거렸다. 내가 그토록 기분 좋고 만족스럽고 몸 상태가 좋다고 느낀 것은 실로 오랜만이었다.

파리에서 나는 등반 복장을 찾기 위해 사방으로 뛰어다녔다. 로베르는 내가 등이 터진 수영복을 입기를 원했다. 그런 유형의 상품이 이제 막 상점에 진열되는 때여서 선택에는 제한이 있었다. 미셸 베알Michel Béal이 나에게 제공해준 로프의 색깔은 핑크빛 형광색이었다. 그 밝은 색깔과 어울리는 복장은 어떤 것일까? 나는 캔디 핑크 수영복을 찾았다. 그 영상을 위한 나의 준비 중 가장 힘들었던 것은 아마도 맞는 복장을 찾아 파리를 샅샅이 뒤지고 다닌 일이었을 것이다. 하루에도 열 몇 번씩 맞는 복장을 찾아, 거울을 들여다보며 세세한 부분까지도 확인하는 일보다 더 녹초가 되는 일은 없을 것이다. 언제나 무언가 문제가 있었다. 스트랩이 너무 가늘다든가, 팔을 들어 올렸을 때 가슴이 수영복의 위쪽으로 드러난다든가, 앞부분이 충분히 넓지 않아 살짝만 움직여도 가슴이 옆으로 삐져나온다든가, 혹은 완벽하게 맞는 옷을 찾았는데 줄무늬가 있어 아름답게 보이지 않는다든가 하는 등등. 까다롭게 꼼지락거리는 고객에게 분노한 판매 보조원은 불쾌한 표정을 짓기까지 했다. 마침내 나는 그럴 듯한 하나를 찾아냈다. 모든 것이 마음에 들었다. 상단, 스트랩, 재질, 색깔. 단 하나만 빼고…. 그것은 엉덩이 부분이 끈으로 되어 있어, 나의 첫 영상으로는 위험부담이 너무나 컸다! 이제는 더 이상 상점을 찾을 수도 없었다. 그 옷의 상단은 완벽했다. 그래서 나는 뻔뻔스러울 정도로 가는 끈을 가리기 위해 셔츠를 입기로 했다.

촬영 날짜가 다가오고 있어서, 출연진과 스태프 모두가 고르주 뒤 베르동으로 내려가기 전에 파리에서 만났다. 많지는 않았다. 다섯 명. 사실 그 정도가 나에게는 적당했다. 녹음 엔지니어 필리프Philippe, 사진가 파트리크, 영상 제작 및 카메라맨 로베르, 보조요원 조엘Joël과 나.

다만, 내가 사진으로만 본 내 등반 파트너 모니크 달마소 Monique Dalmasso만 참석하지 못했다. 그녀를 미리 만나보지 못하는 것은 유감이었지만, 나는 그녀가 너무 심각하게 받아들이지 않으면서 끔찍하지 않기만을 바랐다. 나는 기분이 나빠지면 가끔 혀를 가만두지 못하는 경우가 종종 있기 때문이다. 그러나 베르동에서 처음 만나자마자 우려가 사라지면서 우리는 곧 마음이 변치 않는 친구가 되었다.

촬영 첫째 날, 우리는 모두 서로를 알게 되었다. 녹음을 담당하는 필리프는 이런 일이 처음이었다. 그는 남자 간호사였다. 파트리크는 암벽을 올라본 적도, 등반사진을 찍어본 적도 없었다. 모니크는 등반을 한 지 6개월이 되었을 뿐이었고, 영상 카메라맨인 로베르는 각각 3일 동안 계속된 이전의 두 작품에서 보조 카메라맨으로 참여한 경험이 전부였다. 모두 다 걱정할 정도는 아니었지만 조금은 놀라웠다. 첫째 날 그들은 카메라와 녹음장비에 대한 사용설명서를 읽었다. 카메라에 필름을 거는 방법에 대한 의견 차이가 있었다. 어쨌든, 날씨가 너무 나빠 우리는 아무것도 할 수 없었다. 그래서 우리는 막사에 갇힌 채 침대에 누워 이상한 장비들을 만져보면서 검사했다. 카메라, 렌즈, 마이크, 햇빛 가리개, 암실 가방…. 이제 각자의 장비에 익숙해진 우리는 현장 회의를 했다.

암벽에서의 작업에 노련한 솜씨를 발휘한 로베르 니코는 놀랍도록 빠른 속도로 장비를 세팅했다. 그는 '염소'의 창안자였다. 처음에 그가 영상에 염소를 쓰겠다고 언급했을 때 나는 그가 바위 턱에 어린 암컷 염소를 올려놓는 줄 알았다. … 사실 그가 말하는 '염소'는 카메라를 좌우로 움직여 이미지의 효과를 높이기 위해 카메라와 그 조작자가 벽으로부터 멀리 떨어질 수 있도록 해주는 두 개의 긴 붐boom*을 가진 독창적인 기구였다. 그것은 회전식이었다. 나는 그와 자리를 바꾸지 않고 발판 바로 위에 그대로 자리를 잡고 싶다고 말했다. 그는 나의 제안을 침착하게 받아들이고 나서 전체적인 통제에 들어갔다.

클라이머이기도 한 녹음 엔지니어 필리프는 다른 사람의 도움 없이 위치를 잡는 방법을 알고 있었다. 그러나 작은 문제가 발생했다. 카메라와 관련해, 그가 자리를 늘 제대로 잡는 것은

---

* 이동 크레인에 달린 카메라 등을 받치는 기둥 |역주|

아니어서 가끔 마이크가 화면에 나타난 것이다. 하지만 사진가에게 그것은 아주 난처한 문제였다. 우선, 그가 자신의 안전벨트로 돌아가는 데만 한나절이나 걸렸다. 그리고 그곳에서 그는 결코 편안하지 않았다. 주인으로서 자신의 민감한 장비들이 망가질까 봐 걱정한 그는 안전벨트를 재치 있고 정성스럽게 찰 필요가 있었다. 가끔 우리는 파트리크가 암벽에서 고통으로 비명을 지르는 소리를 들었다. 다음으로, 우리는 스스로 확보를 하면서 로프로 하강하고, 확보물에 걸고, 주마로 백업하는 방법을 가르쳐야 했다. 불쌍하게도 — 나는 그가 계속 잊어버린다고는 생각하지 않았는데 — 특히 고르주 뒤 베르동은 이런 종류의 것들을 배우기에는 이상적인 장소가 아니었다. 그곳은 내가 아는 한 가장 엄숙함을 느끼게 하는 곳이었다.

수직의 절벽은 매끄러웠고, 아래쪽에서는 산에서 흘러내리는 계곡물 소리가 요란했다. 자신의 공포를 이겨내려는 파트리크는 몹시 애를 먹고 있어서 우리가 그에게 하는 말들을 제대로 듣지 못하는 경우도 있었다. 그는 안전에 적당한 주의를 기울이지 않거나, 제대로 해도 순서가 틀렸다. 가끔 그는 카메라 화면에 대고 도와달라고 소리쳤다. "로베르, 로베르, 이제 뭘 해야지?" 한번은 촬영을 하는 동안 내가 그의 옆에 있었다. 아찔했다. 그는 로프와 연결하지 않고 아주 작은 발판 위에서 카메라를 목에 대롱대롱 매달고 균형을 잡고 있었다.(카메라가 4대여서 그는 자신의 발을 제대로 볼 수 없었다)

파트리크가 자유낙하하지 않은 것은 기적이었다. 그날 그는 자신이 처한 위험을 제대로 이해하지 않았을까? 그는 여기저기에 있는 우리들에게 소리쳐, 누군가가 와서 자신을 연결해주거나, 확보물에서 자신을 풀어주거나, 자신의 로프에 있는 매듭을 확인해달라고 요청했다. 하루가 끝나면 그는 제일 먼저 도망치는 사람이었는데, 우리가 호텔로 돌아와 저녁을 먹을 때가 되어서야 그는 얼굴에 화색이 돌고, 목소리가 평소대로 돌아왔다. 벽에서 그의 카메라가 잇달아 찰깍탁 하는 — 동시녹음을 까다롭게 만드는 — 소음과 더불어 그의 끊임없는 질문에 우리는 마냥 지쳐갔다. 로베르는 15일 동안 촬영하는 것으로 계획을 잡았지만, 대부분 비가 오는 바람에 우리는 촬영을 중단하고, 날씨가 더 온화해지기를 기도하며 6월에 돌아오기로 했다.

한 달 후 우리는 그곳에 다시 모여 악착같이 달라붙었다. 거의 다 이전 그대로였지만, 사진가는 예전과 같은 상황에 직면하지 않았다. 왜냐하면 그 남자 간호사가 시험을 봐서 녹음 엔지니어가 바뀌었기 때문이다. 놀랍게도 햇빛이 났다. 그런데, 이런! 너무나 추웠다. 감아올리는 장치가 벽에 그림자를 만드는 것을 피해야 해서 우리는 햇빛 속에서는 촬영할 수 없었다. 하지만 햇빛 가리개는 오후 늦게까지도 도착하지 않았다. 1,000미터의 고도에서 늦은 오후에 수영복만 입고 있자니 추위가 뼛속까지 파고들었다. 불쌍한 모니크는 피치 끝에서 나를 확보 볼 때마다 이를 덜덜 떨었다. 카메라가 한 대뿐이어서 우리는 같은 동작을 여러 번 반복해야 할 때가 많았다. 처음에 그녀는 추위를 조용히 견뎌냈다. 하지만 시간이 흐르자 그녀의 극기심이 약해졌다. 지친 그녀는 우리 바로 앞에서 수척해졌다. '등반 여배우'가 되고자 하는 우리의 일은 점점 더 힘들어졌고, 무한한 집중력의 비축을 요구했다.*

촬영이 끝났을 때 나는 일과 환자에게로 돌아가기 전에 며칠 동안 휴가를 즐기기로 했다. 그리하여 얼마 전 고르주 뒤 베르동에서 알게 된 새 남자친구 로타Lothar를 만나기 위해 샤모니로 갔다. 하지만 그와 함께 보낸 며칠은 내 계획을 엉망으로 만들었다. 나는 파리로 가서 여름에 물리치료 일을 하고, 일단 영상이 나오면 다른 작품에서의 스턴트 일에 도전하고, 서커스학교까지도 도전해볼 생각이었다. 하지만 로타는 특별한 인상을 받지는 않은 듯, 등반을 계속해서 일주일 후 이탈리아에서 열릴 예정인 최초의 암벽등반 대회에 출전하라고 충고했다. 그토록 우스꽝스러운 아이디어라니! 그가 도대체 무슨 생각을 하고 있는 거지? 대회? 나는 그런 것에는 언제나 결사적으로 반대했었다.

하지만 그는 자신의 마음을 바꾸지 않는 사람들은 바보들뿐이며, 해보지 않고는 그것이 어떤 것인지 결코 알지 못할 것이라는 이유를 들어 나를 교묘하게 포섭했다. 그의 말이 맞는 것일까? 그는 이렇게 덧붙였다. "아무튼 넌 우승할 거야. 그리고 그건 영상을 알리고 홍보하는 데도 좋은 방법이 될 거야." 그러나 나는 확신하지 못했다. 그가 제대로 알고나 하는 말일까? 나

---

* 이때 베르동의 '봉베 드 피쉐니불'에서 핑크빛 형광색 로프에 수영복을 입고 등반하는 장면을 로베르 니코가 찍은 것이 이 책의 표지사진이다. |역주|

는 전혀 우승할 것 같지 않았다. 더구나 겨우 3개월 전에 등반을 다시 시작했기 때문에 나는 다른 참가자들을 따라잡지 못할 것으로 생각했다. 그러나 여전히 로타가 나를 곤경에 밀어 넣어, 나는 어떻게 해야 할지 갈피를 잡지 못했다. 무엇보다도, 나는 그 2년 전에 대회를 반대하는 청원에 서명을 했는데, 그것은 이미 널리 알려진 사실이었다. 이런 아이러니라니!

등반은 경쟁을 하지 않는 보기 드문 스포츠로 발전해왔기 때문에 우리는 청원에 서명함으로써 그런 방식을 가능하면 오랫동안 유지시키려고 했다. 19명의 서명자들은 모두 뛰어난 클라이머들로, 당대 최고들이었다. 나는 그들 중 일부가 논란의 여지없는 평가보다는 알 수 없는 루머를 통해 자신의 명성을 지키는 것을 더 선호한 것은 아닌지 정말로 의심했다.("그렇고 그런 사람들이 이리저리 한다는 소문 들었어?") 만약 그 모임이 지지를 얻는다면 대회는 그들을 인정할 것이다. 대회에는 승자와 패자가 있다. 이것은 스포츠가 작동하는 방식이 아주 다르다는 의미다. 클라이머들은 별난 아웃사이더가 되기를 포기할 것이고, 후원을 위한 경쟁이 치열해질 것이다. 대단히 어려운 루트를 개척했다고 해서 이름을 얻는 사람도 더 이상 없을 것이며, 어느 주어진 날에 승리를 거두어야만 할 것이다. 대회는 오직 한 사람만이 승리를 거둘 수 있으니까.

그래서 우리의 원래 입장은 보수적이었다. 우리는 우리의 게임과 기득권을 지키기 위해 대회를 원하지 않았다. 나의 잘못된 견해 속에는 과도하게 사용된 장소들이 경쟁의 시대에는 어떻게 될 것인가라는 소소한 의문들이 있었다. 돌이켜보면, 나의 진정한 주장은 훨씬 더 개인적인 것에 기초하고 있었다. 실제로 나는 다른 사람과 대결하는 것을 두려워했다. 결국, 대회에 나가지 않으면, 나는 꽁무니를 빼는 꼴이 될 터였다.

"나이 든 소녀야, 이리 와 봐. 깃털을 조금 날린다고 해서 해가 될 건 없잖아? 대회의 시대가 왔어. 등반에서 한 자리를 차지하고 싶어? 그럼 넌 시류에 편승할 필요가 있지." 다음 날 나는 참가신청서를 제출했다. 그리하여 나는 어쩔 수 없이 대세를 받아들일 수밖에 없었다. 시련이 시작되기 5일 전까지도 나는 여전히 그런 사실을 믿지 못했다. 그러나 우리는 바르도네치아Bardonecchia로 가는 미니버스 안에 있었다. 미친 짓이었다. 내가 도대체 무슨 생각을 하고 있었던 것일까?

이탈리아에서 그 행사는 매우 중요해 보였다. 나는 내 눈을 믿을 수가 없었다. 대회가 이탈리아와 프랑스 사이에 있는 파루아 데 밀리테르Paroi des Militaires의 아름다운 계곡에서 열린다는 포스터와 배너가 붙어 있었다. 놀라운 광경이었다. 사람들을 안내하는 테이프들, 번호가 붙은 텐트들이 빽빽하게 둘러쳐진 곳에 세워진 대형 천막들, 광고물로 뒤덮인 수많은 트럭들, 대형 쓰레기통들, 그리고 샤워장과 화장실이 있는 계곡 옆 공간들까지. 바위에는 빨간색, 노란색, 녹색의 넓은 테이프들이 사방으로 줄무늬를 이루고 있었다. 나는 모든 것에 사뭇 압도됐다. 내가 완전히 얼이 빠진 채 멍하니 쳐다보고 있을 때 갑자기 얼굴 하나가 입이 찢어져라 웃으며 차창 밖으로 머리를 내밀었다.

"안녕, 카트린. 그래, 놀러 온 거야? 오랜만이네." 아, 내 정보가 노출됐다는 사실에 나는 기분이 좋지 않았다. 커다란 서커스에 참가한 나에게는 창피한 일이었다. 내가 등반을 다시 시작한 것을 아는 사람은 거의 없었다. 내가 어떻게 지내는지, 무엇에 빠져 있는지 말할 기분이 아니었기 때문에 나는 사람들과의 연락을 피했었다. 그와 우연히 마주친 것은 정말 불운이었다. 그에게 어색한 미소를 살짝 지어 보인 나는 그곳을 벗어나자고 로타에게 졸랐다. 나는 그런 상황을 견딜 수 없었다. 하지만 그와 동행하는 동안 내가 마주친 사람들은 모두 아는 얼굴이었다.

믿을 수 없었다. 내가 잠시 등반을 떠나 있었는데 모두 그곳에 있다니! 나는 그런 환경 속에서 그들을 다시 아는 척 할 수도 없었다. 내가 등반의 세계에 공식적으로 복귀하는 방법이 창피하게 느껴졌다. 나는 로타를 게시판으로 보냈고, 그는 돌아와서 내가 그다음 4일 동안은 그곳에 올라 있지 않을 것이라고 말했다. 나는 그런 분위기에서 그곳에 남아 안달하고 싶은 마음이 들지 않았다. 그래서 우리는 일단 그곳을 벗어나 근처의 브리앙송에서 등반을 조금 하기로 했다. 사실 나는 3주도 넘게 등반을 한 적이 없어서, 체중이 늘어난 것은 아닌지 의심하고 있었다.

푸이Pouit에 있는 절벽에서, 나는 피에르와 함께 등반했을 때의 내 옛날 모습을 되찾았다. 우리는 체계적이고 우아한 스타일로 모든 루트를 등반했다. 다시 말하면, 자유등반으로 오른 것이다. 그 등반에는 이틀이 걸렸다. 저녁마다 나는 20분에서 30분 정도를 가볍게 달렸다. 나의 이론은, 만약 이틀 동안 완전히 지칠 때까지 할 수 있는 한 등반을 많이 하고 나머지 이틀을 쉰다면 내 몸 상태가 최상이 된다는 것이었다. 음식에 대해서는, 등반을 하는 이틀 동안 다이어트를 하면 최고의 에너지가 나올 터였다. 대회 바로 전날 우리는 이탈리아 레스토랑에 가서 식사했다. 나는 파스타를 아주 좋아해서 아이스크림으로 디저트를 끝내기 전에 글자그대로 배를 마음껏 채웠다. 전혀 양심에 거리낌 없이 내가 원하는 것을 먹을 수 있어서 나는 기분이 몹시 좋았다.

우리는 우리의 캠핑 밴에 알맞은 조용한 장소를 이미 점찍어 놓았었다. 물론 텐트 옆에 주차할 생각은 전혀 없었다. 나는 계곡물 옆의 잔디가 난 작은 공터에 평화롭게 자리 잡은 나 자신을 상상하고 있었다. 그곳에 겨우 도착했을 때 우리 차의 헤드라이트에 비친 텐트들, 침낭이 사방에 흩어진 채 사람들로 꽉 찬 자동차들의 거대한 집들을 본 우리의 공포를 상상이나 할 수 있을까. 그런 곳에 들어간 사실에 나는 화가 났다. 하지만 나에게는 유일한 희망이 있었다. 탈출! 한밤중에 1시간도 넘게 차를 몰고 돌아다닌 우리는 그럴 듯해 보이는 한적한 곳을 찾아냈다. 그곳은 내가 원하는 것보다는 덜 조용했지만, 적어도 개울가였다. 즉 물이 있어서 내가 등반을 하러 가기 전에 머리를 감을 수 있는 곳이었다. 사람들은 나를 보고 웃었지만, 만약 그러지 못하면 나는 기분 좋게 이동할 수 없을 것 같았다. 물론 아침 7시에 머리를 계곡물에 담그는 것이 즐거운 일만은 아니다.

8시에 나는 접수 텐트 앞에 섰다. 내가 이름을 대자, 그때까지 서류에 집중하던 모든 눈이 동그래지더니 나를 빤히 처다보았다. 나는 몸 둘 바를 몰랐다. 그들은 머리부터 발끝까지 나를 위아래로 훑어보았다. 그러더니 재빨리 손을 흔들어, 내가 와준 것에 지나칠 정도로 고맙다는 표시를 했다. 얼굴이 발개진 나는 어색한 미소를 짓고 몇 마디 말을 겨우 중얼거렸다. 그들은 나를 등록시키고 나서 출발시간과 함께 경쟁자의 번호를 알려주었다. 놀랍게도 나는 그다음 날까지도 시합이 없었다. 여성 참가자가 많지 않아 예선이 취소된 것이다. 그날을 잔뜩 기대한 나는 실망했다. 그러나 나는 크게 개의치 않았고, 남자들의 시합을 보러 가고 싶었다. 여전히 이른 시간이어서 주위에는 사람들이 많지 않았다. 우리는 절벽 밑으로 가서 그 주변을 걸어 다녀보기로 했다. 우리는 관객들이 지켜야 할 테이프를 넘은 적이 거의 없었지만, 안전요원 두 명이 갑자기 우리에게 달려왔다. 그곳은 시합이 예정된 곳이라 그 주위를 걸어 다니는 것은 금지사항이었다.

"아, 그래요? 알려줘서 고마워요. 미안한 말이지만 우린 미처 알지 못했거든요." 우리는 대회를 조직하는 방법에 대해 그들에게 질문을 했다. 그들은 시합을 위해 만든 루트를 누구도 등반하지 못하도록 하기 위해 2주 동안 밤낮없이 지켜왔다고 말했다. 그들은 자신들의 걱정거리를 우리에게 털어놓았다. 즉 벽의 곳곳이 조금 허물어져 낙석이 생길까 봐 깨끗이 청소했다는 것이다. 대회를 위해 5개의 루트를 새로 만들었는데, 각각은 복합적인 수준을 나타내고 있었다. 남녀 모두는 2개의 루트를 공통으로 올라야 했다. 하나는 6c(5.11b)이고, 다른 하나는 7a(5.11d)였다. 남자부 결승 루트는 7b(5.12b), 여자부는 7a(5.11d)였다. 심사 기준은 속도와 스타일 그리고 난이도의 수준이었다.

우리는 그 친절한 요원들에게 따뜻한 감사의 말을 전하고, 이제 도착하기 시작하는 관객들과 함께 어울리기 위해 그곳에서 물러났다. 나는 눈에 띄지 않으려고 노력했다. 축제 분위기는 나를 조금 마음 편치 않게 만들었다. 다행히 나는 클라이머들 사이에 유행하는 최신의 화려한 색깔의 옷을 입지 않아 눈에 잘 띄지 않았다. 나는 관객들 위에서, 쌍안경을 들고 바위더미에 기대 웅크려 앉았다. 이 최초의 국제대회는 모든 참가자들이 벽을 관찰만 할 수 있고, 원하면 등반 중인 다른 경쟁자들을 볼 수만 있도록 되어 있었다. 나에게는 결국 힘들고 초조한 하루가 되고 말았다. 후보자들이 자신들의 차례를 기다리는 동안 나는 속이 울렁거릴 정도로 점점 더 창백해져 갔다. 새로운 클라이머가 등장할 때마다, 나 역시 그들이 해나가야 하는 것을 알기 때문에, 그들만큼 내 맥박도 갑자기 뛰었다.

많은 사람들이 지켜보고, 박수갈채를 보내고, 심판을 한다는 생각에 이르자 경쟁을 하고 싶어 했던 나의 욕망이 희미해져 갔다. 얼마나 끔찍한 일인가! 그 모든 것들과 함께 등반하는 방법을 나는 알고나 있을까? 그들 중 일부는 패닉에 빠진 듯 너무나 어색하게 등반했다. 다른 사람들은 그 반대였다. 그들은 확신을 가진 듯 아주 침착해 보였다. 그때까지 거의 모든 남자 선수들은 6c(5.11b)를 가까스로 해냈다. 나는 그들 중 나만큼 잘하는 사람이 몇 명 되지 않는다는 사실을 알고 위안을 조금 받았다. 그러나 7a(5.11d) 구간은 아주 난처한 문제였다. 강력한 클라이머 여럿이 그곳을 돌파하는 데 시간을 길게 잡아먹었고, 그들 중 다수가 그 바로 위에서 떨어졌다. 나는 쌍안경으로 홀드들을 관찰해보려고 했지만 불가능했다. 그러기에는 너무 멀었다. 어쨌든 나는 키가 작아 똑같은 무브를 할 수는 없을 터였다. 나는 점점 더 많은 스트레스를 받았다. 그리고 내일은 관객들 앞에서 광대 노릇을 하는 것이 드디어 내 차례라는 생각까지. 이제 마지막 참가자의 시간이었다. 빨리! 나는 다른 사람들보다 먼저 물러날 필요가 있었다. 관객들에게 붙잡혀 내가 아는 사람들과 이야기를 나누게 되는 상황을 피하기 위해.

—

우리는 마침내 그 모든 것으로부터 물러나 산에 홀로 있었다. 다음 날에 대한 불안과 초조 속에서 몇 시간 동안 깊은 생각에 잠긴 나는 움직이지도, 어떤 결정을 내리지도 못했다. 그것은 기본적으로 시합에 좌우되고 싶지 않다는 불안과 초조, 나를 강력하게 몰아붙인 것을 상실할지 모른다는 불안과 초조다. 내가 그토록 두려워한다는 사실이 믿을 수 없었지만, 그렇다고 어쩔 수도 없었다. 지금 물러나는 것은 말도 안 되었다. 나는 참가 결정을 그대로 받아들였다. 그러지 않으면 비겁한 일일 터였다. 군말 한 마디 없이 온갖 친절을 베푸는 로타는 바삐 저녁을 준비하고 있었다. 나는 마음을 진정시키며 그 도전에 대비한 장비를 챙겼다. 사실 필요한 것은 안전벨트와 암벽화뿐이었다. 그러나 암벽화는 큰 문제였다. 바닥창이 다 닳아서 너덜거렸기 때문이다. 나는 새 암벽화를 신고 등반할 수도 있었지만, 그것들은 적응이 필요했다.

우려와 달리, 나는 밤을 편하게 보냈다. 아침에, 몹시 놀랍게도 나의 첫 번째 도전이 속도 시합이었다. 마치 좀비처럼, 내 등에 번호표가 붙자마자 나는 로프를 묶고, 신호에 따라 ─ 등반한다기보다는 오히려 돌격하듯 ─ 아무 생각도 없이 자동으로 움직였다. 나는 꼭대기에 너무 빨리 도착해 놀란 나머지 스톱워치를 누른다는 것을 깜빡했다. 모두가 환호성을 질렀다. 그들의 반응을 보고 기록이 좋다는 사실을 알았다. 다음 도전은 난이도, 6b(5.10d)가 먼저였다. 아주 힘들 것 같지는 않았다. 등반을 끝내고 내려온 여자 선수들의 표정이 밝았다. 그들에게는 문제가 없었던 것이다. 이것은 수백 명의 관객들을 위한 행사였다. 루트 아래쪽에 모여든 그들을 내려다보는 것은 인상적이었다. 관객들은 각각의 선수들에 따라, 그들이 지친 기색을 보이면 격려의 소리를 치고, 그들이 피톤의 카라비너에 로프를 걸 때마다 응원의 박수를 보냈다. 그리고 선수가 꼭대기에 도착하면, 관객들은 열광했다.

이제 곧 내 차례였다. 나는 점점 더 초조해졌다. 나는 나의 동작을 조화롭게 하는 데 집중할 필요가 있었다. 아, 이런! 안전벨트를 차는 방법이 생각나지 않았다. 나는 벨트를 여러 방향으로 돌려보았다. 빌어먹을, 벨트가 거꾸로 되어 있다니! 많은 사람들 앞에서 어떻게 그럴 수가 있지? 마침내 나는 다리를 고리 안에 집어넣을 수가 있었다. 그런데 재수가 나쁘게도 안쪽과 바깥쪽이 뒤집혔다. 나는 사람들이 알아차리기 전에 재빨리 그 상황에서 벗어났다. 나는 속으로 거칠게 욕을 했다. 내가 생각하는 것을 전 세계에 중얼중얼 말하는 동안, 다리가 완전히 꼬이는 바람에 움직이지 못하게 된 나는 결국 바위지대 위에 얼굴로 납작 떨어지고 말았다. 잘했어! 그것만큼 완벽하게 들키는 방법도 있을까? 당황한 표정을 보이지 않으려고 노력하면서, 나는 내 주위의 사람들에게 어정쩡한 미소를 보내고 나서 깊고 차분한 호흡을 했다. 이제 정신을 차린 나는 비참한 것들을 바닥에 놓아두고, 앉은 자세에서 두 발을 정확히 구멍에 댄 다음 나머지 동작들을 계속 이어가는 데 성공했다.

내 이름이 불렸을 때 나는 조심스럽게 일어났다. 남은 것은 로프를 묶는 것뿐이었다. 나는 손이 너무 떨려 매듭 하나 제대로 맬 수 없었다. 결국 참가자들의 확보를 봐주는 사람이 나를 대신해 그 상황에 어울리는 웃음을 지으며 매듭을 지어주었다. 나는 결코 웃을 기분이 아니었다. 나는 쥐구멍에라도 숨고 싶었다. 출발 신호와 함께 나는 화살처럼 떠났다. 그것은 정말, 정말 쉬웠다. 그러자 내 파트너가 꾸짖듯 소리쳤다. "이봐, 이건 경주가 아냐."

두 번째 루트는 6c(5.11b)였다. 그런 말을 들었음에도 불구하고 나는 여전히 너무 빨리 올라갔고, 결국 루트를 잘못 들어섰다. 나는 1미터를 도로 내려와야 했지만, 꼭대기까지 아주 쉽게 도달했다. 드디어 7a(5.11d)만 남았다. 그때까지 성공한 여성은 아무도 없었다. 나는 이전의 두 루트에서 냉정을 되찾았고, 자신감을 얻었다. 이제 내 차례였다. 나는 암벽화 끈을 단단히 매고, 매듭을 한 번에 묶었다. 잘못된 것은 아무 것도 없었다. 훌륭한 출발이었다. 나는 부드럽게 단 한 번의 머뭇거림도 없이 기계처럼 올라갔다. 내가 카라비너에 로프를 통과시킬 때마다 관객들은 미쳐갔다. 나는 많은 선수들이 떨어진 오버행을 넘어 갔다. 최고였다. 나는 남은 2미터에서 집중력을 잃지 않으려고 조심했다. 그리고 나서 루트 끝에 있는 체인에 매달렸다. 관객들이 소리를 지르고 박수를 쳤다. 내가 내려가자 사진기자들이 나에게 달려왔다. 나는 암벽화를 벗을 틈조차 없었다.

내 확보를 봐준 그 남자는 내가 남녀를 통틀어 모든 참가자들 중에서 가장 빨랐다고 말해주었다. 나는 기뻤지만 오직 한 가지 생각만이 떠올랐다. 그것은 그 자리를 떠나는 것이었다. 내 뒤를 곧바로 이어, 이탈리아 참가자가 그 루트를 끝내서 우리는 모든 곳을 완등한 두 명의 여자 선수가 되었다. 나에게는 통과해야 할 두 개의 시련이 남아 있었다. 시상식과 대회에 반대한 성명에 대해 나에게 시비를 건 저널리스트들의 질문. 나의 솔직한 답변은 그들의 계획을 망쳐놓았다. 나는 로타의 말을 인용했다. "자신의 마음을 바꾸지 않는 사람들은 바보들뿐입니다." 그리고 나는 등반대회가 어떤 것인지 직접 알고 싶어서 왔다고 말했다.

—

그 첫 번째 대회와 관련해, 나는 내가 해야 할 일을 했다. 우리는 여름을 산에서 보내기로 했다. 처음에는 샤모니에서, 그런 다음 돌로미테에서. 첫사랑에게로 돌아가게 된 나는 기쁨을 감추지 못했다. 7월 13일 우리는 가벼운 배낭을 메고 몽땅베르로 가는 열차 안에서 즐거워하고 있었다. 우리는 대피소에서 사람들과 마주칠 각오가 되어 있었지만, 그런 다음에는 앙베르 데제 귀Envers-des-Aiguilles의 벽들로 갈 작정이었다. 7월 14일 아침은 하늘에 구름 한 점 없을 정도로 날씨가 아름다웠다. 오전 8시, 우리는 산장을 여유 있게 출발해 5분 거리에 있는 루트 '피라미드Pyramid'를 시도하러 갔다. 컨디션이 아주 좋다고 느낀 나는 등반에 대한 기대로 한껏 들떴다. 그래서 따뜻한 햇살에 빛나는 화강암 벽을 힐끗 보았을 때 나는 너무나 흥분한 나머지 루트의 출발지점으로 눈 위를 마구 달려갔다. 바위에서 5미터 떨어진 곳에 멈추어 벽을 감탄스럽게 쳐다보며 루트를 관찰하고 있을 때 로타가 나에게 올라와 말했다. "자, 조금 내려가서 부츠를 갈아 신자." 나는 혼자 생각했다. '왜 귀찮게 내려가서 갈아 신지? 벽 아래쪽에 햇빛이 드는 좋은 바위가 있는데….'

그런 생각을 하며 나는 평편한 곳으로 내려갔다. 그런데 내가 빙하와 바위 사이에 발을 딛는 순간 내 밑의 눈이 갑자기 무너졌고, 그 후 모든 것이 아주 빠르게 일어났다. 나는 내가 중대한 실수를 했다는 것을 깨달았다. 내가 빙하 위에 있다는 사실을 까맣게 잊고 있었던 것이다. 빙하와 바위 사이에 크레바스가 있다는 것은 모두가 알고 있다. 그것은 사실 계절과 장소에 따라 눈이 채워질 수도 있고 200미터까지 깊어질 수도 있는 구멍이었다. 그 순간 나는 이렇게 생각했다. '너무 깊지만 말아다오.' 나는 로타가 눈치 채지 않기를 바라며, 슬쩍 다시 밖으로 나올 수 있기를 이미 기대하고 있었다.

불행하게도 그 구멍은 깊은 심연이었고 나는 그대로 기절했다. 어느 순간에 내가 의식을 잃었는지는 기억이 잘 나지 않는다. 내가 실제로 떨어졌을 때나 아니면 아마도 바닥이 없다는 것을 알았을 때였을지 모른다. 불쌍한 로타는 갑자기 혼자가 되었다. 그가 들은 것은 '쿵' 하는 소리뿐이었다. 내가 소리를 지르지 못해 그는 나의 상황을 알아차리지 못했다. 그러나 그는 즉시 이해했다. 그가 나를 불렀다. 대답이 없었다. 그가 아래를 내려다봤다. 그러나 오직 암흑뿐이었다. 아주 빨리 행동을 취하는 것이 중요했다. 왜냐하면 크레바스 속에서 부상당한 사람은 빠르고 위험스럽게 얼기 때문이다. 게다가 로프는 내 배낭 안에 있었다. 하지만 천만다행으로 다른 클라이머들이 근처에 있었다. 그들은 이미 한 피치를 올라간 상황이었지만 로타를 돕기 위해 아주 빠른 속도로 내려왔다. 아마도 그 순간이 그에게는 가장 괴로운 시간이었을 것이다.

그는 실제로 그 검은 구멍이 얼마나 깊은지 확인하기 위해 그 안으로 계속 내려왔다. 그는 내가 죽었다고 생각한 것이 틀림없었다. 그가 바닥에 닿고 나서야, 그의 눈은 빛이 거의 없는 상황에 적응했고, 눈 위에 있는 붉은 얼룩점이 내 바지라는 것을 알아차렸다. 그의 눈에는 다리가 먼저 보였는데, 나의 상체가 구멍이 더 깊어지는 곳의 끝에 걸려 있었기 때문이다. 그는 나를 이동시키려고 안간힘을 썼다. 그가 다리를 잡아당기는 것이 너무나 고통스러워 나는 의식을 되찾았다. 만약 그가 내려오지 않았다면 나는 영원히 잠이 들어 냉동 미라가 되었을지도 모른다. 아주 불쾌하지는 않았다. 나는 꿈을 꾸고 있었는데, 어떤 것도 느끼지 못했다. 죽음이 결국은 그렇게 나쁘지 않은 것은 아닐까?

나는 분명 같은 질문을 반복하고 있었다. 그러나 로타의 계속 반복되는 질문에 대한 마지막 몇 마디 대답만 기억이 났다. 내 의식을 회복시킨 것은 '피라미드', '등반', '앙베르 데제귀' 같은 단어들이었다. 이제 깨어난 나는 크레바스를 도로 올라갈 생각을 하기 시작했다. 얼핏 보니 그렇게 어려운 것 같지 않았다. 추위와 통증에도 불구하고 탈출이 가능해 보였다. 그러나 나는 나 자신의 상태를 미처 고려하지 못했다. 나보다는 로타가 오히려 더 예민한 반응을 보이는 것 같았다. 그는 구조 서비스를 요청했으며 그들이 오고 있는 중이라고 말했다. 헬기가 나를 데리러 온다고 생각하니 나는 그제야 마음이 놓였다. 오랫동안 등반을 했어도 헬기를 부른다는 생각은 꿈에도 하지 않았는데, 그런 가능성이 현실이 되고 말았다.

나는 나의 몸 상태를 확인했다. 먼저 양손. 손톱이 까지고 오른손 새끼손가락에 깊은 상처가 났지만, 손가락들을 움직이는 데는 큰 문제가 없었다. 팔과 팔꿈치, 어깨는 모두 괜찮았다. 나는 양발도 움직일 수 있었다. 따라서 마비증세가 없었기 때문에 척추는 손상을 당하지 않은 것 같았다. 오른쪽 허벅지가 상당히 아파서 들어 올려보니 움직였다. 따라서 부러진 곳도 없었다. 휴! 그렇지 않았으면 나는 3~4개월 동안 꼼짝도 하지 못할 뻔했다. 그러나 엉덩이는 좀 다친 것 같았다. 내가 상체를 일으키려고 오른쪽 다리에 체중을 실을 때마다 몹시 아팠다. 비교적 작은 부상을 그대로 안고 내가 벗어나려 한다면, 상태는 더 나빠질지도 모르는 일이었다. 엉덩이는 탈골이 아니라면 3~4주면 될 터였다. 바보 같은 시간의 낭비라니! 나는 몹시 화가 났다. 나를 이렇게 엉망진창으로 만들 줄이야…. 내 여름은 그대로 끝나버렸고 덩달아 로타의 여름도 끝나버렸다. 그러나 스스로 자책해봐야 아무 소용이 없었다.

사실, 만약 내가 그의 말을 들었더라면 이런 일은 일어나지 않았을 것이다. 고통과 추위로 나는 의식을 되찾았다. 내가 상황을 되돌릴 수 없다는 사실과 부상을 인식하자, 몸이 심각하게 차가워지기 시작했다. 로타가 나에게 풀오버 두 벌을 입혀줬지만 나는 여전히 떨었고, 그러자 통증이 느껴지기 시작했다. 나는 헬기가 오기를, 빨리 와서 나를 병원으로 데려가기를 바랐다. 마침내 구조 서비스가 도착했다. 콧수염이 난 사람이 로프 끝에 매달려 내려왔고, 간단한 인사를 한 후에 나의 손상 부위를 자세히 검사했다. 그는 나의 척추를 걱정했다. 나는 약간 투덜댔다. "아뇨, 아뇨, 거긴 괜찮습니다." 아무튼 그는 나의 말을 무시하고, 바구니 들것을 요청했다. 나는 척추가 다치지 않았기를 기도했다. 만약 다쳤다면 상황이 사뭇 달라져, 나는 고통스러운 인생을 기대할 수밖에 없었다. 그는 목 보호대도 요청했다. 그곳에서, 나는 그가 정말 지나치다고 생각했다. 나는 1시간도 넘게 어떤 통증도 없이 머리를 사방으로 움직이고 있었다. 그러나 그는 나의 항의를 일축했다. 이제 나는 빠르고 효율적으로 완전히 감싸졌다.

그들은 케이블을 밑으로 내려 보냈고, 나는 콧수염이 난 나의 구세주와 함께 마침내 밝은 빛 속으로 들어 올려졌다. 로타는 다시 끌어 올려지기 전까지 여전히 그 아래에서 아주 오랫동안 기다리며 추위에 떨어야 했다. 빛과 따뜻한 햇볕 속으로 되돌아온 기쁨은 이루 말할 수 없었다. 내가 밖으로 나왔을 때 제일 먼저 눈길이 간 것은 화강암과 그곳에 난 아름다운 등반선들이었다. 나는 여전히 등반을 하고 싶었지만, 정말 허약하다는 느낌이 들었다. 나는 많은 사람들에게 둘러싸여졌는데, 그들 중 일부는 그 전날 대피소에서부터 알던 사람들이었다. 그들은 이상한 표현을 썼다. 내가 죽었다고 생각한 것이 틀림없었다. 윈치의 케이블이 35미터를 기록했는데, 그것은 12층 빌딩의 높이와 맞먹는 깊이였기 때문이다. 그들이 회개하는 분위기로부터, 나는 그들이 나의 생명에 특별히 높은 가치를 부여하지 않는다는 것을 느꼈다.

나를 헬기 안으로 들어올리기 전에 그들은 모르핀 주사를 놓아주겠다고 제안했지만 나는 거절했다. 나는 의식이 있는 상태로 있고 싶었다. 헬기 안에서 나는 로타를 생각했다. 혼자서 배낭 2개를 메고 계곡으로 내려가며 나를 몹시 걱정할⋯. 나는 그를 잘 알지 못했다. 그런 그에게 큰 불편을 끼친다고 생각하니 마음이 편치 않았다. 그 사고는 내가 서둘러서 일어난 것이었고, 나의 부주의가 원인이었다. 내가 그의 말을 들었더라면 얼마나 좋았을까. 이제 나는 치료를 받고 건강을 빨리 되찾아야 할 터였다. 나는 몹시 추웠다. 거의 다 오지 않았나? 헬기가 착륙했고, 하얀 가운을 입은 남자 둘이 들것을 내려 밴에 실었다. 마침내 병원에 도착하자 온몸이 아팠다. 그들은 나를 불편하기 짝이 없는 트롤리trolley에 싣고 나서 X-레이를 찍겠다며 옷을 벗겼다. 모든 순간이 괴로웠다. 나는 이미 추위에 떨고 있었는데, 그렇게 하자 훨씬 더 심하게 추웠다. 나는 벌거벗은 채 테이블에 누워 X-레이의 결과를 고통스럽게 기다렸다. 나는 내가 물리치료사라고 말했었다.

　잠시 후 의사의 소견이 나왔다. 엉덩이뼈 이중 골절. 나는 척추가 손상됐는지 물었고, 1번 요추에 이전에 금이 간 곳이 있다는 말을 들었다. 이상했다. 어떻게 척추 손상을 알지 못했지? 음, 그래. 결국 내가 퐁텐블루에서 수없이 떨어졌기 때문에 그럴 가능성도 있었다. 아픈 왼쪽 발목에는 아무 이상이 없었다. 나는 머리와 손가락을 꿰맸지만 큰 부상은 피한 셈이었다. 머리에 16바늘, 손가락에 3바늘. 이제 환자복으로 갈아입은 나는 침대로 옮겨졌다. 내 체온이 35℃까지 떨어졌다. 간호사는 담요를 덮어주고, 뜨거운 물병으로 몸을 감싸주는 등 나를 극진히 돌봐주었다.

내가 주사바늘을 견디지 못해 링거주사는 별로 유쾌하지 않았다. 2~3시간이 지나자 나는 훨씬 좋아졌고, 로타가 쓰라린 경험을 한 사람의 표정으로 도착했을 때는 체온도 정상으로 돌아왔다. 그의 얼굴은 걱정과 피로로 핼쑥했다. 그리고 옷을 갈아입을 시간도 없어 티셔츠에는 핏자국이 그대로 묻어 있었다. 그를 안심시키기 위해, 이론적으로는 내가 한 달 후면 일어나 정상적으로 움직일 수 있다고 말하며 내 골절에 대해 설명해 주었다. 그는 내 말을 믿지 못하겠다는 듯 친절하게 웃으며 이렇게 말했다. "그래, 두고 보자." 나는 부모님께 곧장 알려야 할지, 아니면 조금 보기 흉하지 않게 되었을 때 말해야 할지 고민에 빠졌다. 하지만 부모님이 신문을 통해 알게 될지도 모른다고 걱정한 나는 내가 직접 전화로 소식을 전하기로 했다. 어떤 일이 일어났는지 말하려니 조금 당혹스러워진 나는 우선 날씨에 대한 이야기를 꺼냈다. 그러나 결국 산에서 작은 사고가 일어났고, 병원에서 전화하는 중이지만 아무 문제도 없고 심각하지도 않다고 말했다. 어머니는 병원으로 오고 싶어 했지만 나는 그럴 필요가 없다고, 잘 치료되고 있으며, 친구(부모님은 로타를 아직 만나지 못했다)가 나와 함께 있으니 걱정할 필요 없다고 설득했다. 그러나 나는 부모님의 방문을 겨우 하룻밤 늦추는 데 성공했을 뿐이다.

다음 날 부모님이 헝클어진 옷차림에 창백한 얼굴로 나타났다. 그분들은 나의 검은 눈과 찰과상을 입은 얼굴을 보고 놀랐지만, 내가 대체로 아주 심각하지는 않다고 생각했다. 나는 침대에 누운 채 강낭콩을 먹으려고 마치 귀신처럼 애쓰고 있었다. 강낭콩은 여기저기 굴러다녔지만 내 입 안에는 제대로 들어오지 않았다. 나는 배가 고팠기 때문에 몹시 화가 났다. 내가 그토록 소란스럽게 불평을 하는 것을 본 그분들은 크게 안도했다. 하지만 어머니는 파리로 돌아가자마자 몸져눕고 말았다.

나는 2주 동안 병원 신세를 졌다. 그리고 나중에는 갈비뼈가 하나 부러졌다는 추가 진단을 받았다. 그동안은 좋았다. 샤모니에 있는 사람들이 찾아와 내 침대 곁에서 듣기 좋은 말을 하는 바람에 나는 여왕이 된 기분이었다. 너무나 잘 먹어서 체중이 불어나지 않을까 걱정이 될 정도로, 나는 철저히 망가졌다. 오는 사람마다 케이크와 맛있는 것을 사왔지만, 나는 내가 곧 등반을 다시 시작해야 한다는 것을 알고 있었다. 오직 로타만이 내 뼈의 칼슘 수준을 빨리 높일 목적으로 치즈와 요구르트(내가 부탁하는 스위스산으로)를 사왔다. 나는 퇴원하기 이틀 전부터 목발을 짚고 걷기 시작했다. 솔직히 말하면, 나는 이제 더 이상 의사의 말을 듣지 않았다. 그들은 모두 소견도 달랐을 뿐더러, 나는 회복에 대해 물리치료사로서의 내 경험을 더 믿었다.

부상의 후유증이 심각하다는 것을 이해한 것은 병원을 나온 직후였다. 다리에 힘도 없었고, 부지깽이처럼 딱딱해 혼자서 양말을 신거나 바지를 입을 수도 없었다. 그 사이에 다리도 가늘어졌다. 내가 퇴원한 날 저녁, 로타와 나는 함께 식사를 하러 갔는데, 악몽이 시작됐다. 앉은 자세로 2~3분도 있을 수 없었던 것이다. 나는 등에서 느껴지는 둔한 통증을 경감시키기 위해 테이블에 앉았을 때 팔꿈치로 체중을 받쳐야 했다. 그러자 식사를 끝낼 때쯤에는 팔꿈치를 들어 올릴 수도 없었다. "괜찮아?" 로타는 내가 퇴원을 한 것을 기뻐했지만, 그렇게 비참한 상태가 된 나를 보고 안타까운 표정을 지었다. 나는 "괜찮아질 거야."라고 대답했다.

한 달 후, 나는 암벽으로 돌아왔다. 어쨌든 몸을 다시 만드는 데는 훈련이 최고였다. 엉덩이뼈에 골절이 생기면 3주는 치료를 받아야 한다. 따라서 내가 평상시의 활동 수준으로 돌아가기에는 적당한 시간이었다.

정말 솔직히 고백하자면, 나는 느낌이 좋지 않았다. 그리고 등도 여전히 아팠다. 피로가 더하면 고통은 무시하지 못할 정도가 되었다. 어느 날, 나는 용기를 내어 등에 X-레이를 찍었다. 짐작대로, 척추 골절이 있었다. 그러나 그것은 최근에 일어난 것이 아니었다. 영상을 보니 척추골 앞에 작은 뼛조각도 하나 있었다. 샤모니에 있는 병원은 정말 엉터리였다. 내가 똑바로 서서 걸어 다닌 지 한 달이 넘었기 때문에 수술을 시도하기에는 너무 늦었다. 나는 즉시 물리치료를 시도하기로 했는데, 말하자면 그것은 근육을 강화하는 것이었다.

바르도네치아 대회 이후, 그리고 고르주 뒤 베르동에서 촬영된 영상 「에페리콜로소 스포르제르시Epericoloso sporgersi(달리는 기차에서 몸을 밖으로 내밀면 위험해요)」가 공개되자 저널리스트들은 내가 여전히 세계 최고의 여성 클라이머라고 입을 모았다. 내가 사고를 당한 사실만 무시한다면…. 이렇게 터무니없었다니!

나는 거의 움직일 수도 없는데 말이다. 게다가 산악계의 사람들은 내가 얼마나 쓸모없는 인간인지 두 눈으로 보지 않았는가! 내가 할 수 있는 것은 사람들이 붐비는 절벽을 피해, 어딘가에 처박혀 약간의 힘과 자신감, 유연성을 되찾기 위해 연습하는 것뿐이었다. 그해에 세운 목표는 또 다른 대회에 나가 우승하는 것이었다. 나는 언론이 만들어내고 있는 이미지를 따라잡을 필요가 있었다. 나는 내 사진이 여기저기 돌아다니는 것만큼 신경이 쓰였다. 그런 이미지들은 나의 몸을 보여주려고 하는 것일까, 아니면 내 능력과 내가 그렇게 많이 등반하는 이유를 보여주려고 하는 것일까?

그 시절, 아웃도어 회사들은 샘플을 나에게 주었다. 암벽화, 안전벨트…. 흥미로운 일이었다. 나는 기뻤지만 그런 선물들을 많이 받게 되어 조금 놀라기도 했다. "바지를 좋아하십니까? 아니면 풀오버를 좋아하십니까?" "아뇨, 아뇨. 난 받을 수 없습니다." 그들은 고집을 부렸고 나는 거절하는 방법을 알지 못했다. 그래서 대단히 어색해하면서도 고맙게 받았다. 어느 날, 로타가 — 사업에 대한 두뇌회전이 빠른 그는 1960년대에 '로타 파리 Lothars Paris'라는 의류 브랜드를 창안해 대단한 성공을 거두기도 했는데 — 나를 데리고 아웃도어 회사 하나를 방문했다. 그들이 나에게 암벽화 한 켤레를 주려고 하자 로타가 물었다. "그녀가 암벽화를 신는 대가로 얼마를 주실 겁니까?" 아니, 이럴 수가! 나는 몸 둘 바를 몰랐다. 나는 그와 함께 있고 싶지 않았고, 쥐구멍이라고 찾고 싶었다. 나는 그런 것을 받아들일 준비가 되어 있지 않았다.

그 아웃도어 회사 사람은 분명 그런 제안을 기대하지 않은 것 같았다. 그는 약간 놀라는 기색을 보였지만, 이내 평정심을 되찾았다. "아, 예. 생각을 좀 해보겠습니다." 나는 내가 보고 들은 것을 믿을 수가 없었다. 암벽화를 신는 대가로 나에게 돈을 준다고? 상식적인 일은 아닌 것 같았지만, 그는 그렇게 생각하고 있는 것 같았다. 조건을 놓고 그들이 1시간도 넘게 협상하던 그 대화를 나는 결코 잊지 못한다. 그들은 상대방을 평가하며, 차례로 상황을 살폈다. 그리고 얼마 후 로타가 말했다. "이러이러한 값어치는 있다고 생각합니다." 나는 정말 너무 놀라 그날 아무 말도 하지 못했다. 나는 그냥 로타만 쳐다보았다. 아니, 그의 말은 농담이 아니었다. 그러자 그 사람은 무기력하게 항의했다. 내 의견을 말하자면, 그 대화는 불합리하게 욕심이 많았다는 것이다. 내가 기자회견을 할 때마다 그 회사를 홍보하고 있다는 사실과 내 이름이 언론에 노출될 때마다 내가 좋은 상품을 대신하고 있다는 사실을 나는 그때까지 미처 이해하지 못하고 있었다.

그럼에도 불구하고, 내가 상황을 파악하는 데는 시간이 좀 걸렸다. 로타는 계약서를 놓고 협상할 때 나의 입을 막았다. 일단 그가 금액을 제시했을 때 나는 웃음을 터뜨리지 않을 수 없었다. 그리고 또 한 번 그가 과장하고 있다는 생각이 들었을 때 나는 소리를 질렀다. "하지만 로타, 그건 너무 많아!" 우리의 사업 파트너는 기뻐했다. 그는 가엾게도 자신의 자리를 구제하기 위해 열심히 일을 해야만 할 터였다. 잠재적인 스폰서들로부터, 나는 내가 좋아하는 제품과 내가 편안하게 일할 수 있는 아웃도어 회사를 확실히 선택해야 했다. 내가 한군데를 찾아내면, 나는 그들에게 곧장 달려가 함께 일하자고 제안했다. 이런 식으로, 나는 그들을 아주 즐거운 마음으로 대변했으며, 그들의 제품에 대해 피드백을 해주었다. 로타는 재정적인 문제에만 신경을 썼다. 그러나 그것은 악순환이었다. 후원이 좋고 훌륭하다 하더라도 계약의 의무를 다해야만 한다. 이제 나는 프로 클라이머가 되었다. 스폰서들은 내가 미디어에 많이 노출된다는 이유로 나를 표적으로 삼았다. 그러나 그것도 자신의 분야에서 정상에 섰을 때나 가능한 일이 아닐까? 그런 모든 일들이 시작되었을 때 나는 실제로 그럴 자격이 없었다. 크레바스에 추락한 이후 나는 암벽등반을 겨우 했으며, 내 수준은 기껏해야 평범함 정도였다. 나는 내가 등반을 계속할 수 있을지, 또는 이전처럼 경쟁력을 보일지조차 제대로 자신하지 못했다. 결국, 나를 최고로 생각한 사람들과 저널리스트들은 영상 하나와 대회 하나만 보고 그렇게 판단한 것에 지나지 않았다.

사실, 나는 파트리크 에들랭제의 명성으로부터 덕을 보고 있었다. 미디어와 일반대중들이 암벽등반에 흥미를 가진 것은 순전히 그 때문이었다. 나는 여성의 버전으로 그와 함께 포함됐을 뿐이다. 신문으로서는 기분 좋은 일이었다. 맨손으로 등반하는 소녀. 어때? 게다가 그녀는 아름답기까지 해. 아! 맞아. 그것이 좀 다르지.

미디어의 이런 과대광고에 맞추어, 나는 예전의 수준을 되찾기 위해 강도 높은 훈련을 했다. 한 번 더 웨이트트레이닝과 암벽등반, 달리기와 스트레칭을 길게 이어간 것이다. 그것은 많은 노동과 재미의 반감, 휴식시간도 없고, 감정이나 독서, 음악 감상 등의 시간이 더 이상 없다는 것을 의미했다. 나는 기계가 되어 가고 있었다. 처음에, 나는 사고 전에는 워밍업에 불과했던 루트들조차 등반할 수 없었다. 예전에는 단독 등반했던 곳들을 1~2미터도 제대로 오르지 못하는 것을 보고 나는 글자그대로 아연실색했다. 나는 낙엽처럼 굴렀고, 추락의 공포에 떨었다. 내가 여전히 허약해서 만약 추락한다면 분명 좋은 아이디어는 아닐 터였다. 가끔, 나는 다음 홀드를 잡기 위해 슬링을 당기기도 했다. 나는 공포로 굳어버렸고, 절망으로 눈물을 흘렸다. 어느 날 나는 나보다 3년 전에 비슷한 사고를 당한 후 예전처럼 등반을 하지 못하는 친구 하나를 만났다. 나는 마음에 충격을 받았지만, 그것을 받아들이기보다는 싸우기로 결심했다. 그래서 조금씩 예전의 상태로 되돌리기 시작했다. 내가 어떤 불안도 없이 등반을 다시 시작하게 된 것은 다음해 3월이 다 되어서였다. 볼더링은 시간이 더 오래 걸렸다. 2년이 걸렸는데, 나는 아직까지도 어떤 바위에서는 두려워한다. 그러나 일반적으로 말하면, 아주 나쁘지는 않다. 힘이 들기는 했지만, 나는 내가 가진 물리치료에 관한 전문적인 기술이 내가 바위로 다시 돌아가는 데 도움이 되었다고 믿는다.

다음해 여름, 나는 두 번째 국제대회에 출전하기 위해 바르도네치아로 돌아갔다. 물론 그때도 스트레스를 받았다. 그러나 이제 나 자신은 물론이고 다른 사람들에게도 증명해 보여야 할 것이 있었기 때문에 나는 마음을 더 굳게 먹었다. 그들은 나를 기다리고 있었다. 비록 컨디션이 아주 좋기는 했지만, 이번에는 전 세계에서 최고의 클라이머들이 몰려들었기 때문에 뻔한 결론이 나지는 않을 것 같았다. 그중 가장 강력한 클라이머가 미국의 린 힐Lynn Hill이었다. 나는 그녀가 7c(5.12d)를 등반한 최초의 여성*이며, 무시무시한 경쟁자라는 말을 들었다. 나는 깊은 인상을 받기는 했지만 크게 걱정하지는 않았다. 규칙을 조심스럽게 숙지한 나는 난이도가 가장 높은 루트가 겨우 7a+(5.12a)이며, 세 번까지 시도할 수 있다는 사실을 알았다. 게다가 완등자가 여러 명 나올 경우는 시간으로 결정될 예정이었다. 이론적으로 7a+는 나에게 큰 문제가 되지 않기 때문에 시간을 목표로 삼으면 좋은 결과가 나올 것 같았다.

결국, 그것이 내가 우승할 수 있었던 원동력이었다. 린에게는 아주 미안했다. 그녀는 나와 똑같이 등반했다. 그리고 마지막 루트에서 나는 너무 빨리 등반하려다 두 번이나 떨어진 다음에 성공했다. 그럼에도 나는 그녀보다 시간이 덜 걸렸다. 아주 특이했던 규정은 우리가 자유 등반한 방법이 전혀 반영되지 않았다는 것이다. 나는 그와 같은 방식으로 승리를 거둔 것을 자

---

* 1993년 엘캡의 노즈를 자유등반으로 오른 미국의 여성 클라이머. 그녀는 남녀를 통틀어 최초로 이 위업을 달성했는데, 이듬해에는 그 등반기록을 24시간 이내로 줄이는 기염을 토했다. [역주]

랑스럽게 생각하지는 않지만, 어쨌든 규정이 그랬다. 나는 다만 대회에 충실했을 뿐이다. 만약 린이 그 규정을 알지 못했다면, 아마 그녀는 결과를 받아들이기 힘든 감정을 느꼈을지도 모른다. 나는 그녀와 대화를 나눠보려 했지만, 그때 나의 영어실력은 부족하다기보다는 형편없었고, 그녀 또한 프랑스어를 한 마디도 하지 못했다.

대회에서 돌아온 후 나는 8a(5.13b)를 오르는 데 성공했는데, 그것은 그때까지 여성이 오른 최고 난이도였다. 하지만 나는 프로 클라이머여서 내가 원할 때 등반을 하러 가는 것이 언제나 쉽지만은 않았다. 나는 텔레비전이나 라디오 같은 미디어 저널리스트들과의 인터뷰, 영상을 위한 홍보활동, 사회적인 칵테일파티, 스폰서들과 나의 브랜드 이미지 제고를 위해 참석해야 하는 흥행사업의 주말 등으로 곡예를 벌여야 했다. 이런 것들에는 내가 받아들여야 할지를 신중하게 고려해야 하는 다른 제안들은 포함되지도 않았다. 나는 스트레스를 많이 받아서 훈련에 집중할 수 없었고, 따라서 더 이상 진전을 이루지 못했다. 등반에서 멀어지자, 나는 마음이 편치 않았을 뿐더러, 더욱이 호기심 많은 구경꾼 무리들이 평소의 페스티벨을 보려고 나를 깨우기 일쑤였다. (그런 사람들은 여전히 있지만 이제는 더 이상 나에게 감동을 주지 않는다)

사진촬영에 대한 언급 또한 하지 않을 수 없다. 로고가 보이고 가능하면 모든 것이 잘 어울리도록 하면서, 스폰서를 고무시키고 제품을 제대로 홍보하기 위해 내가 옷을 잘 입었는지 세세하게 확인하려면 상당한 집중력을 요구했는데, 이런 모든 일들은 대단히 진지하고 제한적이었다. 말하자면 이것은 모든 각도에서 로고가 보이도록 붙이지만, 그 속에 여성성이 묻히지 않도록 해야 하는 것이다. 그렇게 하기 위해서는 배경의 구조가 좋고 — 가장 중요한 것은 빛이 좋아야 하는데 — 멋진 장소를 찾아야만 한다. 그리고 이런 것들은 신문사의 요구를 고려하기 전에 선행되어야 한다. 한번은, 한겨울에 여름 사진을 요구한 적도 있었다. 과거의 이미지들은 어떤 사정이 있어도 받아들여질 수 없었다. 스폰서의 요청 때문에 새로운 이미지가 필요했던 것이다. 그래서 나는 향기 좋은 자체 태닝 크림을 온몸에 발라야 했다. 무엇보다도 햇빛이 여름다워야 했다. 우리는 첫 번째 작업에서 모든 것을 잘 해냈다고 생각했다. 그때 누군가가 멀리 있는 나무들이 너무 앙상하다고 지적했다. 따라서 우리는 처음부터 다시 작업을 해야 했다.

이런 상황에도 불구하고, 나는 내심 자격이 충분치 않다고 생각했다. 내가 어디론가 등반을 하러 떠나면 글과 사진이 잡지들을 도배하다시피 했다. 비록 내가 이런 종류의 자기과시를 (먹고 살기 위해 해야 하는 일이었기 때문에) 받아들이기는 했지만, 산악계와 나의 관계가 나쁘다고 생각했기 때문에 나는 대회에 출전해 더 많이 우승할 필요가 있었다. 그때 여전히 불만족스럽고 스스로도 결코 기쁘지 않게, 만약 받는 돈만 정당화할 수 있다면 나는 한 발자국 더 앞으로 나아가고 싶었다. 그래서 나는 그르노블Grenoble과 베르시Bercy가 새롭게 시작하려는 중요한 대회에 출전하기로 결심했다. 그르노블에서는 대회를 알리는 메인포스터가 바로 나의 사진이었다. 모두가 나를 기다리고 있었다. … 그래, 나는 준비가 됐어. 나는 우승하고 싶어. 하지만 불행하게도, 나는 첫 번째 루트에서 발을 경계선 밖에 대고 말았다. 탈락. 걱정하지 마. 나는 조금 실망했지만, 내가 실수를 한 것은 시합의 끝에서가 아니라 시작에서였다. 물론 그래서 나는 더욱 불행하기도 했다.

내가 첫 번째 라운드에서 탈락하리라고 예상한 대회 관계자는 아무도 없었다. 주요 파트너인 그르노블시를 그들은 과연 어떻게 다루었을까? 잘 모르겠지만, 아마도 시장이 끼어들어, 관객들 대부분이 내가 등반하는 모습을 보러 왔기 때문에 그들을 실망시켜서는 안 되고, '대회는 반드시 살려야 한다'고 그들에게 압력을 넣은 결과 내가 계속 출전할 수 있지 않았을까, 하는 생각이 든다.

관계자들이 나에게 와서 계속 등반을 해달라고 정중하게 부탁했다. "시의회 때문에 우리가 난처합니다. 시합에 계속 참가해주십시오. 이번에 한해 규정을 딱 한 번만 바꾸겠습니다." 나는 그들의 과감한 결정에 깜짝 놀랐다. 스포츠 윤리를 어떻게 생각하고 있는 것일까? 하지만 그들에게 가해진 압력이 아주 컸던 것 같다.

나에게 시합을 계속하라고 요구하면서, 그들은 나를 어려운 상황 속으로 밀어 넣었다. 그것은 다른 참가자들의 입장에서 보면 불공정한 것이었지만, 나는 스포트라이트를 받았다. 한편 더 이기적으로, 나는 그들이 모든 규정을 바꿀지도 모른다는 생각이 들었다. 즉, 이전 라운드에서 실수를 하지 않으면, 결승에 진출할 수 없는 것으로…. 내가 전혀 다른 사람과 한 조가 되어 결승에 진출한다면 어떤 일이 벌어질까? 만약 내가 계속한다면, 나는 체면치레가 아니라 우승을 하기 위해 최선을 다해야 할 터였다. 그들의 반응은 물론 그 감점을 적용하지 않겠다는 것이었다.

걱정이 되기는 했지만 나는 그들의 요구에 응했다. 그런 결정을 내리는 데 있어서 나는 프랑스산악연맹French Federation of Mountaineering and Climbing의 기술이사이자 나의 오랜 친구인 제프 르무완Jeff Lemoine의 영향을 많이 받았다. 나는 그를 믿었는데, 그가 제기한 논거는 존경할 만했다. 그래서 나는 나의 지위와 대회와 참가자들의 미래를 위해 계속하기로 결심했다. 그르노블 대회는 프랑스에서 조직된 최초의 국제적인 메이저 등반대회였다. 따라서 텔레비전과 라디오, 뉴스 매체 등 모두가 관심을 가졌기 때문에 가능하면 잘 진행되는 것이 중요했다. 그러나 개인적으로 보면 나에게는 그 결정이 끔찍했다. 왜냐하면 그 제안을 받아들임으로써 나는 다른 참가자들로부터 나 자신을 결정적으로 고립시켰기 때문이다.

결국 동점자가 나왔다. 셋이 완등한 것이다. 미국인인 린 힐과 독일인인 안드레아 아이젠후트Andrea Eisenhut와 프랑스인인 나. 대회 관계자가 나에게 말했다. "카트린, 정말 미안합니다. 당신은 시합을 계속할 수 없습니다."

"무슨 말이에요? 그렇게 하기로 했잖아요….” 나를 탈락시키고 싶었던 그 독일인이 이의를 제기한 것이었다. 반면 린은 결과를 받아들였다. 린의 태도에 나는 그렇게 놀라지 않았다. 그녀는 나를 공식적으로 이기고 싶어 했으니까.

거짓말쟁이들. 내가 왜 그렇게 아둔했지? 그들은 내 눈을 양모로 덮었는데, 그것은 너무나 아팠다. 나는 그들의 앞잡이에 불과했다. 나는 분노의 눈물을 흘렸다. 그들을 믿을 게 아니라 처음부터 거절했어야만 했다. 내가 왜 그렇게 약했지? 나는 화를 가라앉히지 못했고, 르무완 역시 정직하지 못했다고 나를 비난했다. 규정을 고수하도록 해야 하는 것은 관계자들의 몫이 아니라 그의 일이었다. 그는 자신의 공식적인 위상과 타협했다. 로타가 나를 위로했다. 그는 상황이 몰상식했다고 생각했다. 하지만 소란을 일으키는 것은 피하고 싶어 했다. 그는 일단 싸움을 벌이면 결코 물러서는 법이 없었다. 그러나 르무완 역시 그의 친구였다. 그는 친구를 연루시키고 싶어 하지 않는 것 같았다. 그의 태도는 나의 마음에 들었다. 나는 그가 이런 일들에 말려드는 것을 원치 않았다.

베르시 대회는 3주 후에 열릴 예정이었다. 나는 그 대회에 참가하고 싶지 않았지만, 프로의 양심에 마음이 흔들렸다. 결국 나는 숨도 제대로 쉴 수 없을 정도로 빨리 올라가, 겨우 루트의 3분의 2에 이르렀을 때 천식 발작으로 헐떡거리고 말았다. 그리하여 린 힐이 나를 이겼다.

사실, 그르노블 이후 모든 등반대회는 내 일이 되었고, 나는 스폰서에게 그만한 가치가 있다는 것을 증명할 필요가 있었다. 그 후 나는 우승을 하기도 하고, 놓치기도 했다. 나는 개의치 않았다. 경쟁을 하는 등반이 의무가 되었는데, 그것으로부터는 더 이상 재미를 느끼지 못했다. 그르노블에서의 배신은 나의 야망을 짓밟아버렸다. 그럼에도, 내가 어린 시절의 모험적인 플레이 그라운드 속에 있으면 즐거움이 돌아왔다. '너 자신을 봐.'라고 나는 생각했다. '평생 경쟁을 하면서 보낼 건 아니잖아?' 더 깊은 곳의 내 욕망은 예전에 꾸었던 꿈으로 돌아가는 길을 찾는 것이었다.

내가 마지막으로 참가한 두 대회는 미국의 스노버드Snowbird에서 열렸다. 첫 번째 대회는 1989년에 환상적인 장소, 다시 말하면 3,000미터 고소에 있는 대형 호텔의 외벽에서 열렸다. 그 호텔은 산에 미친 백만장자 딕 배스Dick Bass의 것이었다. 그는 아주 많은 산을 올랐으며, 명백하게 비상한 사업가였다. 그의 가장 빛나는 업적은 쉰여섯의 나이에 에베레스트를 오른 것이다. 그리하여 그때 그는 에베레스트 최고령 등정자가 되었다. 부러운 기록이었다. 나는 그 나이에 어떤 사람이 되어 있을까?

등반대회는 대담한 빙벽등반과 인공등반으로 수많은 신루트를 개척한 유명한 알피니스트 제프 로우Jeff Lowe의 독창적인 아이디어였다. 대회는 놀랄 정도로 잘 조직되어 있었다. 우리는 도착하자마자 참가신청서를 제출했고, 대회규정과 일정표를 받았다. 미국식의 조직은 효율적이고 믿을 만했다. 참가자들은 왕처럼 대우받았다. 나는 그토록 멋지고 큰 호텔 룸을 본

적이 없었다. 창밖으로는 주위를 둘러싼 산들이 시원스럽게 바라다보여, 나는 욕탕에서조차 야외에 있는 듯한 착각에 빠졌다.

파트리크 에들랭제를 비롯한 전 세계의 엘리트 클라이머들이 그곳에 모여 있었다. 그도 나와 같은 입장이었다. 약간의 부러움과 미디어의 스포트라이트를 받고, '이겨야 할 경쟁자'가 된 것이다. 그가 함께 있어서 나는 큰 위안을 받았다. 동시에, 나는 그의 위치가 나보다도 훨씬 더 어렵다고 생각했다. 왜냐하면 그는 대회에 모습을 드러낸 적이 거의 없었기 때문이다. 따라서 그는 틀림없이 그만큼 더 스트레스를 받았을 것이다.

루트는 호텔의 창문이 없는 벽에 홀드가 붙은 것이 전부였다. 15층쯤 되는 그곳은 좁고 높았다. 그리고 약간의 시각적 편의시설로 코 모양의 돌출부가 밖으로 튀어나와 있었다. 특별히 흉하지는 않았지만, 그르노블의 끔찍하고 현란한 구조물보다는 조금 나은 것 같았다.

그르노블에서처럼, 미국에서 처음 조직된 그 행사는 미래의 터전을 닦기 위한 것이었다. 미디어가 대거 참가했고, 그것은 주요 스폰서십을 이끌어냈다.

나는 루트의 폭을 표시한 경계선 밖에 손을 대는 바람에 준결승에서 탈락했다. 사람들은 내가 일부러 그렇게 했다고 생각했을지도 모른다. 그러나 탈락을 하고 나자 기운이 쏙 빠지는 느낌이 들었다. 이제 입장이 바뀌어, 나는 결승무대의 관객이 될 수 있었다.

그날 저녁 마침내 나는 호화스러운 호텔에서 평소보다 늦게까지, 이미 결승 진출에 실패한 친구들과 함께 어울릴 수 있었다. 라이벌로서의 경쟁을 뒤에 내려놓은 우리는 함께 즐겁게 웃으며, 마지막 사흘간의 개인적인 경험에 대한 이야기를 나누었다. 나는 나와 체격이 비슷한 훌륭한 클라이머 클로딘 트레쿠르Claudine Trécourt 옆에 앉아 있었는데, 갑자기 대화가 미국인들이 우리에게 시킨 일련의 실험에 대한 것으로 흘렀다. 체지방을 측정하는 그것은 상완의 피부 두께를 재는 고통스러운 실험이었다. 우리는 웃음을 터뜨렸다. 왜냐하면 클로딘과 내가 그 부분에 살이 가장 없는 데다 우리 둘만이 평균치와 크게 차이 났기 때문이다.

다음 날 아침식사 자리에서 내가 머핀을 잔뜩 먹고 있을 때 대회 관계자 한 사람이 나타났다. "카트린, 결승에 나가야 합니다. 지난밤에 영상을 보고, 뜻밖에 당신이 마리Mari보다 손을 더 위쪽에 터치했다는 사실을 알게 됐습니다. 그녀는 결승에 진출했습니다. 따라서 당신이 결승에 나가야 하고, 마리가 탈락해야 합니다."

나는 그들이 장난치고 있다고 생각했다.

"농담하는 거죠?"

"필요하면 제프 로우와 상의해보세요."

나는 귀를 의심하지 않을 수 없었다. 이렇게 어처구니없는 일이 나에게 또 일어나다니! 그것은 나를 바닥에 완전히 패대기쳤다. 다른 사람들은 대회 관계자들이 나를 시합에 복귀시키려고 음모를 꾀했다고 말할지도 모른다. 린 힐의 남자친구는 —

린이 미국의 메이저 대회에서 당연히 우승하리라고 생각한 그의 친구들과 마찬가지로 — 노골적으로 화를 냈다.

제프 로우는 단호해서 모든 반대를 일축했다. 영상자료는 한 치의 의구심도 허용치 않았다.

아침을 잔뜩 먹은 터라 나는 연기를 요청했고, 그리하여 시작 시간이 11시 30분으로 결정됐다. 나는 그 대회에서 우승했다. 그러나 뒷맛이 씁쓸했다. 나는 린 힐보다 키가 커서 그녀가 손을 뻗을 수 없는 곳에 있는 홀드를 손가락 끝으로 잡을 수 있었다. 루트를 세팅한 사람들은 훌륭했다. 결승에서 우리는 4미터를 남겨둔 지점까지 도달했는데, 그것으로 끝이었다. 우리는 더 이상의 홀드를 잡을 수 없었다. 나는 그와 같은 승리에 죄책감을 느꼈다. 하지만 파트리크 에들랭제는 아름답게 우승했다. 그 루트를 완등한 사람은 그가 유일했다.

또다시 불운한 상황에 휩쓸린 나는 이제 대회를 포기하기로 했다. 그것은 전혀 의미가 없었다. 나는 다른 어떤 것이 필요했다. 새로운 경험, 감동, 모험, 자유 그리고 열린 공간. 나는 스스로를 자유롭게 표현할 수 있고, 독립적이 될 수 있고, 내 계획을 실현할 수 있고, 나 자신의 존재가 될 필요가 있었다. 나는 미디어에 의해, 소위 말하는 프로 스포츠우먼과 최고로 보이게 하려는 일부 스폰서들의 압력으로부터, 조작되는 감정을 버릴 필요가 있었다.

내 결심은 미국으로 등반을 보러 갔을 때 느낀 감정으로 굳어졌다. 사실, 그 여행은 내가 나의 열망을 이해할 수 있는 계기가 되었다. 나는 자연과 열린 공간에 있고 싶다는 열렬한 나의 갈망을 깨달았다. 나는 험한 곳에서의 등반, 야외에서의 취침, 모든 것에서 멀리 떨어져 있는 것을 사랑했고, 이런 것들은 나에게 전혀 다른 인생에 대한 꿈을 심어주었다.

나는 내가 오직 머리와 팔만 가지고 신경을 곤두세운 채 자연 바위와 혼자 마주했을 때 느낀 감정을 기억하고 있었다. 그러나 게임이 변했다. 이제는 등반을 하면서 스스로를 보호해야 한다. 즉, 자기 확보물을 설치해야 한다. 눈은 구석진 곳과 갈라진 틈을 놓치지 말아야 하고, 몸은 쉴 수 있는 기회를 활용하도록 단련되어야 하며, 머리는 안전에 대한 모든 선택사항을 분석해야 한다. 이것은 매우 흥미 있는 게임이다. 청소년으로서 내가 경험한 감정들이 전혀 변하지 않고 홍수처럼 되살아났다. 그것은 정말로 특별했다. 불행하게도, 내 몸은 이제 더 이상 똑같이 반응하지 않았다. 나는 이제 '타고난' 클라이머가 아니었다. 크랙과 오버행과 슬랩에서 자유롭게 뛰어놀 수 있는 것은 오직 내 마음뿐이었다. 내 몸은 스포츠클라이밍의 코르셋으로 옥죄어졌고 경쟁으로 길들여졌는데, 계속 그렇게 따라갈 수는 없을 것 같았다. 나는 다시 적응할 수 없었다. 이제 나는 처음에 나를 그토록 사로잡았던 게임의 방법을 더 이상 알지 못했다. 장비를 차고 암벽을 오르는 것이 무서웠다. 나는 장비를 더 이상 믿을 수 없었다. 나는 마치 프리솔로로 등반하는 것 같았다. 얼마나 끔찍했는지! 나는 동작을 취할 때마다 떨어져 죽는 상상을 했다. 그러나 등반을 시도하고, 바위를 길들이고, 내 몸을 그곳에 적응시키자 기쁨이 밀려왔다.

미국을 순회한 그 여행은 사진을 찍는 것이 목적이었지만, 내 여행 동료들에게는 틀림없이 악몽이었을 것이다. 로타, 사진가인 제라르 코시키Gérard Kosciki와 그의 여자 친구 마리나 Marina. 내 존재는 그들에게 반감을 불러일으켰다. 그 존재는 사진이나 훈련이나 홍보 따위는 안중에도 두지 않고, 그럴 만한 곳이 있으면 달리고 걷고 오르고 싶어 했다.

현실은 조금 달랐다. 사진가가 그럴 만한 이유로 그곳에 있었기 때문이다. 매일 아침 나는 '복장을 잘 갖추고' 바위와 어울리는 빛과 색깔 등 미적인 외관에 따라 루트를 골라야 했다. 나는 그렇게 하기는 했지만 우아하지는 않았다. 와이오밍에서의 어느 날, 우리는 환상적인 데블스 타워Devil's Tower 밑에 있었다. 전설에 따르면, 곰에게 쫓긴 한 인디언이 그 꼭대기로 도망 갔는데, 곰이 그곳으로 올라가려고 바위를 발톱으로 긁는 바람에 커다란 자국이 생겨 환상적인 모습의 타워가 되었다는 것이다. 우리는 사진을 찍기 위해 로타와 내가 여러 개의 루트에서 짧게 등반하기로 했다. 그 멋진 곳에서 하루만 머물러야 해서 우리는 작업을 서둘러야 했다. 그래서 우리는 재미있는 안쪽 코너를 등반하러 갔다. 우리는 첫 번째 피치와 두 번째 피치를 올랐다. 그런데… 이런, 꼭대기까지 그렇게 멀지 않잖아…. 로타, 어떻게 생각해? 계속 올라가서 어떻게 생겼는지 볼까? 그러고 싶지 않아? 자, 그곳까지 멀지 않아서 금방 할 수 있을 거야. 불쌍한 사진가인 제라르를 잊고, 우리는 꼭대기를 향해 마지막 몇 피치를 기분 좋게 올라갔다.

불행하게도, 등반은 예상보다 시간이 더 걸렸다. 나는 완전히 썩은 바위의 새똥이 잔뜩 들어찬 넓은 크랙을 기어 올라갔다. 그곳은 앵커를 설치하기에도 만만찮았다. 그 공포와 그 냄새. 오랫동안 기다리느라고 화가 무척 나 있을 제라르를 생각하며, 나는 조금씩 위로 기어 올라갔다. 우리가 그런 종류의 자유를 마지막으로 만끽한 것은 오래전의 일이었다. 마침내 우리는 꼭대기까지 오르는 데 성공했지만 온몸이 지저분하게 흐트러져 있었다. 그리고 실망스럽게도, 그곳에는 바위조각더미들만 널려 있었다. 그것은 사실이었다. 산의 정상이 종종 바위조각들만 널린 사면일 뿐이며, 클라이맥스는 경치고, 만족은 그 정상까지 오르는 데 있다는 사실을 나는 깜빡 잊고 있었다. 인디언이 나에게 환영회라도 열어줄 작정으로 그곳에서 기다리고 있다고 기대한 것은 혹시 아니었을까?

주차장으로 내려오니, 우리를 맞이하는 제라르의 태도가 냉담하기 짝이 없었다. 나는 충분히 이해했다. 그는 몇 가지 시나리오를 계획해놓고 있었다. 내가 왼손으로 잡은 크랙을 넘어 가로지르는 것, 내가 오른손으로 잡은 크랙에 거꾸로 매달리는 것, 내가 바위에서 날개를 편 독수리 같은 자세를 취하는 것. 사람들에게 스릴을 불러일으킬 수 있는 이미지 같은 것들…

그럼에도, 우리의 가벼운 탈선은 감각과 감정을 풍부해지게 했다. 나는 향상과 불확실성과 위험의 감수 등 모험의 예술을 다시 발견했다. 그날 이후 나는 사진을 위한 포즈를 취하고 싶다는 생각이 더 이상 들지 않았다. 나는 그런 종류의 서커스에 매몰되어 있었다. 나는 특히 다른 사람이나 언론을 위해서가 아니라, 또는 유명해지기 위해서가 아니라, 전과 같이 등반하기 위해, 즉 거대한 루트를 등반하고, 산의 정상들을 바라보고, 일련의 벽들을 번갈아가며 등반하기 위해 살고 싶다는 욕망을 느꼈다. 그러나 그런 욕망을 즉시 실행에 옮길 수는 없었다. 그리하여 나는 캠프들을 걸어 다니고, 도대체 내가 무엇을 하며 살고 있는지 생각하고 방황하면서 거의 1년을 보냈다. 심리적인 고통과 싸우는 것은 쉽지 않았다. 더구나 내 주위에 있는 사람들은 큰 도움이 되지 않았다.

어느 날, 나는 어떤 일이 일어나든 본능을 따르리라는 결정을 내렸다. 따라서 다음 해의 스노버드 대회가 나의 마지막 대회가 될 것이었다. 나는 주위 환경도 좋고, 제프 로우와 이야기를 나눌 수도 있어서 그곳에 가기로 했다. 그는 파키스탄의 발토로 산군에 있는 트랑고 타워Trango Towers로 가는 원정대에 나를 초청했다. 그 원정은 해발 6,239미터의 일명 네임리스 타워Nameless Tower의 유고슬라비아 루트를 오르는 것이 목표였다. 그리고 미국의 유명한 알피니스트이자 영상 제작자인 데이비드 브리서스David Breashers가 등반을 촬영하고 싶어 했다. 만약 그 영상에 유럽인이 나온다면 ― 더욱이 유명한 여성이라면 ― 그는 자금을 쉽게 확보할 수 있을 터였다. 그것은 분명 내가 그런 노련한 사람들과 고산을 경험할 수 있는 절호의 기회였다.

나는 대회에서 3위로 입상했다. 어쨌든 나는 우승은 거의 기대하지도 않았다. 그런 것들이 이제는 나에게 더 이상 아무런 의미가 없었다. 새로운 무대가 펼쳐지고 있었다. 그때부터 나는 산과 자유등반과 모험에 대한 열정에 나 자신을 오롯이 바쳤다.

산으로 돌아가다 — 트랑고 타워와 보나티 필라

산에 대한 열정은 우리 모두의 마음속에 있는 최초이자 궁극의 어린 시절이다.
그러면 우리는 죽음을 거부한다.

프랑수아 모리아크François Mauriac

다음해로 예정된 파키스탄 원정을 기다리며 새로운 인생을 시
작할 즈음, 나는 진정한 거벽에서 기분 좋은 자유등반을 하기
위해, 몇 년 동안 대회에 참가하면서 얻은 신체적 특성의 장점
을 이용하기로 했다. 나에게 등반은 정말 무서운 전략적 게임
이다. 사랑하는 바위를 나는 길들여야만 하는 생물체로 간주한
다. 각 구간은 자신만의 비밀과 규칙으로 무장한 영혼을 가지고
있으며, 모든 종류의 바위는 특별한 캐릭터를 가지고 있다. 석
회암은 체계적이지 못한 외형으로 뒤범벅되어 황폐하고, 편마
암은 그런 상태가 조금 덜하고, 사암은 더 단단하고 둥글어 사
뭇 다르다. 화강암으로 말할 것 같으면, 그것은 아주 수수하고
정직하며 직설적이다. 그 순수하고 아름다운 일관성은 감촉이

기분 좋고, 보통 따뜻함을 느끼게 하는 적황색 톤의 색깔로 인해 환영한다는 인상을 준다. 그곳에 난 선들은 종종 순수하고 가늘다. 화강암은 분명 내가 가장 좋아하는 암질이다. 화강암을 만지면, 내 몸은 더 이상 스스로의 주인이 아니다. 마치 연인에게 유혹 당하듯, 그것은 함께 놀이를 할 결점이나 약점을 만지고 찾아내기만을 바란다.

내가 무엇을 하든, 벽이나 봉우리 어느 곳을 오르든 바위는 진정한 그 자체로 영원히 남을 것이며, 항상 강하고 힘이 넘칠 것이다. 나는 언제나 그의 의지와 그의 노련한 방법에 스스로를 낮춰야만 할 것이다. 그리고 살고 싶다면, 늘 조심하고 존경해야만 할 것이다. 내가 일반적으로 바위의 이미지를 생각하면, 그것은 내 마음속에 곧바로 투영되는, 햇빛에 빛나는 화강암 그림이다. 그러면 나는 그것을 만지고 쓰다듬는 나 자신을 생각하게 된다. 내 온몸은 바위에 비친 태양의 반향으로 따뜻해진다. 내 손은 까칠한 표면 위를 부드럽게 더듬는다. 그러면 내 몸은 올라갈 준비를 한다. 쉬운 시퀀스sequence* 속에서 움직이는 내 동작은 시원하기까지 하다. 나는 오르고, 또 오른다. … 진정한 꿈을 향해!

어느 정도의 신체적 자유와 편안하고 가벼운 감정을 얻기 위해 나는 다시 단독등반을 하기로 했다. 그것이 내가 바위에 완벽하게 흡수되고, 등반에 대해 거의 동물적인 본능으로 돌아갈 수 있는 유일한 방법이라는 것을 나는 알고 있었다. 나는 그냥

---

* 하나의 동작을 완성하는 일련의 짧은 무브들 [역주]

따라오는 어떤 것을 받아들일 준비가 되어 있지 않았다. 우선, 나는 거의 완벽한 형상의 봉우리가 필요했다. 어린이들이 산이라고 그리는 것의 꼭짓점 같은 어떤 것…. 그런 형상을 가진 것이 나에게는 드류Dru였다. 그럼에도, 그 봉우리는 열일곱 살의 내가 오르려 하자 나를 실망시켰다. 하루 만에 그곳을 오르려고 나는 얼마나 많은 훈련의 고통을 견디고, 얼마나 많은 벽을 올랐던가. 그리고 그 실망감이란! 나는 내 등반을 감사할 시간이 없었다. 정상에 오르는 데 걸린 7시간. 그것이 전부였다. 나는 기쁨을 만끽할 시간을 단 1초도 갖지 못했다. 그날 나는 다시 돌아오리라고 다짐했다.

그때* 나는 '아메리칸 다이렉트American Direct' 루트를 등반했다. 이제 단독등반을 하려는 나에게 아메리칸 다이렉트는 더 이상 흥미를 끌지 못했다. 내가 그곳을 등반하며 낙석을 경험한 후, 솔직히 말해 나는 불필요한 위험을 무릅쓰고 싶지는 않았다. 게다가 나는 고도감과 개방감이 있으면서도 심미적인 어떤 것을 원하고 있었다. 보나티 필라Bonatti Pillar가 이런 조건에는 완벽하게 맞아떨어지는 것 같았다. 그곳을 등반해본 적이 없어서, 처음으로 그렇게 도전한다는 것이 기뻤다. 나는 그 루트가 나에게 적당한지 어떤지를 알기 위해 친구와 함께 등반해보기로 했다. 한 구간을 빼고는 모든 것이 아주 좋았다. 오스트리아 크랙.

그 좁은 크랙은 자유등반으로 돌파하는 것이 불가능해, 나는

---

* 1977년 7월. 이 책 86쪽 참조 [역주]

그곳을 빨리 오르기 위해 기존의 피톤들을 잡고 몸을 끌어올릴 필요가 있었다. 하지만 그 오래된 피톤들은 아주 끔찍해 보였다. 그중 반 이상은 믿을 수 없다고 나는 생각했다. 단독으로 등반하려면, 나는 나 자신, 내 손과 힘, 바위를 믿어야 한다. 그러나 피톤이 과연 체중을 버텨줄까? 그것이 유일한 문제였고, 나머지는 내가 원하는 것과 거의 맞아떨어졌다. 나는 그 크랙을 올라가면서 어떻게든 위험을 피하고 싶었다. 나는 언제든 스스로를 보호할 수 있는 길이의 로프만 사용할 생각이었다. 내 마음의 눈에 그것은 아주 쉬워 보였지만, 현실은 다를 터였다. 10년 동안 단독등반을 하지도 않았고, 이전에 했다 해도 몇 번 되지 않았다. 내가 그 등반을 해낼 수 있을까? 결정적인 구간에 갇혀 공포에 떨지는 않을까? 확보물이 쓸데없이 과도하게 설치되는 지난 몇 년간의 등반대회가 내 계획을 망치는 것은 아닐까?

8월이었다. 따라서 나는 산이 조금 더 조용해지는 9월에 등반하고 싶었다. 내 마음속 한편에 드류를 간직한 채 나는 훈련에 돌입했다. 나에게 정말로 필요한 것은 화강암을 등반하고, 다양한 지형을 익히며, 가장 중요하게는 암벽등반 능력을 상당한 수준으로 끌어올리는 것이었다. 그래서 나는 한 달을 아예 훈련을 위해 떼어놓았다. 그런 훈련에 기술적으로 가장 좋은 곳은 역시 산이었다. 알피니스트가 되기 위해서는 산을 느끼고 평가할 줄 알아야 한다. 안전한 루트를 선택하고, 낙석이나 눈사태의 위험을 판단하고, 등반이 얼마나 오래 걸릴지 예측하고, 등반을 계속할지 아니면 포기할지 결정을 내려야 하는데, 이 모든 것은 본능과 직관에 달려 있다. 그러나 이런 타고난 능력에 속할 수 없는 것이 하나 있다. 진정한 알피니스트가 되려면 산에서 많은 시간을 보내야 한다. 그러면서 산을 관찰하고, 경험을 축적하고, 다른 알피니스트들의 이야기를 듣고, 그들의 보고서를 읽어야 한다. 그렇게 해야만 낯설고 까다로운 상황이 발생하면, 데자뷔의 이야기나 감정이 목숨을 구하는 결정을 빨리 내리는 데 도움이 된다. 나의 노하우로 돌아오는 그 기간 동안 나는 산으로 돌아가고자 하는 욕망에 더욱 사로잡혔다. 그리하여 나는 계산된 위험을 기꺼이 감수했다.

9월이 와서, 나는 일기예보에 귀를 기울였다. 하지만 날씨가 좋기는커녕 아주 나쁠 것으로 예상됐다. 시간이 덧없이 흘러갔지만 날씨는 좋아지지 않았다. 드류는 하얗게 덮여 갔고, 기온은 내 기분과 함께 점점 더 떨어졌다. 동기부여에 따라, 10월 15일 나는 출사표를 던지고 샤모니를 떠나 전혀 다른 어떤 것을 향해 나아갔다.

나는 겨울 내내 드류만 생각했다. 하지만 나는 좌절했고, 그곳을 등반하고자 하는 욕망은 나를 갉아먹었다. 이제 그 봉우리는 집착이 되었다. 매일 밤, 잠을 자기 전에 나는 구간별 동작을 머릿속으로 그리며 상상 속에서 그곳을 등반했다. 상상이 계속될수록 그곳의 크랙이 점점 바뀌어 더 넓어지고 더 어려워졌으며, 바위 턱에 눈이 쌓이고 안쪽 코너가 벌어져, 나는 그만 홀드를 놓쳤다. 그런 상상은 정말 악몽이었다.

봄이 되자 집착이 사라졌다. 나는 제프 로우와 함께 갈 트랑고 타워 원정등반 준비에 박차를 가했다. 네임리스 타워의 동남벽에 있는 유고슬라비아 루트는 1985년 4명의 클라이머들에 의해 개척된 곳이었다. 일련의 크랙들이 정상까지 이어진 그곳은 자연스럽고 논리적이어서 자유등반의 여지도 충분했다. 1989년 그곳을 처음으로 자유 등반한 독일의 유명한 클라이머 볼프강 귈리히Wolfgang Gullich는 난이도를 7b(5.12b)로 평가했다. 그 당시에 아주 높은 고도에서 그런 수준의 난이도를 등반한 사람은 아무도 없었다. 그리하여 볼프강의 뛰어난 성취는 많은 전문 매체들로부터 찬사를 받았다. 우리의 프로젝트가 새로운 것은 그와 같이 어려운 루트에서 등반 장면을 영상으로 남긴다는 것이었다. 그것도 두 명의 혼성팀에 의한 등반이었다.

우리 원정대는 모두 9명이었다. 두 명의 배우, 즉 등반을 하는 제프 로우와 나 말고 우리 팀에는 촬영 담당자들과 그들이 벽에서 촬영하는 동안 안전을 책임져줄 알피니스트, 그리고 다양한 보조요원들이 포진했다.

영상 제작자인 데이비드 브리셔스가 카메라를 직접 잡을 계획이었다. 그 등반을 촬영하자는 것은 그의 아이디어였다. 뛰어난 클라이머이고 알피니스트인 그는 더 많은 청중들에게 산을 보여주고자 하는 열정을 실현하기 위해 감독과 영상 제작자로 변신했다. 극한의 상황에 놓인 클라이머들을 영상으로 표현해내고자 하는 열정은 그를 네 번이나 에베레스트 정상으로 이끌었는데, 그중 가장 최근의 것이 1996년 에베레스트에서 일어난 끔찍한 비극*을 아이맥스Imax로 담아낸 것이었다. 그 영상은 많은 산악영화제에서 상을 받았다.

미국인들로 구성된 팀에서 유럽 문화에 가장 열린 마음을 가진 사람이 데이비드였다. 타고난 호기심을 가진 그는 유럽의 치즈와 와인을 좋아했는데, 너무나 기쁘게도 내가 10킬로그램의 치즈를 베이스캠프로 향하는 우리의 짐 속에 넣었다.

데이비드에게는 등반 경험이 전혀 없는 보조 카메라맨이 있었다. 대신 그는 풍경과 동물, 베이스캠프 같은 장면을 책임졌다. 그는 텐트 앞에 다리를 접고 앉아 눈을 크게 뜨고 앞을 바라보면서 몇 시간씩 명상을 하는 좀 이상한 녀석이었다. 그런 자세를 한 그를 내가 처음 보았을 때 나는 깜짝 놀라, 그가 혹시 죽은 것은 아닌지 생각했다.

음성녹음을 담당하는 두 명 중 하나인 짐Jim 역시 클라이머가 아니었다. 그 일로 알게 된 다른 사람들처럼, 그는 조용해서 자신의 작은 세계 속에서 살고 있는 듯한 느낌을 주었다. 그는 우리 팀의 모두가 기피할 정도로 코를 아주 심하게 골았다.

벽에서 보조 역할을 할 미국인 짐 브리드웰Jim Bridwell과 스위스인 루시엥 아브Lucien Abbe는 전혀 다른 성격을 가진 사람들이었다. 그 차이가 너무 심해 같은 장소에서 그 둘과 함께 지내는 것은 고역이었다. 짐은 키가 컸고 체격이 좋았으며, 희끗희끗한 머리에 축 늘어진 콧수염과 햇볕에 그을린 얼굴을 가진 사나이였다. 그는 암벽등반의 세계에서 스타였다. 이전에 히피

---

* 그해 5월 에베레스트에서 모두 8명이 사망한 사고 [역주]

155

이기도 했던 그는 미국 자유등반의 초창기에 요세미티에서 주요 루트를 개척해 명성을 얻은 1970년대에 전성기를 구가한 클라이머였다. 그 당시에는 프렌드friend와 볼트bolt가 존재하지 않아 클라이머들은 안전을 주로 피톤에 의존했었다. 그것은 위태로운 자세로 바위를 한 손으로 잡고 해야 하는 작업이었다. 그 기술은 힘이 많이 들어, 그들은 자유등반을 하면서는 피톤을 거의 박지 않았다. 과감한 도전에 커다란 찬사를 받은 짐은 예전과 마찬가지로 여전히 요세미티 암벽등반의 왕이었다.

원정등반이 시작된 바로 그 순간부터 짐은 루시엥 아브를 무시하는 것 같았다. 비록 서로에 대해 험담을 하지는 않았지만, 그의 입장을 생각하면, 사실상 그들은 제대로 된 의사소통을 할 수 없었다는 것이 맞지 않을까? 나는 안타까운 마음이 들었다. 왜냐하면 루시엥을 끌어들인 사람이 바로 나였기 때문이다. 나는 크레바스에 추락한 후 샤모니의 병원에서 그를 처음 만났었다. 그는 신문에서 나의 사고소식을 읽고 — 비록 나를 알지는 못했지만 — 아주 친절하게도, 스위스의 마르티니Martigny 근처에 있는 자신의 농장에서 키우는 딸기를 거의 날마다 가지고 왔었다. 친구들에게 '룰루Lulu'로 알려진 루시엥은 짐만큼 유명하지는 않지만, 그 역시 자신의 고향에서 사뭇 매력적인 신루트 몇 개를 개척한 대단히 훌륭한 클라이머였다.

말리Mali에서 영상을 촬영하는 동안 나는 그의 활동을 볼 수 있었다. 그곳에서는 내가 주인공이었다. 그의 임무는 기술 담당자들의 안전을 책임지는 것이었다. 바위에서 그가 보인 민첩

성에 나는 깊은 인상을 받았다. 아주 불안정한 벽에서 그와 같이 빠른 속도로 고정로프를 설치하고 제거하며 여기저기를 움직이는 사람은 처음이었다. 체구가 크고, 덥수룩한 수염과 반짝이는 눈을 가진 그는 바위에서의 용감한 행위로 모든 촬영 담당자들에게 영감을 주었다. 그래서 나는 그를 여기에서 우리와 함께할 분명한 사람으로 생각했었다.

나와 마찬가지로, 룰루에게는 첫 히말라야 원정등반이었다. 그는 자신의 몸이 고소에 어떻게 반응할지 몰라 조금 걱정했다. 하지만 그가 화물로 부칠 필요조차 없는, 캔버스 천으로 된 큰 자루 하나만 달랑 들쳐 메고 파리에 나타났을 때 그는 함께 가는 것을 행복해하는 것처럼 보였다. 그는 모든 등산장비는 영상 제작사에서 제공할 것이라고 말했다. 그것이 맞는 말이기는 했지만, 나는 그가 속옷을 자주 갈아입을 계획이 없는 것은 아닌지 의구심을 갖지 않을 수 없었다. 그리고 그가 아주 착한 스위스인이어서, 그의 짐 속에는 초콜릿, 퐁뒤를 만드는 치즈 그리고 그리송Grisons 지방의 특산물인 말린 고기 정도는 들어 있을 것으로 생각했다.

—

보조업무를 담당하는 사람들은 데이비드의 여자친구 베로니크Veronique와 제프의 남동생 킴 로우Kim Lowe였는데, 그 둘은 식량을 담당하면서 쿡과 그의 조수들을 관리했다.

베로니크는 대단히 거들먹거렸지만, 그럼에도 유쾌한 동료였다. 그녀는 어머니가 파리지앵이어서 프랑스어를 유창하게 구사했다. 그 당시 나의 영어는 매우 제한적이어서, 솔직하게 말하면 내 주위에서 주고받는 말들을 따라가는 데 어려움을 겪었다. 따라서 그녀가 때때로 나의 통역자 역할을 해주었다.

킴의 역할은 물자, 그중에서도 특히 미국 전역에서 공급받는 식료품을 관리하는 것이었는데, 그것들은 주로 바위에 붙어 촬영을 하는 동안 먹을 것들과 아침식사용 시리얼들이었다. 그는 가볍고 빠른 스타일은 아니었다. 킴은 지나치게 문화적이고 활기차고 위압적인 아버지를 가진 한 가정의 8남매 중 막내였다. 그는 인생을 살아가면서 자신의 길을 찾지 못했고, 그 절망감을 치유하려 알코올을 도피처로 삼았다. 이런 일을 맡긴 제프는 동생에게 좋은 전환점이 되리라 생각했다. 불행하게도, 자신의 역할에서 그는 몇 가지 실수를 했는데, 예를 들면 그가 선택한 시리얼은 라이스 크리스피Rice Krispy, 또 라이스 크리스피 그리고 오직 라이스 크리스피였다. 그것은 아주 가볍기는 했지만 부피가 엄청났다. 베이스캠프에서, 컨디션이 좋지 않다고 느낀 그는 곧 미국으로 돌아갔다.

—

원정등반은 출발부터 문제가 생겼다. 버클리Berkely에서 개최한 자신의 마지막 대회 조직과 관련해 재정적인 문제에 휘말린 제프 로우는 우리와 함께 출발하지 못했다. 따라서 우리는 꼬박 한 달 동안 그의 합류를 기다려야 했다. 그가 도착하자마자 촬영할 수 있도록 장소를 헌팅하자니 시간이 잘 지나갔다. 우리는 전진 베이스캠프를 세웠다. 다시 말하면, 벽 밑에 텐트를 세워놓고 스토브를 가져다놓은 것이다. 그리고 나서 우리는 유고슬라비아 루트가 시작되는 곳의 플랫폼으로 이어지는 쿨르와르에 고정로프를 설치했다.

제프가 도착했지만 그가 가져온 것은 나쁜 뉴스였다. 영상 촬영의 예산 전부를 대회에 쏟아부었다는 것이다. 그 말을 들은 데이비드는 얼굴이 창백해졌다. 제프를 기다리는 동안, 원정등반에 필요한 비용 전부를 그가 자신의 돈으로 미리 지불했기 때문이다. 호텔, 두 달간 14명의 식사 비용, 차량 임차, 60명의 포터 비용 등. 제한된 영어로 인해 나는 그들의 이야기를 모두 알아들을 수는 없었지만, 데이비드는 결코 기분 좋게 생각하지 않았다.

자금에 대한 중대한 문제에도 불구하고 원정등반은 계속되었고, 제프가 도착한 지 이틀 만에 우리는 고정로프를 타고 위로 올라갔다. 우리는 좁은 얼음 쿨르와르를 따라 올라갔는데, 거의 재앙에 이를 뻔한 것은 바로 좁은 협곡에서였다. 반쯤 올라갔을 때 나는 이 세상에서의 마지막 시간이 다가왔다고 생각했다. 아주 이른 시간에 출발하지 않아, 태양이 협곡에 오버행으로 드러난 벽의 꼭대기 부분을 따뜻하게 만드는 바람에 눈과 얼음이 녹고, 낙석이 발생해 우리 쪽으로 곧장 떨어진 것이다. 그리하여 우리는 탈출할 수도, 스스로를 보호할 수도 없는 덫에 걸린 쥐와 같은 처지가 되고 말았다. 나는 공포에 떨었다. 데이비드와 제프는 필사적으로 위로 올라갔고, 탈출하기 위해 몸부림쳤다. 공포가 천식 발작을 유발해 나는 그들을 따라갈 수 없었다. 나도 있는 힘껏 위로 움직였지만, 20킬로그램의 배낭 때문에 그 자리에 못 박힌 듯한 느낌이 들었다. 나는 도저히 그렇게 할 수 없었다. 마치 잘 발달된 생존본능이 나를 버린 듯한…. 내가 할 수 있는 것은 아주 느리게 전진하는 동안 그 낙석사태들이 나의 목숨에 아량을 베풀어달라고 운명에 기도하는 것뿐이었다. 결국 우리는 부상을 당하는 것 이상으로 놀랐고, 약간의 타박상만 입은 채 그곳을 벗어났다.

내가 그 쿨르와르를 빠져나오자, 데이비드와 제프는 격렬한 언쟁을 벌이고 있었다. 제프는 짐 브리드웰이 이 숄더shoulder에 이르도록 선택한 어프로치에 불만을 품은 것 같았다. 나는 욕설과 함께 그의 이름이 여러 번 언급되는 것을 들을 수 있었다.

결과적으로, 그다음 3일은 다른 접근로에 고정로프를 설치하는 데 소모되고 말았는데, 제프는 그러자마자 고열과 인후염으로 컨디션이 좋지 않았다. 그래서 우리는 베이스캠프에서 강제적인 휴식을 취하며 4일을 보냈다. 그런 다음 우리는 다시 숄더로 돌아갔다. 우리는 일주일을 충분히 버틸 수 있는 식량을 그곳으로 옮겼다. 어깨가 뻐근하고, 내 추측으로는 동기를 잃어버린 짐을 제외하고 우리 팀의 모든 사람들이 그곳에 모였다. 원정등반이 계속 늘어지자 팀 내의 분위기가 팽팽해졌다. 돈이 떨어졌기 때문에 우리 모두는 각자의 일에 대한 대가를 받을 수 있을지 궁금해했다. 루시엥이 있어서 짐의 포기가 재앙이 되지는 않았다. 제프만큼 유명하지는 않았지만 그는 우리 중 대단히 강하고 빠른 클라이머였다. 그는 자신의 방식으로 일을 하는 데 구애를 받지 않았다.

우리는 마침내 데이비드가 우리 위쪽에서 촬영을 할 수 있도록 루시엥이 몇 피치에 고정로프를 설치하는 작업으로 등반에 들어갔다. 그런 움직임은 우리의 기분을 고양시켰지만, 그것도 오래가지 않았다. 곧이어 나쁜 날씨로 숄더에 일주일이나 갇힌 것이다. 우리는 일주일 동안 하릴없이 기다리기만 했다. 우리 프로젝트의 나머지 결과에 대해 특별히 낙관하지는 않았지만, 나는 좋은 기분을 유지하려고 노력했다. 상황이 더 나빠지지는 않지 않을까? 캠프에는 좋은 텐트들과 침낭들과 충분한 식량이 있었다. 이제는 낙석 걱정을 하지 않아도 되었다. 그 이상 무엇을 더 바란다는 말인가? 나는 내 동료 둘이 보인 고소에서의 태도에 특별한 인상을 받았다. 그들은 털끝 하나 움직이지 않고 기다리기만 했다. 우리의 인내는 약간의 좋은 날씨로 보상을 받았고, 우려와 달리 벽은 오전이 되자 모두 말랐다. 꼬박 이틀 동안 우리는 선등을 바꾸어가며 우리의 루트를 등반했다. 첫 날, 데이비드가 루시엥의 도움을 받아가며 우리 위쪽에서 촬영을 했다. 우리는 루트를 반쯤 올라가 비박에 들어갔다. 허공에 매달린 포타레지portaledge에서 잠을 잔 것은 처음이었다. 나는 즐겁게 플랫폼 기구를 펼치는 작업을 했는데, 그것은 결코 평탄해질 수 없는 울퉁불퉁한 바위 턱보다는 훨씬 더 안락했다.

우리가 고소에 있는 내내 나는 천식 발작으로 밤마다 잠에서 깨어났다. 나는 의사로부터 천식증세가 있다는 말을 들었지만, 그것은 말도 안 된다고 생각했다. 왜냐하면 나는 베르시 대회의 암벽에서 겪은 딱 한 번을 빼고 호흡을 하는 데 어떤 문제도 없었기 때문이다. 그날 밤 잠을 자려고 뒤치락거리면서 나는 역시 천식증세가 있는 제프의 명상법을 받아들이려 노력했다. 그런데 그 방법이 꿈같이 작용했다. 내가 아침까지 깊은 잠에 빠진 것이다.

다음 날, 날씨가 나빠질 징조가 보였다. 새털구름이 지평선 위로 나타났기 때문에 성공적인 등반을 위해 우리는 서둘러야만 했다. 우리는 우리 중 셋, 즉 데이비드와 제프와 나만 계속 등반하기로 했다. 여러 장면들은 룰루가 포함된 우리의 최초 계획만큼 정교하게 촬영되지는 않겠지만, 우리에게는 선택사항이 많지 않았다. 그렇게 하지 않으면, 우리는 촬영을 전혀 할 수 없었다. 우리가 정상에 오르지 못하면 미국의 TV 시청자들이 흥미를 느끼지 못하지 않을까? 우리는 승리를 거머쥐고 돌아갈 필요가 있었다. 데이비드는 선등자가 확보지점에 고정시켜놓은 고정로프에 매달려 촬영을 했다.

해가 질 무렵 우리는 정상에 도착했다. 눈이 내리고 있었다. 우리는 정상의 최고지점 10미터 아래에 함께 모였고, 후세를 위한 우리의 승리를 기록하기 위해 데이비드가 카메라를 들었다.

"필름이 돌아가고 있어."라고 그가 말했다.

제프와 내가 앞뒤로 붙어 정상을 향해 움직였다. 우리가 2미터를 남겨둔 지점에 이르렀을 때 데이비드가 갑자기 절망적인 목소리로 소리쳤다. "잠깐! 카메라가 고장 났어."

침묵이 흘렀다. 정상까지 고작 2미터만 남겨둔 상황이었다. 카메라를 고칠 수 있을까? 어둠이 짙어지고 있었다. 완전히 어두워지기 전에 스틸사진 몇 장을 찍자고 내가 제안했다. 그래야 우리의 성공이 영원히 남을 것 같았다. 우리는 팔을 하늘로 높이 들어 승리를 상징하는 V자를 만들고 사진을 한 장 찍었다. 감동적이었다.

사진 촬영이 끝나자 제프가 무전기로 베이스캠프를 불렀다. 그것은 내 기억 속에 영원히 남을 특별한 것이었다. 그의 목소리는 단조로웠다. "우리는 정상에 있다."

그는 분명 기뻐했겠지만 그런 인상을 주지는 않았다고 나는 확신한다.

베이스캠프의 응답은 그날 밤에 닥칠 악천후를 어떻게 생각하느냐고 묻는 것이었다.

그는 목소리의 톤을 바꾸지 않고 이렇게 대답했다. "음, 이제 이곳을 떠나 로프를 타고 내려갈 생각이야."

하지만 나는 어둠 속에서 로프를 타고 내려가는 상황이 조금도 즐겁지 않았다. 나는 속이 울렁거렸다. 나를 안심시킨 것은 제프의 태도뿐이었다. 데이비드에 대해 말하자면, 그는 신경이 곤두섰는지 마구 지껄여대기 시작했다.

그는 필름이 배낭 안에 있어서 아마도 긴장이 풀렸는지 제프에 대해 자신이 느낀 적의를 유감없이 쏟아냈다. 그러나 제프는 조금도 개의치 않고 하강작업을 했고, 우리는 1,000미터 벽을 따라 천천히 하강하기 시작했다. 하강 속도가 느리기는 했지만, 어두워지기 전에 정상에 도착하고자 한 우리의 급한 등반 속도에 비하면, 우리에게는 이런 리듬이 오히려 알맞았다. 나는 마침내 내 주위를 둘러볼 여유를 가졌다.

마치 비행기에서 내려다보이는 마을처럼, 발토로 빙하에서 희미한 불빛이 반짝거리는 모습이 보였다. 아주 낯선 광경이었다. 처음에 나는 그곳이 베이스캠프가 아닐까, 하고 생각했다. 하지만 불빛의 수로 보면 그것은 불가능했다. 더욱이, 세계 제2의 고봉으로 많은 사람들을 유혹하는 K2는 그쪽 방향도 아니었다.

사람들이 아주 멀리 있지 않다는 느낌이 좋았다. 그러자 샤모니에서 비박했을 때가 생각났다. 그때 나는 도시의 불빛 위 높은 곳에 있는 침낭 속에 혼자 있었다. 그 광경이 호기심을 불러일으켜 제프에게 빙하 위에 있는 캠프를 가리키자, 그는 내가 이상한 광경의 헛것을 본 것은 아닌지 놀라고 헷갈려했다. 반짝거리는 그 불빛들이 왜 생기는지 설명한 사람은 데이비드였다. 그 불빛들은 낮에 햇빛을 흡수한 식물이나 작은 생명체들이 발산하는 것들이었다.

"어쨌든" 그는 우리에게 말했다. "곧 사라질 거야." 그러자 바로 그때 '야영자' 중 하나가 사라졌다. 나는 그런 말이 처음이어서 약간 실망스럽게 느껴졌다. 그 마법의 광경은 우리를 다시 한번 어둠에 남겨놓은 채 햇볕 속의 눈처럼 사라졌다.

그 하강에서 기록을 깨지는 않았지만, 우리는 차분했고, 목소리를 높이지도 않았으며, 단 한순간도 패닉에 빠지지 않았다. 우리는 맡은 바 임무를 다하면서, 서로가 잘하고 있는지도 경계했다.

—

베이스캠프에 도착하자 큰 파티가 우리를 기다리고 있었다. 행복해하는 분위기가 모든 사람들에게서 나왔다. 몇몇 사람이 내보인 긴장과 짜증이 온데간데없이 사라진 것 같았다. 등반의 성공으로 임무를 완수해서, 이제 집으로 빨리 돌아가고 싶은 마음에 사로잡힌 우리들은 서둘러 철수작업에 들어갔다. 모레인 위에서 보낸 한 달 동안의 캠핑이 길게 느껴졌다. 특히, 나는 등반 팀이었기 때문에 더욱 더 그랬다. 내 입장에서 보면, 나는 서두를 이유가 없었다. 이 원정등반과 이 산에서 보낸 모든 것이 나에게는 새로웠다. 문명과 동떨어진 이곳이 오히려 나와 맞았다. 계약서상의 내 역할을 다한 터라, 나는 자유 시간을 마냥 즐기고 싶었다.

내가 높은 고도의 거대한 벽에서 기술적으로 대단히 어려운 등반을 시도한 것은 이번이 처음이었다. 제프 로우와 데이비드 브리서스 덕분에 나는, 특히 벽에서 비박하는 방법이라든가, 고정로프를 타고 오르는 기술이라든가, 장비와 옷을 고르는 방법 등 많은 것을 배웠다. 그러나 가장 인상 깊었던 것은 제프와 데이비드의 굳건한 결심이었다. 그들도 아마 상황에 따라서는 프로젝트를 포기하고 싶은 때가 있었을 것이다. 어떤 경우에도, 심지어는 숄더에서 악천후를 견디는 동안에도 그들이 용기를 잃는 모습을 나는 보지 못했다. 그들에게 그곳은 단지 인내의 문제였다. 그들은 그런 경험이 많았다. 더욱이, 나는 등반에 대한 그들의 기록에도 여러 번 나왔고 — 때로는 상당히 감동적이었는데 — 다른 산악인이 쓴 글에도 등장했다. 그리고 그런 것들은 나에게 용기를 주고, 심지어는 알피니스트로서 내 인생에 영감을 주기도 했다. 그들은 나에게 거벽을 등반하고, 네팔과 알래스카, 로키산맥을 찾아가고, 스스로 위대한 모험을 하도록 욕망을 불러일으켰다.

———

프랑스로 돌아온 나는 드류의 보나티 필라를 단독 등반하는 프로젝트의 계획을 짜면서 시간을 보냈다. 파키스탄에서 원정등반을 하는 동안 우리는 실제로 5~6일 이상 바위에 매달려본 적이 없었다. 그래서 나는 내 봉우리에서의 등반능력 수준으로 돌아갈 필요가 있었다. 내가 로프 없이 단독으로 등반하려면, 나는 안전하다고 느낄 수 있는 양호한 범위를 유지할 필요가 있었다. 그렇지 않으면 공포로 인해 즐거움이 희석될 터였다.

훈련을 하는 동안, 나는 영상 제작자가 가하는 압력이 어떤 것인지를 절실히 느꼈다. 봄에 — 파키스탄으로 가기 바로 전에 — 산악영화제에 초청받았는데, 나는 「가스파르 드 라 메이주Gaspard de la Meije」라는 영상의 감독인 베르나르 쇼케Bernard

Choquet를 만났다. 그는 나의 보나티 필라 단독등반 프로젝트를 알고 홍분했고, 그 등반을 촬영할 수 있는지 물었다. 솔직히, 나는 전혀 반대하지 않았다. 그것은 훌륭한 아이디어 같았다. 나는 후원을 통해 생계를 유지하고 있었기 때문에 내가 등반에 대한 사랑에 얹혀살도록 영상이 도움을 준다면, 그것보다 더 좋은 일도 없을 터였다.

내가 파키스탄에서 돌아오자 베르나르가 전화를 해서, 그 프로젝트를 준비할 마음이 생길 때까지 나에게는 약간의 시간이 필요하다고 설명했다. 나는 최고의 육체적·정신적 상태를 가질 필요가 있었다. 그리고 벽의 상태도 양호해야 하고, 햇빛의 방해도 받지 말아야 했다.

그는 나의 통보를 기다리지 않고, 며칠마다 한 번씩 상황 설명을 요구했는데, 그것은 나를 성가시게 만들었다. 그는 내 모험의 일부를 소유하고 싶어 하는 것 같았다. 하지만 그 모험은 내가 원하는 대로, 어떤 압력도 없이 나 자신의 시간 속에서 이끌어져 진정한 나의 것이 되어야만 했다. 나는 이미 대회에서 이런 상황을 충분히 겪었다. 준비를 재촉하는 것보다 그의 끈덕진 잔소리 때문에 나는 그 프로젝트가 나에게 주는 기쁨을 잃고 말았다.

그럼에도, 어느 화창한 날 나는 준비를 끝냈다. 베르나르 역시 컨디션이 좋았고 한 치의 차질도 없이 준비가 되어 있었다. 이제 그는 촬영일정만 잡으면 되었다. 내가 올라가서 비박하기로 한 하루 전날, 그는 나와 함께 올라가 상황을 보고 싶다고 말했다. 내가 부상을 당해 병원으로 이송됐을 때를 빼고 나는 헬기를 타본 적이 없었다. 그래서 나는 공포도 다스릴 겸 함께 가는 것에 동의했다. 하지만 그것은 큰 실수였다. 나는 헬기에서 필라를 보고 그만 압도당하고 말았는데, 가파르고 검고 반반한 그 절벽은 정말 소름이 끼쳤다. 올라갈 루트를 제대로 판별하지 못한 나는 베르나르에게 필라의 대략적인 등반선을 손으로 애매모호하게 가리켜주었다. 계곡으로 다시 내려온 나는 의구심으로 두려움에 휩싸였다. 공중에서 본 필라가 너무나 무시무시해서 그곳을 혼자 등반하고 싶다는 생각이 더 이상 들지 않은 것이다. 나는 헬기를 타고 올라가 본 것을 몹시 후회했다. 내가 그런 감정을 극복하고 그 계획을 한 번 더 긍정적인 기분으로 받아들이는 데는 시간이 좀 걸렸다. 그곳을 마지막으로 오른 이후 그곳에 대해 여전히 기억하고 있는 것에 나는 어떻게든 집중하려고 노력했다. 나는 마음속으로 모든 구간을 하나씩 넘어가봤는데, 그것들은 실현이 가능해 보였다. 나는 두려움이 사라질 때까지 그런 긍정적인 생각에 몰두했다.

1990년 10월 10일, 나는 '플람 드 피에르Flammes de Pierre' 비박 사이트에 도착했다. 보나티 필라 밑으로 가는 길은 두 갈래. 그곳에서는, 낙석의 위험에 노출된 쿨르와르를 아래쪽에서부터 올라가거나, 아니면 플람 드 피에르 위쪽에서 로프를 몇 번 타고 내려가 쿨르와르를 재빨리 건너야 한다. 나는 위험부담을 피하고 싶어 위로 올라가는 길을 선택했다. 친구인 피에르 달보이Pierre D'Alboy가 친절하게도 루트의 출발지점까지 나와 동행

하겠다고 나섰다. 크램폰의 사용법을 완전히 익히지 못했을 뿐
더러 잠깐이라도 로프를 사용하면 마음이 편해질 것 같아서, 얼
음의 쿨르와르에 대해 걱정하던 나는 그에게 고마움을 느꼈다

촬영 담당자들이 헬기를 타고 올라와 비박 사이트에서 우리
와 합류했다. 따라서 나는 자연히 혼자 있을 수 없는 상황이 되
었는데, 베르나르는 출발을 바로 앞둔 나의 심리상태를 카메라
에 담는 것이 흥미 있을 것이라고 생각했다.

그의 말이 맞는 것 같았다. 영상에서는 분명 좋아 보일 테니
까. 그 순간, 그러니까 마지막 순간의 내 감정도 그에게 털어놓
아야 했다. 하지만 나는 프로가 아니어서 그런 말을 제대로 할
수 없었다. 나에게는 감정의 전달뿐만 아니라 그의 전화 공세에
시달린 앙금이 남아 있었고, 나는 또한 말을 많이 하는 편도 아
니었다. 이제 내 꿈이 실현되려 하고 있었기 때문에 나는 그냥
모든 것이 좋았다. 나는 그것밖에 할 말이 없었다. 나는 환상적
인 일몰을 지켜본 다음 잠자리에 들었다.

베르나르는 실망감을 감추지 못했다. 그는 심리상태를 담아
내고자 하는 열정이 아주 컸는데, 특히 나를 단독등반으로 내모
는 충동이 무엇인지 알고 싶어 했다.

그날 밤, 나는 평소처럼 잠을 잤다. 다시 말하면, 아주 잘 잤
다. 분명, 나는 잠을 자기 전에 그다음 날 일어날 일들에 대해
생각했다. 그러나 불안감은 없었다. 나는 준비가 되어 있었다.
다음 날 나는 서두르지 않았다. 10월에는 햇빛이 정오까지 필
라에 닿지 않아 아침 기온이 제법 쌀쌀했다. 그러나 손이 차갑

지는 않았다. 오전 10시, 나는 장비를 모두 몸에 걸었다. 햇빛이 비쳤다. 출발하기 바로 전에 베르나르는 마지막 인터뷰를 하고 싶어 했다. 그는 죽음에 대해 이야기하고 싶어 했다. 나는 내 귀를 믿을 수 없었다. 다시 한번, 그런 순간이 되면 안 되었다. 나는 병적인 관음증 환자라고 그를 몰아붙이며 불같이 화를 내지 않을 수 없었다. 그는 죽음이라는 주제에 대해 말하기보다는, 오히려 나를 화나게 만들면 스스로 포기할지 모른다고 생각한 자신의 마음을 넌지시 내비쳤다. 마치 지난 6개월 동안 우리가 해온 노력이 아무 쓸모도 없다는 듯이. 그는 안전을 담보해줄 수 있는 로프 없이 등반하면 사람은 필연적으로 의기소침해진다는 생각에서 벗어나지 못하는 것 같았다.

오전 11시, 나는 루트의 출발지점에 서서 화강암 특유의 냄새를 느끼며 마침내 행동에 들어갈 준비를 했다. 얼음에 튀어나온 바위의 꼭대기에 앉아 암벽화 끈을 단단히 조여 매며, 나는 산의 말에 귀를 기울이고 그 정기를 들이마셨다. 나의 화는 내 심리상태에 전혀 영향을 주지 않았다. 나는 차분했고 결의에 차 있었다.

마침내, 나는 바위에 붙었다. 집중력을 한껏 높인 나는 기계처럼 올라갔다. 나는 모든 동작을 정교하게 계산하고 신중하게 판단했다. 나는 손과 발을 다른 하나가 단단하게 잡거나 완벽하게 디딘 상태에서만 움직였다. 바위와 등반의 동작보다 우선하는 것은 아무것도 없었다. 내 눈이 닿는 곳은 오직 홀드와 스탠스뿐이었다. 나는 큰 문제없이 까다로운 구간을 빠르게 넘어갔다. 바위에서의 내 전진은 꽤 빠른 편이었다.

가끔 바위 턱이 나와 물을 조금 마셔야 한다고 생각했지만, 갈증이 심하지는 않아 계속 올라갔다. 나는 기분이 좋았다. 화강암은 정말 환상적이었다. 베르나르가 나를 찍고 있겠지만, 나는 헬기의 소음으로 딱 한 번만 방해받았다. 그때의 소음은 내가 등반을 멈추어야 할 정도로 시끄러웠다. 나는 스탠스를 의지해야 해서 암벽화의 바닥창이 바위에 닿을 때 그 감각과 함께 소리도 들을 필요가 있었다. 바닥창 밑의 아주 작은 바위부스러기가 아삭아삭 하고 내는 소리조차 미끄러질 가능성을 경고하는 것일지 모르기 때문에 나는 귀를 쫑긋 세워야만 했다. 암벽등반에서 청각이 중요한 역할을 한다는 사실을 깨달은 것이 바로 그때였다.

오스트리아 크랙에 조금 못 미친 루트의 3분의 2 지점에서 과일로 만든 과자를 먹고 물을 마시며 조금 쉬기로 했다. 그러고 나서 나는 공포심을 주는 크랙 쪽으로 올라갔다. 그곳에서 나는 로프 조각과 카라비너 몇 개를 꺼냈다. 단 하나의 피톤에 내 생명을 거는 모험을 하고 싶은 생각이 전혀 없어, 나는 그 구간을 자기확보를 하면서 올라가기로 했다. 나는 그 로프를 몇 개의 피톤에 연결해 러너runner처럼 사용함으로써 약간의 안정을 도모할 작정이었다.

나는 그 벽을 어렵지 않게 올라갔다. 그곳에 있는 피톤은 완벽했다. 그 후의 어려움은 나에게 큰 문제가 되지 않았다. 정상까지 몇 개의 장애물만 통과하면 끝이었다. 마지막 구간에서 나는 그 어느 때의 단독등반보다도 더 큰 기쁨을 느꼈다. 동료와 로프를 사용해 등반하면, 마지막 몇 피치는, 쉬운 지형에도 불구하고 항상 로프로 확보를 한 상태에서 등반해야 하기 때문에 지루하기 십상이다. 하지만 그곳에서 나는 자유로웠다! 로프가 없어서 나는 나의 속도에 따라 전진할 수 있었다. 정상 바로 밑에서, 나는 멋진 수정덩어리가 내 오른손 바로 옆의 수평 크랙에 끼워져 있는 것을 발견했다. 나는 잠시 그것을 넋 놓고 바라보았다. 그렇게 함으로써 나는 드류가 나에게 준 선물을 받아들이면서 긴장을 풀었다.

내가 정상을 향해 다가가자 소리가 들렸다. 틀림없이 촬영 담당자일 것이었다. 사실, 나는 아주 기뻤다. 마침내 정상 위로 빠져나오자 그들이 손에 카메라를 들고 나를 기다리고 있었다. 피에르 달보이 역시 흥분으로 가득 찬 표정을 지으며 그들과 함께 있었다. 그는 나에게 다가와 키스를 하고 나서 이렇게 외쳤다. "4시간! 필라를 등반하는 데 4시간밖에 안 걸렸어. 놀라워."

그는 꿈을 실현한 나만큼 기뻐하는 것 같았다. 하지만 내가 벽에서 보낸 시간은 무의미했다. 그것은 경주를 하기 위한 등반이 아니었다. 내가 원한 것은 그냥 혼자서 보나티 필라를 오르는 것이었다.

다른 사람들은 긴장하는 것 같았다. 그들은 나의 느낌을 듣고 싶어 했다. 불행하게도, 내가 꺼낸 말들은 진부한 것들뿐이었다. "특별한 게 없습니다. 계획대로 돼서 전혀 무섭지 않았습니다. 기쁘고 환상적이었습니다." 분명 너무 짧은 멘트였다. 베르나르는 인상을 찌푸렸다. 나는 바보 같다는 느낌이 들었지만, 더 이상 할 말도 없었다.

결국, 그는 단단한 땅 위로 돌아간 후에 인터뷰를 하기로 하고 스태프들과 함께 헬기를 타고 철수했고, 나는 피에르와 함께 로프로 하강했다.

그 후 며칠 동안 언론은 나에 대한 찬사를 쏟아냈다.

"죽음의 위험을 무릅쓰고 4시간 동안 사투를 벌인 끝에 카트린은 에귀 뒤 드류의 정상으로 치고 올라가는 시도를 감행했다. 상처투성이인 그녀의 손가락은 보통 사람 두 배의 크기로 부풀어 올랐다. 그와 똑같은 등반을 하기 위해 발터 보나티Walter Bonatti는 30킬로그램의 짐을 끌어올리며 6일 동안 사투를 벌였었다. 그에 반해 카트린은 로프나 피톤도 없이 작은 배낭에 풀오버 옷과 물통만 넣고 단독등반으로 승리를 거두었다."*

이런 글도 있었다. "발터 보나티는 난공불락의 드류를 6일 동안 등반함으로써 전설이 되었다. … 프랑스 여성 데스티벨은 4시간이라는 기록으로 그 신화를 깨뜨렸다."†

하지만 이것은 이탈리아 클라이머들에게는 상당히 불공정한 것이었다. 두 등반은 어떤 식으로든 비교될 수 없다. 1956년에는 드류를 이 루트로 정복하는 것이, 믿기 어려운 도전이라고까지는 할 수 없을지 모르지만, 엄청난 것이었다. 그때까지는 그런 한결같은 노력과 감행을 요구하는 어려운 루트가 등반된 적

---

* 1990년 10월 25일 자 『파리마치Paris March』 장-프랑수아 세뇨 기자
† 같은 잡지

이 없었다. 드류 서벽은 대규모 팀에 의해 처음으로 정복되었다. 루시엥 베라르디니Lucien Bérardini, 귀도 마뇬Guido Magnone과 그들의 동료들이었다. 그들은 두 번의 시도 끝에 성공했다. 그러나 보나티는 혼자였고, 그가 선택한 루트는 더 가파르고 계속 이어지는 곳이었다. 그의 루트는 접근이 더 까다로웠고, 가장 중요하게는 일단 등반을 감행하면 후퇴가 거의 불가능했다.

그 필라를 등반하기 위해 그는 새로운 인공등반 기술을 터득해야 했는데, 자연스럽게 잡고 올라갈 수 있는 홀드가 없는 곳을 넘어가기 위해서 그는 피톤을 연달아 박아야 했다. 그 당시에 그런 등반을 하기 위해서는 무거운 장비들(피톤, 나무쐐기, 카라비너, 사다리 등)과 복잡한 로프 조작이 필요했다. 또한 그 당시에는 샤모니의 화강암에서 그런 기술의 적용이 가능한지도 알려지지 않았었다.

더욱이, 단독등반가에게는 어려움이 더 많았다. 보나티는 안전을 담보할 수 없는 피톤에 로프를 걸어 타고 내려간 다음, 피톤과 카라비너들을 회수하며 다시 올라와, 마지막으로 자신의 짐을 끌어올렸다. 그런 과정은 세 번의 동작을 요구한다. 두 번 올라가고, 한 번 내려오고. 600미터의 그 필라에서 그것은 며칠을 의미했고, 마시고 먹고 비박에 필요한 장비가 그만큼 짐에 추가되어야만 했다. 보나티는 그곳을 오르는 데 6일이 걸렸다. 그와 같은 등반을 이전에 목격한 사람은 아무도 없었다. 미국 요세미티의 햇볕이 잘 드는 벽에서도, 하물며 그곳은 눈보라와 비바람에 가장 취약한 알프스의 봉우리 중 하나인 해발고도

3,000미터가 넘는 드류였다.

내 등반은 성격이 전혀 달랐다. 나는 이미 그 루트를 알고 있었고, 암벽등반이라는 스포츠에서 35년간 이루어진 기술적 진보의 혜택을 받았다. 더욱이, 저널리스트들의 주장과 달리 내 등반은 그 필라에서 최초로 이루어진 단독등반도 아니었다. 1980년대의 뛰어난 클라이머였던 에리크 에스코피에Éric Escoffier와 알랭 게르센Alain Ghersen이 나보다 2년인가 3년 앞서 이미 단독등반을 했다. 나는 단지 그곳을 단독 등반한 첫 여성일 뿐이었다.

나에 대한 평가는 부정확하고 불공정했다. 그때부터 계속 나는 나 역시 신루트를 단독 등반하고 싶다는 생각을 했다.

드류 — 초등

모든 노력을 들이면서 사람들이 등반을 위해 등반하고 있다는 것은 진실이다.

쥘 미슐레Jules Michelet(1798-1874)

처음에 그것은 꿈에 불과한 아이디어였다. 그런데 그해 12월 제프 로우가 프랑스에 왔다. 트랑고 타워 등반 이후 우리는 아주 가까운 사이가 되었다. 재정이 위험한 상태에 빠진 그는 함께 일하고 싶어 하는 아웃도어 회사로부터 자금을 지원받는 여행을 통해 그 문제에서 빠져나오려고 했다. 그가 미국에 남겨놓은 것은 부도라는 불명예와 많은 사람에게 진 끔찍한 부채뿐이었다. 그곳에서, 그들은 그의 부채 문제를 비관적으로 보았다. 그는 등반도 하고 새로운 사업도 모색할 겸 유럽에서 얼마간 시간을 보내고 싶어 했다. 사실, 그는 커다란 프로젝트를 꿈꾸고 있었다. 그것은 동계에 아이거 북벽을 신루트로 단독 등반한다는 것이었다. 나는 그의 아이디어에 감명 받고 용기까지 얻었다. 그것은 내가 세운 비슷한 계획을 그에게 말하도록 자극했다. 그는 나의 아이디어를 터무니없다고 생각하지 않았다. 그리하여 곧장 우리는 각자가 목표를 달성하도록 서로 돕는다는 데 합의했다. 언젠가는 나의 꿈이 이루어질 수 있을까?

제프의 등반은 두 달 후인 1991년 2월로 계획되었다. 나와 달리, 그는 아이거 밑에 가본 적도 없었지만, 자신이 올라가고 싶어 하는 루트를 정확히 알고 있었다. 아이거 북벽의 한가운데를 곧장 치고 올라가는 그 루트는 감히 어느 누구도 엄두를 내지 못한 곳이었다.

'아이거 북벽'은 모든 알피니스트들이 한 번쯤 도전해보고 싶어 하는 신화적인 벽이다. 우중충한 1,800미터의 그 벽은 썩은 바위가 자주 나타나는 층들과 눈과 얼음의 지대들로 이루어져 있다. 그곳은 유럽에서 가장 복잡한 벽일 뿐만 아니라 낙석이 자주 발생하고 날씨가 끔찍한 곳이다. 그리하여 그곳은 '모르트반트Mordwand', 즉 죽음의 벽이라는 별명을 얻었다. 베르너 오버란트Bernese Oberland의 그린델발트Grindelwald를 굽어보고 있는 그곳은 특종을 찾는 저널리스트들에 의해 생중계되는 비극의 극장이 되기도 했는데, 그로 인해 아이거는 더 유명해졌다. 전 세계 산악인들은 그런 이야기를 알고 있으며, 모두 그곳에 대항해 싸우고 싶어 안달한다. 따라서 그들은 이미 알려진 루트를 선택하거나, 아니면 신루트 도전에 서명한다. 제프는 일본 루트 바로 오른쪽에 볼트를 사용하지 않는 단독등반으로 자신의 루트를 개척하고 싶어 했다. 일본인들은 그곳에 250개의 볼트를 박았다. 빙벽등반과 인공등반의 전문가로서 제프는 볼트 없이도 그 루트를 해낼 수 있는 기술적 능력이 자신에게 있다고 절대적으로 확신했다. 일부 알피니스트들에게 그 프로젝트는 어리석기 짝이 없는 것으로 보였는데, 그들 대부분이 혹시 그가 부채에 대한 부담으로 자살을 선택한 것은 아닌지 의심했다.

하지만 비록 깊은 수렁에 빠져 있기는 했어도, 그는 분명 절망에 신음하지 않았다. 그것은 그가 오랫동안 열망한 등반이었으며, 바로 지금 그렇게 하는 것이 그에게는 일종의 르네상스나 마찬가지였다. 그는 다른 사람보다 더 잘하는 것을 함으로써 에너지를 되찾을 것이며, 자신이 여전히 위대한 것을 해낼 능력이 있다는 사실을 증명할 터였다.

나는 그를 믿었다. 만약 그가 그런 아이디어를 가지고 있다면, 그것은 자신의 능력을 잘 알고 있기 때문이라고 나는 확신했다. 그는 이미 복잡한 벽들을 등반한 경력이 있었는데, 어떤 것들은 아이거보다도 더 무시무시한 것들이었다. 그가 분별력이 있으며, 만약 상황이 너무 위험하다고 판단되면 돌아설 능력이 있다는 것을 나는 알고 있었다.

비극의 냄새를 맡은 미국의 주요 잡지 『멘스저널Men's Journal』은 독점게재를 조건으로 그에게 돈을 지불했다. 그렇다 해도 큰돈은 아니었다. 등산 관련 기사로 유명한 저널리스트 클라이머 두 명이 그 등반의 취재를 위해 파견됐다. 나를 인터뷰했었던 데이비드 로버츠David Roberts*와 그로부터 몇 년 후 자

---

* 미국 산악문학의 태두로 일컬어지는 데이비드는 하버드대학교 산악회장을 역임했다. 『프

신의 책『희박한 공기 속으로Into Thin Air』* 덕분에 유명해진 사진가이자 작가인 존 크라카우어Jon Krakauer가 바로 그들이었다.

기대와 달리, 제프는 1월 한 달 동안 훈련을 전혀 하지 않았다. 게다가 그는 등반장비도 준비하지 않았다. 오직 그는 자신이 실질적으로 준비할 것이 없다는 사실을 깨달은 마지막 기억에만 매달렸다. 그는 자신에게 필요할지 모르는 모든 장비를 사실은 내가 가지고 있다고 생각한 것이 틀림없었다. 스토브, 침낭, 비박색, 피톤, 카라비너… 모든 장비를 커다란 백에 집어넣은 우리는 2월 11일 그린델발트로 갔고, 거기서 다시 클라이머들이 올라가는 모습을 망원경으로 지켜볼 수 있는 전략적 위치인, 아이거 북벽 바로 밑의 '호텔 클라이네 샤이덱Hotel Kleine Scheidegg'으로 갔다. 그곳에서 우리는 소위 제프의 친구들인 ― 하지만 나에게는 등반의 결과야 어떻든 특종을 뽑아 돈을 벌려는 데만 관심이 있는 사람들로 보인 ― 두 명의 저널리스트들을 만나기로 되어 있었다. 그들은 자신들의 임무와는 전혀 상관없는 일을 구체적으로 캐묻는 데 열중했다. 그들은 제프의 재정 문제와 그때 막 헤어진 그의 부인과 나 사이의 관계, 그리고 그 등반을 시도하려는 동기 등에 대해서 물었다.

나는 제프가 벽으로 출발할 때까지 그곳에 머물기로 했다.

리 솔로』 조승빈 옮김(하루재클럽, 2019)을 알렉스 호놀드Alex Honnold와 함께 공동으로 펴낸 그는 2020년 1월 한국산서회의 명예회원이 되었다. [역주]

* 이 책의 155쪽에 나오는 1996년의 에베레스트 비극을 다룬 유명한 책 [역주]

그리하여 우리는 그린델발트 주위에 얼어붙은 작은 폭포에서 등반사진을 찍기도 하고, 장비와 식량을 순서대로 정리하기도 하면서 일주일을 함께 보냈다. 부족한 장비는 존 크라카우어가 제프에게 빌려준 것들로 보충했다. 헤드램프, 응급처치 세트, 주마 한 세트.

데이비드와 존은 제프가 알피니스트의 역량 치고는 몹시 체계적이지 못하다고 생각했다. 그가 자신의 장비에 대해 익숙하지 못한 상태로 무시무시한 벽으로 가야 한다는 사실은 나에게도 충격적이었다. 그러나 그들의 지적은 나를 화나게 만들었다. 나는 제프가 자신의 준비에 성실하다는 것과 때가 되면 준비하리라는 것을 알고 있었다. 그는 모든 종류의 장비를 사용하는 데 경험이 아주 많았다. 그러면 미리 사용해볼 필요가 없지 않을까?

—

2월 19일 아침, 존 크라카우어와 나는 제프와 함께 벽 밑으로 갔다. 모든 단독등반가들처럼 우리는 두 명의 팀에 맞먹는 장비들을 노새처럼 지고 올라갔다. 스토브, 텐트, 로프, 피톤…. 그럼에도, 깊은 눈을 헤치며 걸어 올라가는 그를 보고 나는 그가 놀랍도록 에너지가 넘친다고 생각했다. 나는 몇 개의 짐만 지고 있었는데도 헉헉거리며 그를 따라잡아야 했다.

그는 루트의 출발지점에서 우리에게 작별인사를 건넸다. 그리하여, 이제 그를 도와줄 일이 더 이상 없게 된 나는 저널리스트들과 호텔에서 조바심을 내며 기다리고 싶은 마음이 없어, 곧장 샤모니로 돌아왔다.

4일 후, 나는 그가 내려오고 있다는 소식을 들었다. 아이스액스의 블레이드blade가 헐거워졌는데, 그것을 조이는 작은 렌치를 깜빡하고 가져가지 않은 것이 화근이었다. 더불어, 그는 더 큰 너트와 피톤도 필요했다. 놔두고 온 것이 있어서 나도 곧바로 그린델발트로 다시 갔다.

제프는 실망하는 기색을 내보이지 않았다. 하지만 벽에서의 활동은 그가 장비를 재점검할 수 있도록 작은 시련을 안겨주었다. 이틀 후, 나는 그가 자신의 마지막 공략에 집중할 수 있도록 다시 그의 곁을 떠났다.

다음 날인 2월 23일 아침 일찍, 화창한 날씨 속에 그는 다시 벽으로 향했다. 비록 나는 그곳에 없었지만, 그가 사력을 다해 조금씩 올라가는 모습이 눈에 선했다. 27일 밤, 사나운 폭풍설이 불어 닥쳐 눈사태가 났고 눈덩어리들이 밤새 떨어졌다. 그것은 정말 지옥이었다. 그는 옷과 침낭이 모두 젖어 부들부들 떨어야 했다. 그럼에도, 그는 다음 날 등반을 계속 이어갔다. 3월 1일, 그는 자신의 루트 중 크럭스crux인 곳에 달라붙었다. 데이비드 로버츠는 이렇게 썼다.

그가 떨어뜨린 눈덩어리들이 10미터 밑의 바위에 부딪치는 것을 망원경으로 지켜보면서 나는 그 벽이 얼마나 가파른지 가늠할 수 있었다. 어느 지점에서는 그가 7미터 정도를 올라가는 데 1시간이 걸리기도 했다. 바위는 불안하고 부스러지기 쉬웠다. 바위로 된 탑들, 괴상하게 기울어진 바위들, 부츠가 닿기만 해도 떨어져 내리는 바위들, 단단히 박히기는커녕 석회암이 갈라지며 나는 피톤의 둔탁한 소리들. 볼트가 있었더라면 얼마나 좋았을까!

하지만 그런 피치들에서 로우의 재치가 여실히 드러났다. 그는 15미터 길이의 한 피치에서, 이를테면 그곳을 실재하지 않는 가공의 지형으로 생각했다. 그곳은 또 하나의 크럭스였다. 성질이 급하고 참을성이 없는 알피니스트라면 아마 그곳에서 공포에 굴복하고 말았을지 모른다. 그곳은 아주 작은 실수에도 확보물이 뽑혀 허공으로 날아갈 수 있는 곳이었다. 냉담한 기질의 로우는 그 가공의 지형을 통해 부처처럼 고요한 구름 속으로 조금씩 올라갔다.*

우리가 함께 등반한 이래, 제프는 스트레스를 받으면 받을수록 강해진다는 사실을 나는 알게 되었다. 아주 작은 실수만으로도 허공으로 내동댕이쳐지겠지만, 그는 그런 환경 속에서도 마음의 평온과 집중력을 유지하는 방법을 알고 있다.

지켜보는 사람들에게는 제프가 느리게 등반하는 것처럼 보였지만, 사실 그는 속도기록을 깨고 있었다. 그의 옆에 있는 루트를 여섯 명의 일본인들이 등반했을 때는 30일의 중노동을 쏟

---

* 『술책Échappatoires』(귀에랭출판사éditions Guérin, 2001) ("곤경의 산A Mountain of Trouble", 데이비드 로버츠, 『멘스저널』 1992년 5월)

아부어야 했다. 또한 그곳에서 멀지 않은 곳에 있는 '체코 루트'를 네 명의 알피니스트들이 개척하는 데는 무려 41일이 걸렸다.

9일째가 되는 날 제프는 정상 100미터 아래쪽에 있었다. 그는 폭풍이 몰아치기 바로 전에 헬기로 탈출했다. 그는 용기를 잃지 않고 기술적인 재치를 보여주면서 모두 13일에 걸쳐 자신의 루트를 개척했다.*

당연히, 그 당시 뛰어난 클라이머들은 그의 훌륭한 성취에 경의를 표했다. 하지만 프랑스 등산잡지들은 그의 등반을 헤드라인으로 다루지 않았는데, 이유가 제프의 등반 장면 사진을 얻지 못했다는 것이었다. 존은 자신에게 독점권을 부여한 서명 계약서를 가지고 있다고 말하며, 단 한 장의 사진도 제공하지 않았다. 나는 그의 태도가 지독하다고 생각했다. 그는 제프가 아웃도어 업체들뿐만 아니라 우리들의 세계를 향해서도 좋은 이미지를 다시 심어줄 필요가 있다는 사실을 알고 있었다. 유럽의 등산잡지들에 실린 특집기사도 『멘스저널』의 판매 부수 하락에는 거의 영향을 주지 않은 것 같았다. 물론 그것이 내가 상관할 바는 아니었지만, 나는 창피하다는 생각이 들었다.

결과가 어떻게 되었든, 제프는 등산 관련 회사들과 새로 계약을 하는 데 성공했고, 그로부터 몇 주 후 미국으로 돌아갔다.

이제는 내가 행동에 들어갈 차례였다. 처음에 나는 캐나다의

---

* 제프 로우가 1991년 겨울 단독 등반한 이 디레티시마 루트의 이름은 '메타노이아Metanoia'이다. 2017년 황금피켈상 평생공로상을 받은 그는 18년간 싸워온 원인불명의 신경퇴행성 질환을 이기지 못하고 2018년 세상을 떠났다. [역취]

장엄한 화강암 봉우리 부가부Bugaboo에 가고 싶었다. 그곳에서 나는 아름다운 등반선을 찾아낼 수 있을 것으로 확신했지만, 논리적으로 결코 쉽지 않을 것 같다는 느낌이 들었다.

드류는 거의 매일 같이 보는 편이라서, 나는 그 남서벽을 점점 더 예의주시하게 되었다. 그곳에는 이미 많은 루트들이 나 있었지만, 나는 여전히 미답으로 남아 있는 한 곳을 찾아낼 수 있었다. 어느 날 나는 망원경으로 그곳을 관찰하다가, 크고 매끈하고 사람의 손길이 닿지 않은 벽에 나 있는 가느다란 크랙을 발견했다. 그곳은 인공등반으로만 가능할 것 같았다. 그 기술이 나에게 완전히 편안한 것은 아니었지만, 그 등반선을 생각하면 생각할수록 점점 더 흥분이 되었다. 그러자 나를 고무시킬 수 있는 새로운 기술을 익히자는 생각이 들었다.

나는 드류에 나의 루트를 내기로 결심했다. 세상에 둘도 없이 뾰족하고 환상적인 그 봉우리는 나에게 1,000미터의 화강암 벽을 제공하면서도 바로 코앞에 있다는 장점까지 있었다. 그것은 결코 만만찮은 과제가 되겠지만, 나는 승산이 있는 쪽으로 확률을 쌓아나갈 준비를 했다. 나는 그 등반에 가장 적합한 장비와 의류를 연구하고, 내 등반선을 조심스럽게 그리면서 미국으로 가 제프를 만난 다음 그에게서 인공등반 기술을 배우기로 했다.

우리는 서부영화에 나오는 붉은 사암의 거대한 절벽이 있는 유타로 갔다. 그곳에서 우리는 몇 개의 기존 루트를 등반했다. 내가 선등으로 처음 나선 몇몇 피치들은 기억에 남을 만했다.

나는 내가 설치한 확보물에 체중을 싣고 위로 올라서는 것이 무섭다는 사실을 알게 됐다. 나는 입에서 침이 바싹바싹 말랐다.

2주쯤 지난 후, 나는 내가 설치한 확보물을 조금 더 믿을 수 있었다. 이론적으로는 볼트를 사용하면 안 된다. 이것은 바위에 뚫은 구멍에 해머로 두드려 박는 금속 슬리브sleeve인데, 그 끝에 달린 행어에 카라비너를 통과시켜 확보할 수 있다. 이것은 단단한 바위에서는 대단히 안전한 확보수단이지만, 한 가지 치명적인 단점이 있다. 바로 회수를 할 수 없다는 것이다. 제프는 과거나 현재나 똑같이 볼트를 사용하지 않는다. 궁극적으로 만약 마땅한 대안이 없다면 앵커 포인트의 강화를 위해 한두 개쯤 박는 것은 허용이 될지도 모른다. 그 중간에서는 피톤이나 프렌드같이 제거할 수 있는 장비를 이용해 루트를 뚫어야 한다. 인공등반에는 다섯 등급으로 나뉘는 난이도 체계가 있다. A1부터 A5까지. 난이도는 설치된 장비가 불안해질수록 더 높아진다. 이것은 정확히 말하면 육체적인 등반은 아니다. 이를테면 DIY* 같은 것으로, 전통적인 등반과 때로는 클라이머의 몸무게를 지탱하는 확보물 설치의 특별한 기술을 이용하는 교묘한 방법이다. 물론 그럴 때조차도 클라이머는 몸을 정교하게 끌어 올려야 한다. 이것은 신경이 몹시 쓰이는 게임이다. 30~40미터의 피치를 등반하고 나서 난 파김치가 되었다.

이와 같이 등반하려면 준비를 철저히 해야 한다. 보통은 위태로운 확보물에 매달리게 되면 과도하게 움직이려고 한다. 경

---

* Do It Yourself의 약자. 소비자가 원하는 물건을 직접 만들 수 있도록 한 상품 |역주|

련을 일으키지 않고 그렇게 하기 위해서는 알맞은 피톤이나 확보물을 찾는 것이 가장 좋다. 따라서 장비들을 깔끔하게 정리해야 공포나 시간의 낭비를 피할 수 있다. 등반을 하기 전에 제프는 몹시 까다로워진다. 그는 모든 장비들을 제 위치에 제대로 집어넣었는지 확인하는 데 결코 시간을 아끼지 않는다. 그런 다음 일단 바위에 가면, 그는 아주 효율적이 된다. 나는 천성이 깔끔하지 못한 사람이라, 내 장비를 순서대로 유지하려면 대단한 노력을 기울여야 한다. 그러나 그것은 이 새로운 활동 속으로 들어가는 데 지불해야 할 당연한 대가였다.

내 프로젝트를 위해 나는 또한 벽에 매달려 비박하는 경험을 쌓을 필요가 있었다. 내가 올라가려는 루트는 수백 미터 높이에 이르는 거대한 수직의 벽을 곧장 올라가는 것이다. 그와 같이 반반한 바위에서 레지를 찾는 것은 거의 불가능할 것이다. 그리고 등반에 며칠이 걸릴 것이라서 여전히 벽에 매달려 있는 동안 나는 편안하게 잠을 잘 수 있는 방법을 찾아야 할 것이다. 답은 포타레지라고 불리는 접이식 플랫폼을 사용하는 것이었다.

허공에 뜬 들것처럼 생긴 그 진기한 장치에서 처음으로 밤을 보낸 것은 사막의 한가운데 있는 바위인 모지스 타워Moses Tower에서였다. 그것을 우리는 고도감이 삼삼한 거대한 천장 바깥쪽에 설치했다. 12미터가 튀어나온 오버행의 끝에 있는 확보지점에 내가 도착하자 제프가 말했다. "여기서 잘 거야." 나는 그의 말을 믿을 수 없었다. 사방의 낭떠러지에 맥을 추지 못한 나는 매달린 피톤을 꽉 붙잡으면서 이렇게 생각했다. '여기서 잔다고? 오, 안 돼! 더 좋은 장소가 있을 텐데…' 나는 제프가 박은 피톤을 쳐다보았는데, 그것들이 빠진다고 상상하자 내 피가 차갑게 식는 것 같았다. 무서운 생각은 나를 훨씬 더 오싹하게 만들었다.

나의 끔찍한 운명의 양상에도 아랑곳하지 않고, 제프는 쾌활하게 플랫폼을 설치하기 시작했다. 나는 한 손으로 피톤을 꽉 잡고 다른 손으로 그를 도와주려고 노력했다. 그러나 나의 노력은 전혀 도움이 되지 않았다. 내가 그런 상황에 익숙해지는 데는 얼마간의 시간이 필요했다. 그러는 사이, 제프는 조립에 대단한 자신감을 내보이며, 프레임을 구성하는 튜브를 뻗치고 펼쳐 들것을 만들었다. 그것을 맞추는 것은 실제로 아주 쉬웠다. 디자이너가 정말 잘 생각한 것 같았다. 튜브의 연결부위 속은 신축성 있는 끈으로 연결되어 있어 어느 하나도 떨어질 염려가 없었다.

일단 플랫폼이 설치되자 커다란 안도감이 느껴졌다. 나는 마침내 발을 내려놓고 평탄한 표면에 앉을 수 있었다. 얼마나 안락하던지! 그때서야 나는 클라이머들이 왜 거벽에서 그와 같은 장비를 쓰는지 이해할 수 있었다.

매달린 플랫폼에서, 우리는 환상적인 석양을 감상했다. 고원 너머로 기울어져 가는 햇살이 아득히 펼쳐진 캐니언들의 주름을 도드라지게 만들고 있었다. 우리가 자리 잡은 바위는 무한히 높아 보였다. 나는 일찍이 그토록 멀리까지 바라볼 수 있는 감명을 느껴본 적이 없었다. 모든 여행 중에서 그토록 웅대한 풍경을 본 것은 미국이 유일했다. 캐니언과 계곡과 말라버린 강바닥은 빨강과 초록 색조의 특별한 팔레트를 제공했다. 나는 그 며칠 동안의 환상적인 석양을 통해 문학적으로 대단히 고양된 인생을 느꼈다. 드넓은 공간은 언제나 나에게 원기를 북돋워 주었다. 그것은 나의 상상력에 불을 지폈고, 대담한 프로젝트를 계획하도록 만들었으며, 자주 대단히 미친 꿈을 꾸도록 만들었다. …

나는 잠을 꽤 잘 잤다. 그처럼 매달려서 하는 비박은 상당히 깔끔하고 조직적이어야 한다. 모든 종류의 장비(스토브와 침낭 그리고 마지막 티스푼까지)는 매달아 놓지 않으면 허공 속으로 사라지는 모습을 지켜볼 위험성이 있다. 우리가 있는 곳에서는 그릇 하나나 그 외의 다른 물건들을 잃어버리는 것은 큰 문제가 아닐지도 모른다. 하룻밤의 비박이라면 그런 문제쯤은 해결할 수 있다. 그러나 산의 높은 곳에서는 작은 물건 하나라도 분실하면 예상치 못한 극적인 결과를 초래할 수도 있다. 예를 들면, 라이터가 없으면 우리는 물을 만들기 위한 눈이나 얼음을 녹일 수 없다. 그리고 물이 없으면 멀리 갈 수 없다.

나는 드류에서 포타레지를 쓰겠지만, 이것처럼 약간 더 무거운 2인용은 아니다. 존 미덴도르프John Middendorf는 나를 위해 알루미늄 튜브로 된 더 작은 것을 만들 것이고, 나는 악천후를 대비해 플랫폼에 맞는 일종의 텐트를 만들 것이다. 나는 히말라야에서의 경험을 토대로 나일론은 쓰지 않기로 했다. 그보다는 방수가 되면서도 공기가 통하는 어떤 재질을 쓰고 싶었다. 파키스탄에 있는 네임리스 타워의 5,000미터 고도에서 우리가 악천후로 6일 동안 갇혔을 때 썼던 텐트는 나일론 재질이었다. 그런 탓에 텐트의 안쪽에 3~4밀리미터의 성에가 끊임없이 끼어 정말 참기가 힘들었다. 그러니까 침낭과 옷도 함께 성에로 뒤덮였다. 나의 드류 등반은 며칠이 걸릴 터여서 기분 나쁜 날씨의 조건을 경험할 확률이 매우 높다. 하지만 나는 그런 종류의 불편으로 기분에 영향을 받고 싶지는 않았다. 또한 유쾌한 기분을 유지하기 위해 나는 빨강이나 노랑 같은 밝은 색깔의 재질을 원했다. 푸르스름하거나 희끄무레한 피난처에 갇히는 것보다 더 우울한 일도 없으니까.

여행이 끝나갈 무렵 우리는 네바다에 있는 시온국립공원Zion National Park에서 신루트를 개척했다. 제프는 그곳에 여러 차례 머문 적이 있어서 그 지역과 그곳의 클라이머들을 잘 알고 있었다. 그는 이미 여러 루트들을 점찍어놓고 있었다. 이번에 나는 그의 충고를 받아들여, 딱딱한 바닥창과 사다리에 더 편하도록 뒤축이 작고 끝부분이 강화된, 인공등반을 위해 디자인된 특별한 암벽화를 신기로 했다. 그 암벽화는 그 특정한 용도로는 훌륭한 디자인이었지만, 바위에서는 정말 악몽이었다. 나는 등반하는 내내 욕을 퍼부었다. 가끔 우리는 자유등반이 가능한 곳을 만났지만, 딱딱한 바닥창의 암벽화로는 도저히 넘어갈 수 없는 곳이었다. 나는 마치 나막신을 신고 있는 듯한 느낌이 들었다. 자유등반을 하면 훨씬 더 빠를 수 있는 곳에서 끊임없이 피톤을 박아야 하는 인공등반은 자유등반가에게는 심한 좌절감을 안겨주었다. 그렇다 해도 나는 해나갈 수 있었다. 나는 도움이 될 만한 확보물 설치 방법을 배웠다. 나는 드류에서 신을 암벽화를 직접 고르기로 결심했다. 트랑고 타워에서처럼 발이 시리지 않도록 양털을 덧댄 전통적인 암벽화를 사용할 작정이었다.

　새로운 경험으로 활기를 되찾아 프랑스로 돌아온 나는 등반을 준비하기 시작했다. 시간이 흐르면서 구체적인 것들이 진행되고 성공의 가능성이 유리하게 쌓여가는 이때는 언제나 흥미진진하다. 나는 내 아이디어를 공공연히 알리는 편이 아니다. 잘못하면 내가 정말 원하지 않는 어떤 것을 하도록 나 자신을 밀어 넣을지 모르기 때문이다. 그러면 사람들은 보통 이렇게 묻는다. "그래, 언제 할 거야?" 나는 내 자긍심이 우월하기를 원치 않는다. 그래도, 드류에 대해서는 몇몇 경험이 있는 사람들에게 조언을 구할 필요를 느꼈다. 우선, 나는 아웃도어 회사 라푸마 Lafuma의 수석 연구원 안드레 피노André Finot를 찾아갔다. 60대의 그는 날카로운 눈매에 활동적인 사람으로 텐트와 배낭 분야에서만 30년의 경력을 가지고 있었다. 그는 내가 추구하는 바를 곧바로 이해했다.

　내가 가지고 갈 빨간색 텐트를 완성한 것은 그의 도움 덕분이었다. 그가 재고로 가지고 있는 것은 그 색깔뿐이었다. 밝은 색을 선택하겠다는 내 아이디어에 그가 동감하기는 했지만, 더 편안하게 잘 수 있는 어두운 색 계통을 사람들이 선호해 불행하게도 그런 색에 대한 시장의 수요가 없었다.

　안에서 취사를 할 수 있게끔, 우리는 텐트 바닥과 꼭대기에 환기구멍을 만들었다. 아주 작은 피난처에서 공기순환이 잘 안 되면 몇 가지 문제에 직면할 수 있다. 산소가 부족해 스토브에 불이 잘 붙지 않고, 질식의 위험이 있다. 또한, 취사를 할 때 나는 김이 텐트 천에 닿아 모든 것이 축축해진다. 공기가 통하는 천이라도 마찬가지다.

장비를 벽 위로 끌어올리기 위해, 바위에 긁혀도 찢어지지 않고, 로프 끝에 걸리는 하중을 견디고, 튀어나온 곳에 걸리지 않도록 납작한 끈으로 둘레가 바느질된, 일종의 선원용과 같은 특별한 용도의 백이 필요했다. 하지만 그런 백이 프랑스에서는 거의 사용되지 않아 어떤 시장에서도 구할 수 없었다. 비록 지나치게 무겁기는 했지만, 미국에서는 어렵지 않게 구할 수 있었다. 드류를 등반하기 위해서는 많은 장비가 필요한데, 내가 그 안으로 기어들어갈 만큼 큰 백도 여전히 부족할 수 있었다. 안드레이는 다른 프랑스 알피니스트들을 위해 상당한 크기의 백을 이미 만들어본 경험이 있었다. 따라서 나는 그런 백을 내 용도에 맞게 한두 군데 고쳐달라고 하면 될 것 같았다.

옷에 대해서는 트랑고 타워에 적용했던 원칙을 조금 수정할 작정이었다. 최고의 단열재는 여전히 공기다. 클라이머들은 이 사실을 오랫동안 인지해왔다. 양호한 단열 성능을 얻기 위해서는 몇 겹의 천이 필요하다. 즉, 서로 다른 수준의 추위에 맞춰야 한다는 의미다. 각각의 천은 면이나 양모 같은 천연 소재보다 단열 성능이 뛰어난 합성섬유로 만들어진다. 면은 피부에 닿으면 땀에서 나오는 습기를 빨아들여 간직하는 반면, 구멍이 있는 섬유(쿨맥스Coolmax, 서맥스Thermax…)는 모세관 현상에 의해 습기를 밖으로 배출한다. 그러면 대류에 의한 공기의 증발 또는 이동이 나머지를 담당한다. 그것은 피부에 더 가까이 닿을수록 옷으로서의 기능을 더 잘한다. 그래서 클라이머들은 가장 안쪽의 천에 움직임을 방해하지 않고 몸을 감싸듯 신축성이 뛰어난 소재가 들어간 것을 좋아한다.

그해는 라푸마가 의류사업을 확장하고 있었지만, 내가 정확히 원하는 것을 공급해주지 못했다. 그래서 나는 뷔유 캉페르 Vieux Campeur*로 쇼핑을 하러 갔다. 가장 바깥쪽의 천은 라푸마가 나를 위해 구상한 것에 내가 디자인을 바꾸었다. 그것은 방수가 되면서도 공기가 통하고 입고 움직이기가 편해야 했다. 재킷은 몸 쪽에 암홀armhole이 있고, 에너지 바, 칼, 장갑 등을 밖에서 집어넣을 수 있는 겉주머니와 깨지기 쉬운 것을 집어넣을 수 있는 안주머니가 가슴 쪽에 달려 있으며, 위로 높이 당겨 올릴 수 있는 칼라는 목 부분을 부드럽게 하기 위해 곰 털을 덧댔다. 그리고 목의 뒤쪽은 눈과 비가 쏟아져 들어오는 것을 막기 위해 신축성을 주었다. 머리의 움직임을 따르고 헬멧 위로 뒤집어 쓸 수도 있는 착탈식 후드도 달았다. 결국은 안전벨트 안으로 들어가 소용이 없을 아래쪽 주머니는 달지 않았다. 바지는 무릎 부분을 강화하고 엉덩이 부분도 약간 더 강하게 만들었다. 당연히, 바지는 어떤 자세에서든 입고 벗을 수 있도록 했다.

이제, 옷의 준비가 끝나 나는 전부 입어보았다. 남은 것은 날

---

* 파리의 대표적인 아웃도어 매장 [역주]

씨가 따뜻해지는 것에 대비해 다운이 조금 들어간 재킷을 추가하는 것뿐이었다. 나는 드류에 5월이나 6월에 도전할 계획이어서 어떤 종류의 침낭을 가져가야 할지 확신하지 못했다. 결국 나는 조금 무거워도 합성섬유로 만들어진 것을 선택하기로 했다. 1년 중 그때는 만약 날씨가 나빠진다면 눈보다는 비가 올 확률이 높다. 다운이 들어간 침낭은 일단 젖으면 보온과 절연의 기능이 사라지고, 합성섬유가 들어간 것과는 다르게 말리기가 어렵기 때문이기도 했다.

모든 쇠붙이들(피톤, 너트, 프렌드, 코퍼헤드copperhead 등)은 내가 제프 로우와 유타에서 썼던 것들과 어느 정도 같은 종류를 쓰기로 했다. 한두 가지를 제외하고 내 장비들은 전부 미국 제품이었다. 그것들은 마무리가 좋고 더 단단한 데다 이런 종류의 등반에 잘 맞았다. 예를 들면, 블레이드 두께 정도의 모양과 길이가 같은 피톤들도 구할 수 있었다. 유럽에서는 선택의 폭이 그만큼 넓지 않았다. 좁은 크랙에 집어넣을 수 있도록 각설탕 집게처럼 만들어진 프렌드는 프랑스나 이탈리아의 것보다 더 실용적이고 일단 들어가면 잘 움직이지도 않았다. 볼트는 5개만 준비했다.

나는 로프 문제로 미셸 베알을 찾아갔다. 그는 내가 열여섯 살이었을 때 나에게 첫 로프를 선물해준 사람이었다. 그는 마모 방지 효과가 뛰어난 보호용 외피가 추가로 꼼꼼하게 엮인 로프를 사용하라고 즉석에서 제안했다. 그들은 이 로프가 너무 빳빳해 다루기 편하지 않은 문제점 때문에 판매용으로 만들지는 않고 있었다. 내가 하고자 하는 등반을 위해서는 덜 유연해서 쉽게 꼬이지 않는 로프가 안성맞춤일 것 같았다.

이전의 보나티 필라 등반에서는 확보 시스템이 필요했었다. 다시, 아주 이상적이지는 않았지만, 나는 미국식을 선택했다. 그것은 최소한 머리부터 떨어지지는 않는데, 만약 그렇게 떨어지면 나는 전혀 멈출 수 없게 될 터였다. 하지만 그것이 자동제어 장치를 가진 기구보다는 나을 것 같았다. 솔직히 말하면, 더 좋은 것은 존재하지 않는다. 단점을 보충하기 위해, 추락거리가 5미터 이상 되지 않도록 5미터 마다 매듭을 만들 작정이었다.

사람들은 내가 벽에서 밤을 보낼 때 일을 어떻게 볼 것인지 자주 물었다. 좋은 질문이다. 한밤중이나 폭풍 속에서, 수백 미터의 허공 위에 매달린 들것 안에 안락하게 몸을 숨기면, 밖으로 나가는 것이 쉽지도 않거니와 기분 좋은 일도 아니다. 나는 우리 조상들이 근래까지 썼던 것과 아주 비슷한 침실용 변기처럼 생긴, 꽉 닫을 수 있는 뚜껑이 있는 용기를 쓰기로 했다. 그 멋진 작은 용기로 해결할 생각을 하니 마음이 한결 놓였다. 불행하게도, 일을 보기 위해서는 별 수 없이 밖으로 나가야 하는데, 낮에 해결하는 것이 더 좋은 방법이 아닐까?

—

실질적으로 세세한 부분까지 점검하면서 나는 나의 전술을 확정지을 필요가 있었다. 그중 물은 성패를 좌우할 정도로 가장 중요한 것이 될 터였다. 8~9일치의 물은 무조건 가지고 가야 하는데, 수분 보충과 취사에 하루 최소 2.5리터가 필요하기 때문이다. 가장 좋은 방법은 물론 바위 턱에 쌓인 얼음이나 눈을 긁어모아 녹이는 것이다. 봄에는 그런 것을 찾기도 쉽다. 벌충을 할 수 있는 또 다른 좋은 시기는 늦여름이다. 그때는 폭풍이 발생할 확률이 매우 높고, 드류는 전기를 끌어들이는 것으로도 유명하다.

폭풍에 발목을 잡힐 경우 어떻게 할 것인지 알기 위해 나는 산악 경찰구조대로부터 조언을 들었다. 그들은 나에게 어떤 사정이 있어도 크랙에 텐트를 매달아서는 안 된다고 말했다. 아래로 흘러내리는 물이 전기를 끌어들인다는 것이었다. 그들은 또한 마른 상태로 텐트 안에 있어야 하며, 특히 쇠붙이는 어떤 것도 곁에 두어서는 안 되고, 가능하면 멀리 떨어뜨려 놓으라고 말했다. 폭풍이 다가온다는 경고를 미리 알려주는 일기예보를 알기 위해 나는 무전기를 가져가 지상과 교신하기로 했다. 즉 샤모니에 사는 로타와 그의 친구 슈멜로Schemello가 창문을 통해 드류를 지켜볼 예정이었다.

점차적으로, 그들의 경험을 받아들이면서 나는 자신감을 얻었다. 출발을 하려고 할 때쯤 나는 성공을 하지 못할 어떤 이유도 찾지 못했다. 등반을 하는 내내 내가 꼭 기억해야 할 것은 인내심을 갖는다는 것이었다. 내가 어떤 사람인지 아는 제프는 벽에서는 절대 서두르면 안 된다고 말하며 나에게 주의를 줄 생각을 하고 있었다.

5월 중순경, 나는 떠날 준비를 하면서 앞으로의 일정과 내 앞에 펼쳐질 어려움에 대해 꽤 구체적인 아이디어를 세웠다. 내 루트는 일단 세 구간으로 나뉜다. 아래쪽은 바위가 갈라진 곳이 많아 내 생각으로는 비교적 쉬울 것 같았다. 가운데 부분은 벽이 아주 가파르고 반반해 아마도 루트의 열쇠가 될 것 같았다. 그 부분은 루트의 200미터 위쪽부터 시작되어, 커다란 아치를 그린 300미터 지점에서 끝난다. 그곳을 수직의 좁은 크랙으로 올라갈 수 있지만, 마지막 부분에 계속 위로 이어지는 바위의 결점들이 있는지는 확신이 서지 않았다. 하지만 그 부분은 어느 정도 경사가 완만한 지형이라 큰 문제는 없을 것 같았다. 그럼에도 나는 내 루트가 커다란 아치의 왼쪽으로 이어지는지, 아니면 오른쪽으로 이어지는지는 여전히 알지 못했다. 내 결정은 바위의 상태에 따라 내려질 터였다.

나는 한 달 반을 기다렸다. 그러는 동안 날씨는 잔인하기 짝이 없을 정도로 좋은 기미를 전혀 보이지 않았다. 프로 클라이머로서 나는 내 등반을 사진과 영상으로 기록할 시간을 유리하게 이용했다. 나는 자신감을 가지고 내 입장을 견지할 수 있었다. 보나티 필라의 내 단독등반과 아이거에서의 제프의 경험으로부터 교훈을 얻었기 때문에, 이번에는 누가 기사를 쓸 것인지 내가 선정하기로 결심을 굳혔는데, 그는 산을 잘 아는 내 친구여야 했다. 하지만 무엇보다도 먼저, 나는 그런 작업에 동원될 헬기 비용을 마련해야만 했다.

아름다운 의류 패션회사의 이사로서 '푸아브르 블랑Poivre Blanc'이라는 라벨을 창안한 다니 세브라이트Dany Sebright가, 비록 촬영비용을 충분히 감당하지는 못했지만, 내 프로젝트를 재정적으로 지원해주었다. 금액을 더 요구해도 그녀가 동의할지 모른다고 생각하기는 했지만, 그녀의 입장을 정확히 알지 못한 나는 감히 그런 요구를 하지 않았다. 등반은 손에 상당한 상처를 가져오기 때문에 나는 핸드크림을 만드는 제약회사를 접촉하고 싶었다. 나는 내 옷에 스티커를 붙이는 조건으로 돈을 요구하는 대신, 오히려 물리치료사 자격증을 활용해, 등반을 하는 동안 손이 입는 상처에 대해 그들에게 강의를 해주겠다고 제안했다. 그들은 훌륭한 아이디어라며 즉시 돈을 지급해주었다. 비록 많은 금액은 아니었지만, 나는 짧은 기간 동안 이루어진 일이라서 그 이상을 바라지도 않았다.

다음으로, 나는 신축성 있는 옷을 입어야 해서, 느무르Nemours에 있는 듀폰DuPont의 라이크라Lycra 부서를 접촉했다. 겨우 30분에 걸친 회의의 결과는 약간의 자금을 확보하는 선에서 마무리됐다. 조건은 옷에 로고를 붙이고 사진을 찍는 것이었다. 나는 이제 발걸음을 돌려, 판매담당 이사와 이미 안면이 있는 볼빅Volvic 미네랄워터에 전화를 걸었다. 그는 등반이 바위에서 이루어진다는 사실에 아주 행복해하지는 않았다. 화강암이 브랜드 이미지와 맞지 않는다는 것이었다. 하지만 결국 조건을 받아들였다. 그는 산을 잘 이해했고, 나를 좋아했다. 나는 스티커를 한아름 받았다. 행운이 내 편이어서, 나는 가까스로 내 예산을 맞출 수 있었다.

그런데 며칠 후 제라르 부르고앵Gérard Bourgoin이 나에게 전화를 했다. 그는 프랑스 내 최대의 닭 생산업자였다. 우리는 젊은이들을 마약의 세계에서 끌어내는 것으로 유명한 파테 자우엥Father Jaouen과 함께 점심을 먹었다. 내가 그곳에 어떻게 갔는지는 기억이 잘 나지 않지만, 20개 정도의 다양한 요리가 나온 그 작은 리셉션이 나에게는 어울리지 않았다는 기억은 생생하다. 나는 나와 같은 마음인 사람이 있는지 주위를 둘러보았다. 그러자 나보다도 더 이해할 수 없다는 표정을 짓는 정장 차림의 키가 큰 사람이 눈에 들어왔다. 그는 우리가 같은 배를 탄 신세라는 것을 깨닫고 나에게 다가와 말을 건넸다. 제라르 부르고앵은 그에게 200킬로그램의 닭을 자선으로 기부했다.

그 후 우리는 몇 번 더 만났다. 제라르는 파리에 오면 가끔 나에게 전화를 걸어 함께 식사나 하자고 요구하곤 했다. 그는 자신의 세계를 벗어나게 해주는 나의 등반 이야기를 무척 좋아했다. 내 입장으로 보면, 나는 순수하게 즐거워하는 그의 모습에 흥미를 느꼈다. 어느 날 할레Halles 지구를 함께 걸어가고 있었는데, 그는 자신이 정육점의 보조직원으로 일하던 1960년대에 알게 된 장소들을 보여주었다. 열다섯 살에 그는 온에 있는 작은 농장에서 아버지를 대신해 닭과 오리, 칠면조 등을 배달했다고 한다. 그는 배달 소년들이 새벽 4시에 모여 블랙커피를 마셨다는 카페를 소개해주었다. 그곳은 거의 변함이 없었다. 길을 더 걸어가자 누군가가 그를 부르더니 팔레트(닭을 집어넣는 상자) 하나를 주문했다. 그들이 마지막으로 만난 것은 30년 전이었다. 한 사람은 아버지의 작은 사업을 일으켜 40억 프랑의 매출을 올리는 기업으로 키웠고, 다른 한 사람은 여전히 작은 가게를 하고 있었다. 그러나 그들은 아무 일도 없었다는 듯이 반갑게 인사를 나누었다. 제라르는 사업의 성공에도 불구하고 옛 친구들에게는 여전히 똑같은 사람이었다. 나는 그의 행동에 감명을 받았다. 그는 그날 나에게 전화를 했는데, 그냥 인사를 하기 위한 것이었다. 나는 자연스럽게 내가 매달리는 일과 내 프로젝트에 대해 그에게 말했다.

"당신이 기어오르기를 하는 데 닭의 상표가 달린 로고의 옷을 입을 생각이란 말이지요?" 하고 그가 물었다. "우리는 새로운 브랜드 '샤오틴Chaillotine'을 개발하고 있습니다. 따라서 사람들에게 슬로건을 알리고 언론의 관심을 받을 수 있는 홍보가 필요합니다."

나는 놀라서 머뭇거리며 대답했다. "그 생각을 미처 못 했는데요. 하지만 안 될 것도 없지요…. 고려해보겠습니다."

"좋습니다. 이제 됐지요? 내가 헬기 비용을 대겠습니다." 그리고 그는 전화를 끊었다. 내가 그와의 대화를 이해하는 데는 시간이 조금 걸렸다.

그의 제안은 분명 관대한 것이었다. 나는 나 자신을 닭의 브랜드와 연결시키고 싶은 생각이 별로 들지 않았지만, 아무튼 마지못해 사업과 우정을 결합시켰다. 그러면서 나는 최종적인 결심을 하기 전에 친구들과 그 문제에 대해 상의하기로 했다. 그들 역시 그 조합에 당혹스러워했다. 하지만 그 브랜드를 모르는 그들은 내가 닭을 받아들이는 것은 좋지 않다고 지적했다. 실질적으로는 닭과 관련된 것이 아니어서 꼭 그런 것만은 아니었지만, 이미 엎질러진 물이었다. 그래서 나는 그의 제안을 받아들인 다음 친구들인 사진가 실비 샤파Silvie Chappaz와 프로듀서인 길 소리스Gilles Sourice와 넬리 소리스Nelly Sourice에게 그 소식을 전했다.

이제 모든 것이 잘 준비되어 좋은 날씨를 기다리는 일만 남았다. 나는 며칠 동안 드류 서벽 아래에 있는 모레인 지대로 장비들을 날랐다. 출발지점이 보나티 필라보다 훨씬 낮아, 나는 낙석으로 악명이 높은 쿨르와르를 따라 올라가서 내 루트 밑으로 진입하기로 했다. 나는 신설에 빠져 속도가 느려지거나 추진력을 잃기도 했다.

—

6월 23일이 되자, 일주일 동안 큰 악천후 없이 날씨가 아주 좋을 것이라는 예보가 나왔다. 나는 친구들과 함께 드류 밑으로 올라가 자기로 했다. 다음 날 아침 일찍, 그들 중 미셸 펠레Michel Pellé, 로타, 다비드 라바넬David Ravanel, 데데 렘Dédé Rhem이 루트 밑까지 장비를 나르는 일을 도와주었다. 우리는 짐을 비교적 가볍게 메고 무서운 쿨르와르를 최대한 빨리 올라갔다. 길 소리스가 영상을 담당했고, 실비 샤파가 스틸사진을 찍었다. 그날 저녁 드류 밑은 파티 분위기였다. 그곳에서 우리는 모두 행복해했다. 나도 어느 정도는 그랬다. 마침내 떠날 때가 된 것일까. 나는 그 등반을 긴 여행으로 생각했다. 서두르지만 않는다면, 나의 목적지에 다다를 수 있는 긴 여행.

6월 24일 새벽 4시 우리는 쿨르와르로 돌아갔다. 눈은 너무 딱딱하지도 너무 부드럽지도 않아 이상적이었다. 나는 의기양양했고 자신감이 넘쳤다.

5시, 친구들은 바위 밑에 나와 짐을 남겨두고 떠났다. 그들이 떠나는 모습을 보자 감상적인 생각이 살짝 들기도 했지만, 나는 재빨리 마음을 추슬렀다. 그러자 자유롭다는 느낌이 들기까지 했다. 나는 마침내 이곳에 있었다. 그리고 이제 꿈을 실현하려 하고 있었다. 나는 마음의 준비를 한 다음 첫 피치에 달라붙었다. 그 순간부터 나는 정교하게 움직이는 로봇이 되었다. 바위와 나 사이에는 확보지점과 내 등반기술뿐 다른 어떤 것도 존재하지 않았다. 첫 피치는 워밍업을 하기에 안성맞춤이었다. 그리하여 나는 혼자서 로프를 사용하는 기술에 차츰 익숙해져 갔다.

첫 번째 확보지점은 훌륭했다. 나는 장비를 곧바로 꺼내기보다는 계속 올라가서 비박 사이트로 어디가 좋은지를 결정하기로 했다. 사실 나는 비박 사이트를 이미 내 장비가 있는 벽 밑에 잡을까도 고민했다.

앵커 위쪽의 벽은 등반이 불가능할 정도로 매우 반반했다. 양호한 크랙 두 개가 나란히 있는 왼쪽으로 15미터를 트래버스 해야만 할 것 같았지만, 그곳을 가로지르는 수평의 아주 좁은 턱을 제외하고는 바위 표면이 너무나 반질반질했다. 자연스러운 확보물을 설치할 수 있는, 바위의 결점이 전혀 없는 그곳을 트래버스 할 수 있는 방법을 찾지 못한 나는 난처한 입장에 빠졌다. 대단히 유감스럽게도 나는 대안을 찾지 못했다. 나는 불필요한 위험을 받아들일 수가 없어, 트래버스의 중간지점에 확보용 볼트를 박았다. 그런 다음 양손으로 작은 바위 턱을 잡고 과감하게 횡단하여 6~7미터를 쉽게 전진한 다음, 마음의 여유를 갖고 사다리를 꺼내 볼트를 박으려 했다.

—

불행하게도, 장비의 무게를 계산에 넣지 않은 탓에, 3~4미터를 전진한 나는 갑자기 힘이 빠지고 말았다. 바위 턱에 손으로 매달렸는데 손가락이 펴지는 기분 나쁜 느낌을 받았다. 손에 걸린 엄청난 힘을 조금이라도 덜어줄 작은 스탠스를 발끝으로 찾아가며 미친 듯이 긁어댔지만 아무 소용이 없었다. 나는 사선으로 나가떨어질 끔찍한 추락을 피할 수 있는 다른 방법을 재빨리 생각해야만 했다. 절망 속에서 나는 마침내 안간힘을 다해 한 손으로 안전벨트에 있는 훅hook과 사다리를 꺼냈다. 궁지에 빠졌지만 그것을 바위 턱에 거는 데 겨우 성공한 나는 신중하게 그 위에 올라섰다. 사다리의 작은 끈 위에서 균형을 잡고 잠시 호흡을 가다듬으며 감정을 다스렸다. 마침내 마음을 진정시킨 나는 확장볼트를 박기 시작했다. 하지만 내가 세 번을 내리치자 드릴이 부러졌다. 새 도구가 그렇게 박살이 나는 모습을 보자 나는 오싹할 정도로 깜짝 놀라고 말았다. 아연실색한 나는 그 소중한 도구를 어떻게 해볼 생각을 버리고 대신 15미터의 트래버스를 확보 없이 건너갈 실용적인 방법을 생각하려 노력했다. 팔의 힘만으로 바위 턱에 매달려 건너가는 것은 이미 증명된 바와 같이 완전히 미친 짓이었다. 하지만 훅의 도움을 받는다면 확실히 안전한 방법이 될 것 같았다. 그다음 5미터는 아주 쉬운 것으로 드러났다. 나는 훅으로 거의 코바늘을 뜨듯 곧장 발걸음을 옮겼다. 하지만 10미터쯤 가자 전진이 몹시 까다로웠다. 바위 턱이 둥그렇게 변해 화강암 표면의 작은 크리스털이 부서지면서 훅이 제대로 걸리지 않은 것이다. 조금만 불규칙적으로 움직여도 훅이 빠져 10미터를 사선으로 나가떨어질 판이었다. 그리고 더 나아갈수록 추락도 그만큼 끔찍할 것이 뻔했다. 내 생명은 훅을 어떻게 잘 걸고 체중을 얼마나 부드럽게 그곳에 올려놓는가에 달려 있었다. 때에 따라서 나는 가야 할지 아니면 도로 후퇴해야 할지 망설이기도 했다. 내 다리가 두려움에 떨면 나는 해낼 수 없을 것 같았다. 그럼에도 목표가 가까워짐에 따라 계속 가기로 했고, 집중을 유지하기 위해 마음속의 모든 공포를 지워내려 노력하며 남은 거리를 조금씩 줄여나갔다. 2시간 반 후, 스트레스로 힘이 쭉 빠진 나는 마침내 그 바위 턱의 끝에 도달할 수 있었다.

다음 구간은, 내가 상상한 바와 같이, 방금 전에 통과한 것과 비교하면 누워서 식은 죽 먹기였다. 나는 30미터의 크랙을 재빨리 올라가 두 번째 확보지점을 설치했다. 시간은 어느덧 오후 2시였다. 그렇다면 일종의 작은 플랫폼에 이르는 세 번째 피치를 등반할 시간이 아직은 있다는 말이었다. 그곳에서부터는 일련의 크랙들이 왼쪽으로 살짝 사선을 그리며 뻗어 있었다. 대략 45미터쯤 되는 세 번째 피치는 시간이 조금 걸리기는 했지만, 바위가 깨끗했고 확보지점도 큰 문제가 없었다.

오후 4시 나는 세 번째 확보지점을 설치했다. 나는 등반을 더 이상 하지 않기로 했다. 공포에 떤 것은 그 정도면 되지 않았을까. 나는 어두워지기 전에 첫 번째 비박을 준비할 시간적 여유를 갖고 싶었다. 나는 내 프로젝트에 마음이 설레어 루트 밑에서 잠을 제대로 자지 못했다. 한편으로는 내가 많이 올라왔다는 생각이 들기도 했지만, 다른 한편으로는 쿨르와르에 낙석이 발생한다면 내가 과연 피할 수 있을지 자신하지 못했다. 의구심이 들기는 했지만, 나는 장비를 놓아둔 곳으로 내려가 주마로 로프를 타고 올라오며 짐을 끌어올려, 내 플랫폼을 펼치고 장비를 정리하기로 했다.

저녁 8시. 신경이 몹시 쓰인 첫날이 지나갔다. 포타레지의 바닥에 누워 있자니 행복했다. 그때 마침 비가 내리기 시작했다. 나는 이런 상황을 언급하지 않은 일기 예보자들에게 실망했다. 하지만 나는 벽에 있는 것이 마냥 기뻤다. 그런 상황에도 불구하고, 빗방울이 텐트 천을 두드리는 소리를 듣는 것도 기분이 아주 나쁘지는 않았다. 오히려 그와 반대로 느긋한 마음이 들었다. 나는 침낭을 귀까지 끌어당겨 덮은 다음 아래쪽 계곡으로 무전을 했다. 나는 날씨가 어떻게 될지 알고 싶었다. 좋지 않았다. 8시부터 폭풍이 일어나, 내일 아침에는 좋아지겠지만, 오후가 되면 비가 다시 내린다는 것이었다. 내가 바라는 바는 아니었지만, 나는 그런 예보에 크게 당황하지 않았다. 어쨌든 날씨에 대해서는 내가 할 수 있는 일이 없으니까. 등반은 예상보다 까다롭겠지만, 그렇다고 불가능한 것도 아니었다. 사실 나는 예측불허의 상황을 정신적으로 받아들이면서 성공에 필요한 시간을 투자할 준비가 되어 있었다.

밤 9시, 나는 깊은 잠에 빠졌다.

———

새벽 3~4시쯤 잠깐 동안 나는 거대한 낙석이 떨어지는 소리에 깜짝 놀라 잠에서 깨어났다. 작은 환기 구멍을 통해 밖을 내다보니, 테이블만 한 바위들이 우르릉거리는 소리를 내며, 조금 전 사태가 일어난 쿨르와르의 측면에 부딪쳐 떨어지고 있었다. 그것들 중 일부는 루트 밑의 내 짐들이 있는 곳 바로 옆에서 부서졌다. 그 광경을 보니 그곳에서 비박을 하지 않은 것이 천만다행으로 여겨졌다. 목을 길게 빼내자 돌멩이들이 널브러진 눈밭이 보였다.

오전 8시, 텐트 밖으로 머리를 내밀었다. 비가 우박으로 변해 상황이 매우 심술궂어 보였다. 빗물이 바위를 타고 세차게 흘러내렸고, 작은 바위 턱에 푸르스름한 우박이 쌓였다. 산을 둘러싼 구름 때문에 시계는 3미터도 미치지 못했다. 흥분해봐야 소용이 없었다. 나는 어디로 갈 것인지 생각할 시간이 필요했다.

8시 30분, 무전을 교신할 시간이었다. 악천후가 계속되기는 하겠지만 정오쯤 되면 날씨가 맑아질지 모른다는 이야기를 들었다. 일기 예보자는 날씨가 좋아진다는 것을 장담하지 못했지만, 그렇다고 해서 낙담하지는 않았다. 나는 더 이상 필요가 없을 정도로 장비가 충분했다.

10시쯤, 나는 어쨌든 밖으로 나가 위로 조금 올라가보기로 했다. 홀드에 쌓인 우박을 치우며 등반하자니 마치 겨울 같다는 느낌이 들었다.

이미 예상한 바와 같이, 그 높이에서의 등반은 크게 어렵지 않았다. 손과 발을 끼우고 올라갈 수 있는 양호한 크랙들이 있었기 때문이다. 그래서 나는 비를 맞으면서도 그날 100미터를 올라갔다. 오후 3시 홀딱 젖은 채 나는 텐트로 다시 돌아왔다.

폭풍이 힘을 더하는 가운데, 나는 그날의 나머지를 오리털 재킷 속에서 보냈다. 우박과 바람과 천둥이 지옥처럼 시끄러운 소음을 냈지만 나는 크게 걱정하지 않았다. 나는 안전한 곳에 있었고, 여전히 봉우리의 아래쪽에 있어서 번개에 노출될 위험도 크지 않았다.

밤 9시, 무전을 교신할 시간이었다. 오늘이나 내일 중 날씨가 좋아질 전망은 전혀 없었다.

———

3일째인 6월 26일, 안개가 칼로 자를 수 있을 정도로 두꺼운 가운데 가벼운 이슬비가 내렸다. 흥분할 정도의 날씨는 아니었지만 그렇다고 위협적이지도 않았다. 따라서 나는 밖으로 나가기로 했다. 나는 내가 선택한 등반선이 훌륭해 보여 사뭇 들떴다.

주마를 이용해 큰 걱정 없이 전날 내가 도달했던 곳까지 열심히 올라갔다. 그 위는 내 루트의 핵심 구간이 될 거대하고 단단하고 약간 오버행 진 벽이었다. 내가 망원경으로 살펴본 크랙이 사실은 그곳이었다. 내 오른쪽 4미터 위는 하늘로 곧장 치솟아 있었다. 내가 서 있는 작은 플랫폼에서 그곳에 도달하는 것은 불가능해 보였다. 그곳까지는 그저 반반한 바위뿐이었다. 결국 20미터 정도를 로프로 내려가, 홀드에 걸기 위해 오른손으로 훅을 잡고 벽을 뛰다시피 건너가는 수밖에 달리 도리가 없었다. 두 번의 실패 끝에 아이디어가 맞아떨어져, 나는 작은 바위틈에 첫 피톤을 박았다.

그곳은 정말 인상적이었다. 나는 무너질 듯 앞으로 기울어진 벽에서 허공에 둘러싸였다. 내 10미터 밑의 로프는 바위에 닿지도 않았다. 피톤에 매달린 바로 그때 크랙이 너무 좁아 보여(8~10밀리미터의 너비 정도), 그 벽을 계속 올라갈 수 있을지 자신이 없었다. 그런 곳에 달랑 매달리게 된 나는 몹시 짜증이 났다. 루트가 매력적으로 보인 것은 바로 그 크랙 때문이었다. 150미터의 멋진 크랙을 발견하는 것이 쉬운 일은 아니니까.

어쨌거나, 멀리서 확인했을 때는 정말 아주 높은 곳까지 이어져 보였었다. 무엇을 생각해야 할지 더 이상 확신하지 못한 나는 어쨌든 올라가기로 하고, 실수로 판명 나도 개의치 않기로 했다. 그때 내 성격의 양면이 충돌했다. 하나는 나에게 볼트가 없다는 사실에 비통해하면서, 만약 볼트가 있다면 고민할 필요도 없지 않겠느냐는 것이었다. 다른 하나는 이렇게 된 것을 기본적으로 아주 기뻐하고 있었다. 그것은 제대로 된 인공등반가라면 올바른 자세가 아닐 것이며, 제프가 나에게 가르쳐준 것도 아니었다. 그러나 내 도구에 문제가 있을 때 순수주의자가 되는 것은 약간의 용기 있는 선택보다 오히려 더 쉬운 일이었다. 하지만 특별히 내세울 만한 것이 되지도 못했다.

오후 2시가 되자 우박이 점점 더 세게 쏟아졌다. 나는 겨우 20미터를 오르고 나서 등반을 포기하고, 크랙의 홀드를 잡기 전에 내가 떠났던 작은 바위 턱으로 돌아가기로 했다. 그곳에서 피톤에 매달리자 심장이 그대로 쪼그라들었다. 허공이 나의 마음을 뒤흔들어, 앵커 중 하나만 뽑혀도 그대로 자유낙하 한다는 끔찍한 생각에 나는 꽁꽁 얼어붙었다.

오후 3시 나는 홀딱 젖은 몸으로 침낭 안으로 들어갔다. 그날, 나는 내 루트의 가장 결정적인 곳의 출발지점에 있기 위해 크랙의 왼쪽에 있는 바위 턱으로 비박 사이트를 올릴 작정이었다. 하지만 우박이 심하게 날리는 바람에 그 계획은 수포로 돌아가고 말았다.

4일째가 되는 날 일어나보니 비가 내리고 있었다. 하지만 10시쯤 날씨가 살짝 갠 틈을 타 나는 내 비박 사이트를 그 크랙 밑으로 올렸다.

—

5일째가 되는 날 아침 6시, 사방이 고요한 가운데 잠에서 깼다. 나는 텐트의 꼭대기에 달린 작은 환기 구멍을 통해 밖을 내다보왔다. 그러자 하얀색으로 뒤덮인 풍경이 눈에 들어왔다. 10센티미터의 눈이 모든 윤곽을 지운 상태에서 여전히 눈이 내리고 있었다. 일이 점점 더 어처구니없게 되어가고 있었다. 나는 벽에 매달려 등반을 한다기보다는 차라리 캠핑을 하고 있다는 느낌이 들었다.

8시에 무전 교신이 있었다. 날씨가 개선될 기미가 보이지 않았다. 계곡에 있는 내 지원팀은 계속해서 간략한 기록을 해나가고 있었다. 그날은 이렇게 되어 있었다.

6월 28일, 5일째. 일어나보니 눈이 40센티미터나 쌓여 있었다. 카트린은 농담을 하고, 먹고, 다시 잠자리에 들었다.

그러나 정오쯤 나는 다시 등반에 나서 사다리에 매달렸다. 나는 노골적으로 불쾌한 이 조건에 맞서 싸우기로 했다. 그래서 나는 그런 것들을 애써 무시하고 조금씩 또 조금씩 고도를 높여갔다. 그런 전진은 신경을 몹시 자극했다. 때때로 내 피톤은 크랙 안으로 5밀리미터밖에 안 박혔고, 나는 그런 것들 중 하나가 빠지지 않을까 계속 걱정했다. 추락은 벽에 닿지 않고 허공으로 나가떨어질 것이기 때문에 위험스러울 것 같지는 않았다. 그럼에도, 나는 추락하고 싶은 마음이 전혀 없었다.

오후 2시까지 겨우 15미터 전진했을 뿐이지만, 나는 그날의 등반을 끝내기로 했다. 습기가 옷 안으로 파고들기 시작했고, 더 중요하게는 손가락이 드러나는 장갑을 낀 손을 돌볼 필요를 느꼈기 때문이다. 그 말은 내 손가락이 물과 얼음, 바위에 직접적으로 노출됐다는 의미였다. 이런 극한의 상황에서는 손가락이 붓고, 손톱 부근의 피부가 터져 갈라지게 된다. 그러면 몹시 아프고 완치되기까지도 오랜 시간이 걸린다. 나는 이런 불가피한 일을 조금이라도 늦추고 싶었다. 이런 등반과 관련된 보고서들에서도 이 문제는 여지없이 보인다. 드류의 보나티 필라를 초등했을 때 있었던 일화가 생각났다. '그가 샤르푸아 대피소로 내려왔을 때 모든 알피니스트들은 그를 영웅처럼 환영했다. 그는 손이 너무나 까져 웃옷을 벗는 데도 다른 사람의 도움을 받아야 했다.'

오후 3시 옷이 다시 홀딱 젖어 나는 내 피난처로 돌아왔다. 나는 침낭 속으로 재빨리 들어가 몸을 따뜻하게 하기 위해 수프를 조금 먹었다. 몸에서 열이 나면 옷이 마르지 않을까? 신축성 있는 침낭을 선택한 것은 천만다행이었다. 다운이 들어간 전통적인 것이었다면 아무 쓸모가 없었을 것이다.

나는 차를 마시는 동안 무전 교신을 통해 날씨가 추워질 것이며 더 좋아지지 않는다는 사실을 알았다.

신날 것 하나 없는 일기예보와 달리, 계곡에 있는 친구들과 잡담을 나누니 오히려 기분이 좋았다. 그들은 내가 눈보라의 한가운데 있다는 사실을 알고 조금 걱정을 했지만, 나는 모든 것이 잘될 것이라고 그들을 안심시키는 것 말고 다른 말은 하지 않았다. 인내심 있게 기다리는 것 외에 그 문제에 대해 내가 할 수 있는 것은 아무것도 없었다. 주제를 바꾸어, 나는 그들이 하고 있는 일에 대해 물었지만, 배터리를 아끼기 위해 대화를 길게 끌고 가지는 않았다. 원정등반에서 날씨가 나쁘면, 나는 적대적인 환경을 차단하는 방법의 하나로 책을 즐겨 읽는다. 그럼에도, 이번에는 다니엘 페낙의 『라 페 카라빈La Fée Carabine』에 빠져들 수 없었다. 나는 등반의 나머지 부분을 생각하며 공상에 잠겼다. 텐트 밖에서 사정없이 윙윙거리는 폭풍은 정신집중에 방해가 되었는데, 특히 바람이 거세지자 더욱 그랬다.

7시가 되었는데도, 나는 먹을 것을 준비하기 위해 침낭에서 기어 나올 기분이 전혀 들지 않았다. 나는 굴복할 이유를 찾았다. 앞으로 다가올 등반을 위해 좋은 몸 상태를 유지해야 하잖아? 그래서 나는 수프와 말린 고기, 다진 감자, 치즈와 말린 과일로 근사한 식사를 했다.

6월 28일, 6일째. 우박이 한낮까지 떨어졌다. 그러더니 계곡이 화창해졌고 드류의 상단부가 안개에 휩싸였다. 아무것도 보이지 않았다. 오후 1시에 안개가 걷혔다. 그녀는 3,200미터쯤에 있는 오버행 바위의 한가운데에 난 긴 크랙을 올라갔다. 그곳의 50미터는 난이도 A3 내지 A4로 보였다. 그녀는 벽에 매달린 원뿔형 천막에서 좋은 밤을 보냈다.

6월 30일, 날씨는 아름다웠지만 몹시 추웠다. 나는 컨디션이 좋아 그날 내로 거대한 벽을 넘어갈 수 있을 것으로 기대했다.

7시 30분, 나는 마지막 확보지점에서 끝이 보이지 않는 크랙을 따라 천천히 올라갈 준비를 재개했다.

2시간 후, 나는 또 다른 20미터의 등반을 끝냈다. 나의 공포는 여전했다. 크랙이 점점 더 좁아지더니, 바위 속으로 완전히 사라졌다. 나는, 내 체중을 간신히 버텨주는, 면도날처럼 얇은 피톤과 끝이 포크 날처럼 조그만 앵커에 의존해 조금씩 전진할 수 있었다. 나는 속이 울렁거릴 정도로 걱정했지만, 하나씩 또 하나씩 체중을 조심스럽게 실었다. 만약 그들 중 하나가 빠진다면, 나는 길고 긴 추락을 할 터였다. 나는 머릿속에서 그런 생각을 애써 지우고 그다음 몇 미터를 조금씩 올라갔다. 10미터만 올라가면 크랙이 좁아지는 곳이었다. 그 마지막 바윗덩어리만 건너가면 나는 이길 것이고, 내 루트의 크럭스로 여겨지는 부분에서 성공할 터였다. 희망에 부푼 나는 확보에 한 번 더 주의를 기울였다.

10시, 내가 작은 피톤에 온 체중을 싣고 팔을 들어 올려 위쪽에 하나를 더 박으려 할 때 갑자기 삐걱거리는 소리가 들렸다. 그 소음이 내가 서 있는 피톤에서 나온다는 현실이 너무 잔인해 내 피가 차갑게 식었다.

그곳을 겨우 벗어난 나는 그 일이 사실은 나에게 좋게 작용했다는 사실을 알고 놀랐다. 스트레스가 그 자리에 화를 남겨놓고 증발해버린 것이다. 6개의 확보지점이 빠졌고, 2시간의 작업이 간단하게 무위로 돌아갔다. 그러나 아주 빨리, 내가 막다른 골목에 이르렀다고 느낀 순간 화가 걱정으로 바뀌었다. 내 눈에는 탈출로가 보이지 않았다. 이전처럼 계속 올라가는 것은 어리석은 짓이었다. 그런데 나는 왜 그 계획에 고집스럽게 매달리는 것일까? 몇 미터만 더 올라가면 나는 내 작은 피톤에 전혀 영향을 받지 않을 것이기 때문에 아마도 나는 내 계획을 무작정 믿고 싶었을지도 모른다. 볼트가 3개만 있으면 그곳을 벗어날 수 있을 텐데, 나에게는 정말 단 한 개도 없었다.

나는 답을 찾기 위해 필사적으로 좌우를 살펴보았다. 하지만 포기하는 것 말고는 답이 없었다. 며칠만 시간이 더 주어진다면 나는 성공을 믿어 의심치 않았을 것이다. 좌절 속에서 제일 먼저 생각난 것은 훅을 걸 수 있도록 바위를 해머로 조금 까내는 것이었다. 무식하도록 잔인한 힘을 동원한 해결 방법이고 명백하게 완전히 비현실적인 것이었다. 아무튼, 나는 그처럼 바위에 상처를 주는 것은 몹시 싫어한다. 다음으로, 30미터 정도를 로프로 내려가 벽을 가로질러 오른쪽 끝으로 가면 어떨까, 하는 것이었다. 내가 있는 곳에서는 그 너머를 볼 수 없었지만 나는 그곳에 크랙이 있을 것으로 추측했다. 내가 그토록 비싼 대가를 치르고 얻은 그 몇 미터를 도로 내려가는 것은 나를 전혀 기쁘게 하지 않을 것이고, 더구나 그것은 내가 상상한 등반선을 고수하는 것도 아니었다. 나는 그 선택사항을 최후의 수단으로 사용할 수 있도록 일단 제쳐두었다.

그때, 내가 주위의 바위에 조심스럽게 관심을 갖자, 또 다른 가능성이 눈에 보였다. 내 왼쪽에 대략 5미터의 직경을 가진 일종의 조개가 바위에 박혀 있었고, 둥근 형상을 이룬 듯한 그 밑에 아주 작은 균열이 있었다. 운이 조금 따른다면, 나는 그곳에 추가로 피톤을 박을 수 있을 것이고, 그 주위를 따라 올라간다면, 등반이 불가능한 구간을 통과하는 데 성공할 수 있을지도 모르는 일이었다. 그런 양상에 무한히 고무된 나는 가장 얇은 피톤을 골랐다. 그것은 거우 반만 들어갔고, 결코 좋아 보이지 않는 상태로 아래쪽으로 처져서 들어갔다. 그것은 빠져나오는 방향으로 압력이 가해진다는 의미였다. 어쨌든 달리 뾰족한 수가 없는 나는 그것을 믿고 올라가기로 했다. 심장이 두근거리는 가운데 나는 온 체중을 그곳에 실었다. 하지만 아무 일도 일어나지 않았다. 음, 어떻게 된 것이지? 그 피톤은 55킬로그램을 버틸 수 없었을 텐데. 이제 자신감에 찬 나는 어떤 도전도 마다하지 않을 각오를 하고, 천천히 즉흥적인 전진을 했다.

　2시간에 걸쳐 3미터를 더 전진한 내가 피톤을 하나 박으려고 했을 때 내 왼발을 집어넣은 사다리에 걸린 피톤이 갑자기 빠지는 바람에 나는 그대로 기울어지고 말았다. 조개 전체가 헐거워진 것이다. 순간 나는 공포에 얼어붙어 감히 움직일 생각도 하지 못했다. 이제 어떻게 해야 하나? 나는 우선 쓸 데 없는 생각을 떨쳐버리면서 마음을 가라앉혔다. 그러자 스트레스가 줄어들면서 마음이 한결 차분해졌다. 그냥 계속 올라가는 수밖에 달리 뾰족한 수가 없었다. 조개가 커서 내 작은 피톤이 큰 영향을 줄 것 같지는 않았다. 이제 나는 피톤을 더 조심스럽게 박아야 할 필요가 있었다. 그때 갑자기 묘안이 떠올랐다. 피톤이 받는 압력을 줄이기 위해 내 발을 바위에 직접 대보면 어떨까? 홀드만 찾을 수 있다면 기술적으로는 얼마든지 가능한 일이었다.

바위를 조심스럽게 둘러본 나는 작은 스탠스들을 찾아냈다. 크지는 않았지만 그 정도면 충분할 것 같았다. 그곳에서부터 나는 체중을 피톤과 스탠스에 분산시키고 살금살금 전진했다. 머리가 쪼개질 것 같은 느낌이 드는 동안 종아리 근육이 너무나 아파, 그것은 매우 어려운 전진이 되었다. 나는 6시간 동안 집중적으로 시험을 받은 집중력을 유지하기 위해 심각하게 싸워야 했다.

그 길은 조개의 왼쪽을 향해 전진하는 것이었는데, 모서리 부분이 조금 무너져 있었다. 나는 조개와 벽 사이에 난 작은 구멍에 프렌드를 하나 집어넣었다. 믿음직스러웠다. 그러고 나서 내가 종아리 근육을 풀어주려고 그 위에 매달리자 밑에서 기묘하게 달그락거리는 소리가 들렸다. 다리 사이로 아래를 얼핏 내려다본 나는 마지막 5개의 확보물이 빠져 애석하게도 로프에 매달려 있다는 사실을 알고 공포에 질렸다. 프렌드에 가해진 압력으로 조개와 바위 사이의 틈이 벌어진 것이다. 나는 마치 악몽을 꾸는 듯한 느낌이 들었다.

어쩌지 못하는 상황에 처한 채 3미터만 더 올라가면 위기를 벗어날 수 있다는 사실을 알고 나는 눈물을 글썽였다. 나는 나 자신에게 너무 미안하다는 생각을 하며, 내 주위의 바위를 절망적으로 둘러보았다. 회색 천지에 부스러지기 쉬운 바위들뿐이었다. 잠시 동안 나는 망연자실한 상태로 있었다. 내가 처한 위험에 이제 점차 익숙해진 나는 바위를 한 번 더 건설적으로 둘러볼 수 있을 만큼 자제심을 되찾았다. 하나의 가능성이 마음에 떠올랐다. 나는 극도로 위험한 피치에서 인공등반가들이 가끔 사용하는 것을 시도해보기로 했다. 코퍼헤드copperhead. 그것은 해머로 두드리면 불규칙적으로 조금 달라붙을 만큼 연한 것으로, 한 사람의 몸무게를 겨우 지탱할 수 있는 물질이다. 그것은 추락 방지에는 결코 사용될 수 없는 속임수지만, 피톤이나 스카이훅skyhook을 설치할 수 없는 곳에서 전진할 수 있도록 해준다.

일단 마음이 어느 정도 진정된 나는 바위의 움푹 들어간 곳에 코퍼헤드를 두드리기 시작했다. 그리고 그것을 손톱만 한 바위 턱에 건 스카이훅에 연결해 무게를 두 곳으로 분산시켰다. 한 번 더, 나는 심장이 두근거리는 가운데, 부서지기 쉬운 바위 위로 조심스럽게 체중을 옮겼다. 코퍼헤드는 잘 달라붙었다. 이제 떨리는 마음으로 내 줄사다리의 가장 밑 발판에 올라섰지만 나는 속이 울렁거리며 내 불확실한 장치가 떨어져나갈지도 모른다는 공포로 거의 옴짝달싹하지 못했다. 1미터 정도 위에 있는 아주 작은 바위의 주름에 스카이훅을 걸 수 있을지도 모른다고 계산한 나는 그곳에 닿으려면 정말 줄사다리를 조금 더 올라서야만 했다. 그래서 홀드를 찾아 왼손을 살짝 들어올렸다.

뜻밖의 행운으로, 제일 위 발판에 충격을 주지 않고 밟고 일어서면 닿을 수 있는 거리에서 내 손가락이 또 하나의 작은 홀드를 만났다. 나는 내 손가락이 닿은 바로 그 끝, 내 오른쪽 바위 턱에 훅을 단단히 걸었다. 그리고 그것을 작은 승리로 간주하자 생기가 돌았다. 카라비너로 또 다른 사다리를 스카이훅에 재빨리 걸고, 망설임 없이 그 위로 올라섰다. 그 높이에서 벽의 경사도가 조금 누그러졌다. 바위 위쪽을 살펴보니 여기저기에서 몇 개의 홀드가 눈에 들어왔다. 남은 몇 미터를 올라가는 가장 좋은 방법은 자유등반이었다. 이제 좋은 확보물로부터 15미터 위여서 조금 과감한 도전이기는 했지만, 어쨌든 가능해 보였다. 나는 지금까지보다도 훨씬 더 강한 집중력을 발휘하며, 줄사다리의 발판에서 발을 떼 회색 바위에 댔다.

내가 1미터도 채 올라가기 전에 피톤과 카라비너가 로프를 따라 달랑달랑 흘러내렸다. 그리하여 나는 내 홀드에 그대로 얼어붙었다. 그 자리에서 움직이지 못하게 된 나는 심장이 엄청나게 떨렸고, 전혀 움직일 수 없었다. 몇 초 후 호흡을 가다듬고 겨우 정신을 차렸다. 조금씩 또 조금씩 나는 그곳에 있는 몇 개의 홀드에 간신히 매달려 마지막 몇 미터를 올라갔고, 마침내 내가 떠난 곳에서 10미터 위에 위치하게 되었다. 그리고 몇 미터의 양호한 크랙을 올라가자 마침내 좋은 바위 턱이 나타났다.

오후 4시. 내 발이 단단한 바위 턱에 닿자 악몽이 끝났다. 무슨 생각이 들어서 그랬는지 모르지만, 나는 확보물을 잘 설치하기 위해 매번 더 세게 내려치면서 해머를 미친 듯이 두드렸다. 세 번이면 충분했겠지만, 안전을 위한 이 절망적인 욕구는 그전 몇 시간 동안 시달린 감정에 대한 응수였던 것 같다. 나는 비박 준비를 하기로 하고, 곧장 장비를 회수하며 벽을 따라 내려갔다. 마침내 비박 사이트로 돌아오자 대단히 기뻤다. 그것은 내 프로젝트가 계획대로 진행되고 있다는 신호였다.

나는 짐을 끌어올릴 생각으로 재빨리 짐을 싼 다음, 장비의 일부를 노새처럼 메고 주마를 이용해 로프를 타고 위로 올라갔다. 그리고 그곳에서 나머지 장비를 끌어올렸다.

　오버행이 워낙 심해서 짐이 벽에 걸리지는 않았지만, 그때쯤 내가 지친 데다 손이 까져 그것은 힘든 작업이 되었다. 손이 등반의 타격을 가장 많이 받았다. 나는 손을 보호하기는커녕 손가락을 해머로 찧고 말았다. 손가락을 찧는 것은 전통적인 등반의 위험 중 하나라고들 말한다. 보나티에 대해 말하자면, 그는 손가락을 짓이겼었다. 그는 나보다 더 세게 해머를 휘두른 모양이다.

　내가 짐을 끌어올릴 때 노랑부리까마귀 한 마리가 날아와서 내 옆의 바위 턱에 앉았다. 나는 그 새의 출현에 깊은 인상을 받았는데, 아주 뜻밖에도 눈물이 났다. 이유는 알지 못했지만 안도감 때문이 아니었을까? 그 새는 내가 다시 살아났다는 것을 상징하는 듯했다. 그리고 그 새와의 만남은 악몽의 끝을 의미했다. 그 새가 고개를 끄덕이는 모습이 마치 동정을 보내는 것 같아 나는 눈물이 더 났다. 나는 흘러내리는 눈물을 주체하지 못했다. 잠시 후 급경사면 건너편에서 나를 부르는 여자의 목소리가 들렸다. 실비였다. 주위를 둘러본 나는 '플람 드 피에르 Flammes de Pierre' 위에서 그녀를 발견했다. 나는 목이 너무 칼칼해 소리를 지르는 대신 힘차게 손을 흔들었다. 그녀를 보자 내가 여기에 있다는 사실이 갑자기 외롭게 느껴졌지만 기분이 조금 풀렸다. 나는 스스로를 위로하고 정신을 가다듬었다. 내가 한계의 끝에 있었기 때문에 장비를 끌어올리는 일은 시간이 아주 많이 걸렸다.

9시, 나는 마침내 내 둥지 안으로 기어들어갔다. 그리고 나는 제일 먼저 무전기를 꺼내 로타를 부른 다음 그에게 내 위치를 알려주고, 다음 날의 날씨 정보를 받았다. 폭풍이 예고되어 있었다. 그리고 나는 나의 긴 하루를 간략하게 요약해서 말해주었다. 대화를 나누자 기분이 한결 좋아졌지만, 그 또한 내 깊은 감정을 휘저어놓아, 나는 흘러내리려는 눈물과 싸워야 했다. 어린 애처럼 우는 내 소리를 그가 듣지 못하면 좋으련만….

나는 그날 저녁 기진맥진해서 무언가를 좀 마시고 먹어야 했다. 하지만 나는 잠이 쏟아지는 것을 참지 못했고, 손이 너무 아파 어떤 것도 만질 수가 없었다. 7월 1일, 8일째. 내 친구들은 이렇게 썼다.

날씨가 화창했다. 살짝 감염이 된 손가락들에 대해 불평했지만 사기는 대체로 좋았다. 그녀는 짐을 꾸려 등반을 계속했다. 오후 1시 30분 그녀는 눈으로 된 턱에 도착해 다음 구간을 살펴보고 나서 짐과 텐트를 나르기 위해 내려왔다. 그녀는 다시 올라가 짐을 끌어 올렸다. 오후 3시, 15미터의 펜듈럼을 통해 그녀는 작은 바위 턱을 찾았고, 그곳에 둥지를 틀었다. 지친 목소리는 그녀가 진저리가 나 있으며, 먹지도 못한 채 폭풍의 예보를 걱정하고 있다는 것을 나타내주었다.

사실 그날은 너무 거칠었다. 나는 내 루트의 크럭스를 넘어섰다고 확신했지만, 오판으로 인해 힘을 엄청나게 낭비하는 대가를 치르고 말았다. 나는 훨씬 더 까다로운 구간을 만났지만, 그곳에 대해서는 미처 준비가 되어 있지 않았다. 나는 문제를 예상하거나, 또는 그것들을 어떻게 풀지 생각하는 데 필요한 집중력의 힘을 잃어버리고 말았다. 두 피치를 더 가자 내가 망원경으로 관찰한 커다란 아치의 왼쪽 밑이 나왔다. 그것은 거대한 둥근 천장 구조였는데, 벽과 떨어져 있었고, 벽과 필라의 5미터 사이에 긴 바윗덩어리가 무너져 내려 사방으로 부서진 바위들로 형성되어 있었다. 붕괴로 드러난 바위 층을 보니 그곳은 회색의 단단하고 지저분한 표면이었다.

내가 올라온 왼쪽 필라는 불안정한 바위들로 되어 있어 등반에는 너무 위험했다. 가장 좋은 방법은 회색 표면을 횡단해 오른쪽으로 가는 것이었는데, 그곳의 바위 상태는 아주 좋아 보였다. 바위의 표면은 너무 부스러지기 쉬워 건너갈 수 있다는 희망을 품을 수 없었다. 그래서 나는 아치를 이룬 곳에 가능한 한 높이 앵커를 설치하고, 15미터를 내려가 벽을 건넌 다음 표면에 튀어나온 돌기를 붙잡았다. 하지만 그곳에서 나는 전날과 비슷한 난처한 상황에 처하고 말았다. 그곳은 그날 내가 지나가고 싶다는 생각이 전혀 들지 않을 정도로 나를 약하게 만들었다. 나는 생각할 준비조차 되어 있지 않았다. 나는 그냥 무의식적으로 확보물을 설치하고 싶었다. 바위에 달라붙은 한 계속 하기를 원한다면 나는 무기력에서 벗어날 필요가 있었다. 이제 오른쪽 필라에 닿기 위해서는 6~7미터의 부서지기 쉬운 바위를 건너가야 했다. 한 번 더, 그곳은 아주 작은 바윗덩어리들에 훅을 걸지 고민하게 만드는 움푹 들어간 곳이었다. 나는 훅에 사다리를 걸고 원하는 방향으로 몇 미터를 가까스로 전진했다. 그 구간은 3시간이 걸렸다. 그 3시간 동안 나는 기운을 빠지게 하는 강렬한 집중력을 유지해야만 했다.

일단 필라에 도착한 나는 40미터를 위로 올라갔다. 8일째가 되던 그날, 나는 인공등반의 기술에 흥미를 더욱 잃어버렸다. 그것은 아침부터 밤까지 같은 동작이 되풀이되는 지루하고 반복적이며 느린 행위였다. 피톤을 박고, 그곳에 카라비너로 줄사다리를 걸고, 줄사다리에 올라서고, 또 하나의 피톤을 박고, 계속 그렇게…. 하나가 다르기는 하다. 등반 상황이 스트레스를 얼마나 주느냐 하는 것은 피톤이 잘 박혔느냐 아니냐에 달려 있다는 것이다. 자유등반에서의 행동은 다양하다. 그리고 더 빨리 움직일 수 있다. 그것은 육체적인 힘을 훨씬 더 시험한다.

드류의 그 등반에서 나에게 도전은 육체적인 것이라기보다는 훨씬 더 정신적인 것이었다. 그것이 바로 내가 무전교신을 하던 그날 저녁 기분이 엉망진창이었던 이유다. 나는 하루 종일 같은 동작을 반복하며 너무나 느린 전진을 해야 하는 그 등반에 진저리가 났다. 등반이 얼마나 오래 계속될지 몰라, 나는 수프와 가루로 만든 야채 팩을 많이 가지고 갔다. 그것들은 무게는 많이 나가지 않았지만, 그것들만 섞어서 먹는 데 물린 내가 식욕을 잃어버린 데다 피로가 가중된 것도 어느 정도 작용했다.

그럼에도 나는 쇠약해지지 않기 위해 억지로 먹었다. 등반에 몰입한 낮의 긴 시간 동안에는 거의 먹지 못했기 때문이다.

9일째는 알람을 새벽 4시로 맞춰놓았다. 그날이 시작되기 전, 오후에 폭풍 예보가 있었기 때문에 아무튼 나는 폭풍이 몰려오기 전에 미리 준비해 가능하면 많이 올라가고 싶었다. 고통스러운 기상이었다. 손이 너무나 부풀어 올라, 나는 손가락을 구부릴 수도 움직일 수도 없었다. 손가락을 움직이니 참을 수 없는 고통이 밀려왔고 상처 부위에서 누르스름한 액체가 흘러나왔다. 나는 움직이기 전에 1시간 동안 손가락을 마사지하고 상처 부위에 반창고를 붙였다. 그런 다음 몇 분 동안 공상을 즐겼다. 아침햇살은 찬란했다. 아래쪽 샤모니는 그제야 서서히 어둠에서 깨어나고 있었다. 내가 있는 곳에서도 계곡에서부터 점점 더 크게 들려오는 소리를 감지할 수 있었다. 자세히 보니 차가 몇 대 움직이는 모습도 보였다. 사람들은 문명에 가까이 있는데, 어느 한 사람은 또 다른 세계, 경계를 게을리 할 수 없고 한 치의 실수도 용납되지 않는 세계에 있다는 느낌은 아주 색달랐다. 나를 가장 짓누르는 것은 끊임없이 유지해야 하는 집중력이었다. 그러나 나는 다른 것을 하고 싶은 마음이 없었다. 나는 오직 등반을 끝내고 싶었다.

7시의 일기예보를 듣고 나는 우울한 기분에 빠졌다. 폭풍이 다가오고 있다는 사실을 다시 확인해줬기 때문이다. 다모클레스의 칼The Sword of Damocles*이 내 위에 매달려 있는 상황에서

* 언제 신변에 닥칠지 모르는 위험을 이르는 말 |역쥐

의 등반으로 나는 신경이 몹시 날카로워졌다. 나는 텐트를 어느 곳에 펼칠지 확신하지 못했다. 폭풍이 갑자기 몰아치면 비박을 준비해 그 안으로 숨어들 필요가 있었다. 나는 다음 등반의 상황을 보고 결정을 내리기로 했다. 20미터 위에서 나는 매우 중요한 바위를 발견했다. 붉은 화강암으로 된 대암벽. 나는 곧장 기운이 솟았다. 내가 가고자 했던 루트가 드류의 상단 부분을 덮고 있는 붉은 차양 막 같은 그곳을 통해 곧바로 올라가는 것이었기 때문이다.

이제는 등반하기에 좋은 몇 피치만 남아 있었다. 환상적인 바위에 달라붙으며, 마침내 자유등반을 할 수 있다는 기대에 나는 사뭇 흥분했다. 하지만 겨우 4미터를 오르자 속았다는 생각이 들었다. 단독등반은 모든 장비를 몸에 걸치기 때문에 위험을 무릅쓰지 않을 수 없었다. 그 등반선을 따르겠다는 나의 고집은 터무니없었다. 볼트를 가지고 있지도 않고 공포의 순간을 더 이상 견디고 싶은 마음도 없어, 나는 루트를 바꾸어 차양 막을 따라 오른쪽으로 각도를 조금 틀어 움직일 필요가 있었다. 본래의 계획을 어쩔 수 없이 포기해야 해서 좌절에 빠진 나는 고개를 숙이고 기계적으로 올라갔다. 자기확보 기술은 힘이 많이 드는 등반이어서 나는 발목에 체인을 감고 등반하는 기분이 들었다. 그때 나는 내가 그토록 기대했던 경험을 마음껏 즐길 수 없었다.

그래도 내가 여전히 즐길 수 있는 유일한 것은 바위에 닿는 촉감이었다. 바위의 구조와 쿨르와르, 광물의 냄새, 햇빛에 반

짝이는 작은 크리스털, 그리고 바위의 표면을 어루만지는 느낌. 나는 크게 주의를 기울이지 않고도 세 피치를 등반했다. 그런데 세 번째 확보지점에서 갑자기 들린 소리가 나를 로봇과 같은 상태에서 벗어나게 했다.

"카트린, 잘하고 있어. 계속 올라가."

나는 주위를 둘러보았지만, 아무도 보이지 않았다. 상상 속에서 들리는 것 같지는 않았다. 나는 자기 만족형의 인간이 아니다.

"야호! 여기, 됩니다."

그때 내 바로 뒤쪽 하늘에 떠 있는 행글라이더가 눈에 들어왔다. 그런 상황에 나는 빙긋 미소를 지었다. 그런 느닷없는 방문을 나는 꿈에도 생각하지 못했으니까. 그에게 손을 흔들면서 보니 그 뒤쪽에 커다란 먹구름이 모여 있었다. 나는 그 구름들을 가리키며 소리쳤다. "저 구름 좀 보세요. 어떻게 생각해요?"

그 사람은 고개를 돌려 보더니, 아무런 대답도 없이 계곡 아래로 곧장 날아갔다. 그가 점점 더 멀리 사라지는 모습을 지켜보던 나는 또다시 끔찍한 외로움에 휩싸였다. 나는 이제 폭풍을 혼자서 맞이해야 할 터였다. 시간을 조금도 낭비하지 않고, 나자신을 놀라게 한 죄로 스스로를 좋게 꾸짖기 위해 나는 그 새로운 위치에 비박 사이트를 설치하는 일을 하기 시작했다. 잠시동안 어리석은 잘못에 빠진 나는 다시 내 일을 서둘렀다. 우울한 기분이 들기는 했지만 나는 경계심을 늦추지 않았다. 저 구름들이 얼마나 오랫동안 저곳에 머물러 있었지? 아침부터 바위만 바라봤기 때문에 나는 그것을 알 수 없었다. 폭풍이 정말 갑자기 일어난다면 나의 안전은 그 기대치 않은 방문자 덕분일 것이다.

그때 뜻밖의 행운으로 하늘이 다시 맑아졌다. 그날 저녁 텐트에서, 갑작스럽게 이루어진 강제적인 후퇴에도 불구하고, 낮동안 놀라운 전진을 해냈다는 생각이 들자 불편한 마음이 조금 누그러졌다. 비록 처음 계획했던 루트는 아니었지만, 아주 나쁘지는 않았고, 거의 곧장 올라 칠 수 있다는 장점도 있었다.

7월 3일. 계곡을 내려다보았다. 그녀가 연결한 양쪽 로프가 쓸리는 결과를 가져온 또 한 번의 추락에도 불구하고, 그녀의 마음은 강철같이 굳건했다. 바위가 썩어 그녀는 더 어렵기는 하지만 깨끗한 다른 루트로 들어서기 위해 하강했다. 그녀는 '오스트리아 크랙' 20미터 밑에서 비박에 들어갔다.

사실, 그날은 시작부터 안 좋았다. 내 비박 사이트 20미터 위에서 나는 썩은 바위를 피하려고 펜듈럼을 시도했는데, 로프가 은색 바위에 걸려 쓸리고 말았다. 다행히도 손상이 치명적이지는 않았다. 약간 쓸린 곳이 표피여서 강도는 문제가 없었다. 나는 그 부분을 매듭으로 보강했다. 혼자 등반할 때는 그곳이 큰 문제가 되지는 않는다. 카라비너에 통과시킨 로프가 계속 빠지는 것이 아니기 때문에 중간에 매듭이 있다고 해서 등반이 지연되지는 않는다. 그 사고로 마음이 심란해진 나는 처음 출발했던 곳보다 더 아래쪽으로 내려가 약간 오른쪽에 있는 구간을 다시 출발했다. 그곳은 어렵기는 했지만 바위의 상태가 더 좋았다.

11시까지 나는 60미터를 올랐고, 드류의 남서 필라로 진입하는 길목 가까이에 있었다. 그곳의 고도감은 삼삼했다. 이제 구름의 위협도 없어져 나는 근심걱정을 덜고 여유 있게 주위를 둘러보며, 계곡에서 들려오는 소리에 잠깐 동안 정신을 파는 호사를 누렸다. 나는 그 사람들 모두가 자신들의 일상으로 왔다 갔다 할 것이라고 상상했다. 나는 그들이 부럽기까지 했다. 바위에서의 생활이 나를 우울하게 만들었다. 이 벽에서, 첫 번째 시퀀스를 제대로 하지 못하면 나는 조금도 움직일 수 없다. 잠시 마음의 방황을 허락할 필요를 느낀 나는 집중력에 휴식을 부여했다.

이제 나는 1.5미터 너비에 6미터 높이 정도 되는 필라의 밑에 있었다. 그것은 곡선을 이룬 거대한 장식물 형상으로, 작은 바위 턱 하나가 벽 쪽으로 기울어져 있었다. 나는 왼쪽 측면과 벽 사이에 난 틈바구니에 손발을 집어넣었는데, 그곳은 발로 재밍을 하기에는 안성맞춤이었다. 그곳이 마치 사다리라도 되는 것처럼 나는 아주 쉽게 올라갔다. 몇 미터를 올라가 확보를 위해 피톤을 하나 단단히 박고 나서, 나는 그것을 당겨보지도 않고 계속 올라가 두 번째 확보물로 프렌드를 설치했다. 그런 다음 로프의 길이를 다시 조정해 그곳에 걸고 그네를 타듯 매달렸다. 바로 그때 첫 번째 확보물이 크랙의 아래쪽으로 달그락달그락 굴러 떨어지는 소리가 들렸다. 필라가 움직이고 있었던 것이다. 공포에 빠진 나는 마침 내 손이 닿는 거리에 있는 벽의 크랙에 재빨리 프렌드를 하나 더 설치했다. 최소한 필라가 허공으로 쓰러진다 해도, 나는 그곳에 매달릴 수 있을 터였다. 그러자 기분이 다시 좋아졌다.

내 심장박동이 합리적인 속도로 돌아가고 있을 때 갑자기 시끄러운 소리가 들렸다. 몸을 기울여 내려다보니, 6명의 산악인들이 보나티 필라의 아래쪽 3분의 1 지점에 있었는데, 그들의 말소리는 이탈리아어 같았다. 때마침 찾아온 행운이라니! 그들의 머리 위로 필라를 타고 내려가는 이중의 수고를 할 필요가 있을까? 내가 그들의 루트 선상에 있지는 않았지만, 커다란 바윗덩어리가 떨어져 내린다면 어떤 일이 일어날지 아무도 장담하지 못할 것이다. 그 필라를 건드리지 않기 위해 작은 골방처럼 생긴 그곳을 나는 다리를 크게 벌리고 올라갔다. 그것은 몹시 힘든 등반이어서 종아리근육이 타는 듯이 아팠다.

2시쯤, 하늘이 특별히 위협적으로 보이지는 않았다. 하지만 나중에 후회하는 것보다는 조심하는 것이 나을 것 같았다. 그리하여 나는 짐을 가지러 80미터 아래로 내려갔다. 나는 일단 짐을 끌어올린 다음 등반을 계속 이어갔다. 30미터를 더 올라갔을 때 나는 내가 이탈리아인들 중 하나와 같은 위치에 있다는 사실을 알고 매우 놀랐다. 내 기억으로는 보나티 루트가 그곳으로 나오지 않았기 때문이다. 어쨌든, 그렇든 아니든 간에, 그것은 내가 보나티 루트로 너무 가까이 가서, 내 등반선이 엉망이 되었다는 의미였다. 이보다 더 실망스러울 수가 있을까! 나는 다른 사람의 루트를 가로질러 올라가는 것을 좋아하지 않는다. 하지만 이제 정상이 멀지 않았다는 위안으로 마음을 달래자 불편한 심기가 조금 누그러졌다.

그 이탈리아인 클라이머는 나를 만나 기뻐하는 것 같았다. 그는 나에게 축하인사를 건네며 모든 것이 잘되기를 바란다고 말했다. 우리의 인사 교환은 결국 서로가 너무 바빠서, 꼭 필요한 말만 주고받은 간략한 것이 되었다. 그 코스에는 고소 등산 가이드 교육생 10명이 있는 것 같았다. 나는 그에게 무슨 말을 해야 할지 전혀 알지 못했다. 내가 누군가와 대화를 나누어본 것은 오래전의 일이었다. 하지만 그와 같은 레지에 있게 되자 나는 조금 미안하다는 생각이 들었다. 내가 장비를 가져오고, 잡동사니를 끌어 올리는 시간에 그 이탈리아인들이 나를 지나갔다.

"콩플리망트Complimente(축하해요)." 그들은 각자 그런 말을 하며 내 손을 잡았다.

내가 캠핑 장비를 가지고 그들과 같은 위치, 즉 북적거리는 작은 세계에 있자니 머쓱한 기분이 들었다.

다시 혼자가 된 나는 보나티 루트를 애써 피하며 마지막 피치를 올라, '오스트리아 크랙' 출발지점에 있는 플랫폼에 장비를 풀었다. 어떤 대가를 치르더라도 내 루트를 따라가고 싶어 한 나는 완전히 바보 멍청이가 된 느낌이 들었다. 지금 내가 있는 곳에 이르기 위해서는 훨씬 더 쉬운 길도 있었으니까. 그러나 내 자긍심이 그런 등반을 허용하지 않았다.

—

9시, 나는 텐트 안으로 파고들었다. 이쪽으로 온다던 폭풍은 저녁까지도 나타나지 않았다. 바람 한 줄기 없이 하루 종일 햇볕이 쨍쨍했고, 날씨는 무척 더웠다. 목이 칼칼할 정도로 출발한 이래 처음으로 갈증에 시달렸다. 이전의 확보지점에서 가지고 올라온 물이 5리터라는 것이 다행으로 여겨졌다. 벽이 햇볕으로 뜨거워져, 우울하게도 나는 1리터의 물을 만들 얼음도 찾을 수 없었다. 현재의 물로는 갈증을 달래기에도, 내일 음식을 만들기에도 충분치 않을 터였다.

일기예보에서는 폭풍이 더 온다고 했지만, 이번만은 형편없는 전망이 나의 좋은 기분을 떨쳐버리지 않았다. 날씨야 어떻든 내일 내가 정상에 오른다는 사실에 대해서 나는 단 한 번도 의구심을 품지 않았다. 이제 어려운 피치 하나면 끝이었다. 그것은 오스트리아 크랙의 왼쪽으로 둥글게 커브를 이룬 크랙과 그 후의 짧은 구간으로 되어 있었다.

고통스러운 싸움으로 시작되는 등반에서 이제는 벗어날 수 있다고 생각하니 힘이 다시 솟아나는 것 같았다. 7월 4일 아침 6시, 나는 손에 반창고를 붙이고 짐을 꾸려 출발 준비를 했다.

둥글게 커브를 이룬 크랙을 힘들게 넘어가는 데는 6시간이 걸렸다. 그곳을 빠져나오느라 몹시 지쳤지만, 그럼에도 120미터 위에 있는 정상에 도달하고 싶은 갈망이 불타올랐다. 이제는 경사가 세지 않아 큰 문제가 없을 것 같다는 생각이 들자 더욱더 그랬다. 나는 지난 가을 그곳을 단독 등반한 경험이 있어서 그곳을 잘 알았다. 그래서 나는 빨리 올라가고 싶었다. 하지만 불행하게도 그것은 내 큰 짐을 계산에 넣지 않은 것이었다. 내 친구들은 이렇게 기록했다.

> 그녀는 경사가 완만해 자꾸만 벽에 걸리는 짐을 힘들게 끌어 올렸다. 밤 11시. 그녀는 드류의 숄더에 있는 테라스에 도착 했다. 마침내 승리를 거둔 것이다.

그 마지막 몇 미터는 살아 있는 지옥이었다. 벽의 경사가 아주 가파른 것은 아니었지만 짐이 계속 여기저기에 걸렸다. 처음에 나는 한 피치를 끝내면 도로 내려가, 내 뒤에 짐을 매달아 끌어 올리며 주마를 이용해 다시 올라오곤 했었다. 하지만 짐이 튀어나온 바위에 5미터가 멀다 하고 걸렸다. 처음에 나는 욕을 좀 해댔지만 대체로 무난하게 해냈다. 나는 짐이 걸리지 않도록 있는 힘을 다했다. 짐이 올라오지 않으면 나는 로프를 조금 내려 뜨려 장애물 통과가 가능할 정도로 짐이 튕기는 순간 잽싸게 위로 당겼다. 그렇지 않으면, 내가 도로 내려가 직접 해결한 다음 걸리지 않을 만한 곳까지 끌어올렸다.

첫 피치에서 나는 4~5번을 오르내려야 했다. 매번의 작업은 시간이 많이 걸려 나를 절망에 빠뜨렸다. 하늘을 쳐다보니 내가 아직 폭풍에서 살아난 것이 아니라는 것을 알 수 있었다. 그렇다고 좋은 위치에 있는 것도 아니었다. 두 번째 피치에서 나의 우려는 분노로 바뀌었다. 나는 안전에 대한 생각을 접어두고,

1시간 동안이나 사방으로 움직이며 싸웠다. 필사적이었지만 헛된 시도에 결국 나는 그만 지쳐버렸다. 간신히 마음을 가라앉힌 나는 내가 한계의 끝에서 위험을 무릅썼다는 사실을 알고 충격을 받았다.

아직 정상에 도달하지 못했는데 폭풍이 다가오고 있었다. 나는 무전기를 꺼내 친구들에게 그 사실을 알렸다. 오늘은 이것으로 끝이었다. 비통한 이야기를 겨우 한 마디 꺼냈을 뿐인데 나는 그만 훌쩍거리고 말았다. 하지만 그들은 나를 격려해주었다. 그들은 모두 정상에서 나를 기다리고 있었다. 감동한 나는 더 이상 할 말을 잃고 무전을 끊을 때까지 더욱 슬프게 울었다.

잠시 후 나를 부르는 소리가 들렸다. "카트린, 자, 넌 할 수 있어. 계속 올라와. 우리가 널 기다리고 있어. 우린 수프도 끓여 놨어."

그 말을 들으니 팔에 주사를 한 대 맞은 것 같았다. 추측컨대, 만약 그들이 내가 자신들이 있는 곳에 도달할 수 있도록 격려한다면, 폭풍이 큰 문제가 되지는 않을 것으로 생각하는 것 같았다. 나는 그들을 믿고 힘이 몹시 드는 등반을 계속했다. 잠시 후 싸락눈이 쏟아지기 시작했다. 나는 주저 없이 방수 재킷과 바지를 입고, 동작이 훨씬 더 느려지기는 했지만 등반을 이어갔다. 그때 갑자기 이번에는 밑에서 소리가 또 들렸다. 반사적으로 고개를 돌려보니, 놀랍게도 친구이며 가이드인 프랑수아 다밀라노François Damilano가 보였다. 그는 보나티 필라를 등반하고 있었다.

"안녕!" 그가 말했다.

"안녕!"

이런 곳에서 만난 걸 조금 놀라워하며 우리는 서로 웃었다. 그가 혹시라도 내가 짐을 끌어올리는 것을 도와줄 수 있지 않을까, 하고 나는 실용적인 생각을 했다.

"괜찮아?" 그가 수줍게 물었다.

"좋아, 고마워." 나는 더 이상 말을 꾸며대지 않고 대답했다.

나는 내가 그에게 도움을 요청하기보다는 그가 제안해주기를 바랐다. 결국, 이 힘든 싸움에 나선 사람은 바로 나였기 때문에 이곳에서 빠져나가는 사람도 바로 나여야 했다.

그는 자신은 손님과 함께 있다고 말했다. 햇빛이 약해지고 있었다. 우리는 그곳에서 각자의 등반활동으로 돌아갔다. 그는 자신의 손님을 돌보고, 나는 무지막지하게 무거운 내 짐과 로프를 거칠게 다루고.

1시간 후, 우리는 거의 같은 위치에서 헤드램프를 켜고 등반했다. 나는 필사적으로 싸우는 내 모습을 보이지 않으려고 노력했다. 나는 짐을 그냥 그곳에 놔두고 작은 배낭만 메고 정상으로 올라가 그곳에서 친구들과 밤을 보낸 후, 다음 날 아침 짐을 가지러 다시 내려오면 어떨까, 하고 생각했다. 하지만 그런 아이디어는 좋아 보이지 않았다. 나는 한 번 더, 그리고 마지막으로 이 상황을 극복하고 싶었다. 내일 아침이면, 벽을 다시 내려오는 것이 정말 끔찍한 일이 되지 않을까? 이제 싸락눈이 점점 더 세게 내렸다. 아픈 손을 애써 외면하고, 나는 젖은 로프를 있는 힘껏 잡아당겼다. 짐은 물이 채워지고 있는 듯 점점 더 무거워졌다. 그것은 진정한 '갈보리의 언덕Calvary'*이었다.

내가 주마에 매달려 미치광이처럼 팔다리를 휘젓고 있을 때 갑자기 이런 질문이 들렸다. "우리가 짐을 끌어올리는 걸 좀 도와줄까?"

내 옆에 서 있던 프랑수아였다. 나는 그가 올라오는 것을 보지 못했다. 후에 그는 이렇게 말했다. "그녀를 도와줘야 할지 어쩔지 알지 못했다. 비록 내 바로 옆에 있기는 했지만, 마치 다른 곳에 있는 것처럼, 그녀는 색다른 경험을 하고 있는 것 같았다."

천만다행이었다. 그리고 그의 제안을 받아들이는 데 창피하다는 생각은 전혀 들지 않았다. 계속 갈 수가 없는 상황이었으니까…

그때부터 우리 셋은 폭풍 속에서 마지막 두 피치를 함께 등반했다. 내가 앞장섰고, 프랑수아와 그의 손님이 짐을 밀거니 끌거니 했다. 그들은 짐을 아주 무거워하는 것 같았다.

밤 11시 폭풍이 누그러졌다. 나는 정상 직전에 있는 레지에 올라섰다. 그곳에는 길 소리스가 있었다. 나는 그의 팔에 머리를 가볍게 안기며 재회를 만끽했다. 그가 나를 꼭 껴안을수록 눈물이 더 났지만 마침내 나는 스스로를 추스르고 그와 함께 정상으로 올라갔다. 그곳에는 미셸과 실비가 우리를 기다리고 있었다. 그들의 얼굴을 보자 그때서야 그들 역시 11일간의 이 모험을 나와 함께했다는 사실을 알 수 있었다. 그 둘은 나를 보고

---

* 예수가 십자가에 못 박힌 골고다 언덕의 라틴어명 (역주)

매우 감격했고, 자신들이 느낀 감정을 나에게 말해주었는데, 그것은 나에게 많은 것을 의미했다. 나는 혼자가 아니었던 것이다. 이제 이 등반은 우리 역사의 일부가 될 터였다. 내 기쁨과 투쟁은 그들과 함께 공유한 소중한 추억이 되었다. 바보처럼, 눈물이 참을 수 없을 정도로 흘러내렸다.

그때 프랑수아와 그의 손님이 짐을 5미터 아래에 남겨두고 올라왔다. 그들 역시 흠뻑 젖어 있었지만 기뻐했다. 미셸과 실비가 와인과 수프를 건네주었다. 그들과 함께 그곳에 있자니 마치 친구들과 커다란 파티를 벌이는 듯한 기분이 들어 아주 좋았다. 이제 하늘이 맑아지면서 아름다운 밤이 펼쳐졌다. 우리는 2시간 동안 이런저런 이야기꽃을 피웠다. 그들은 자신들이 지난 몇 시간 동안 얼마나 도취에 빠졌는지를 말해주었다. 폭풍이 주위에 일어나면서 공중에 정전기가 발생해 머리털이 쭈뼛한 가운데 성공을 놓고 내기를 벌였다는 것이다. 그들은 번개에 노출될지도 모른다는 사실을 미처 깨닫지 못하고 온몸이 흠뻑 젖었던 것이 틀림없었다.

새벽 3시, 우리는 눈을 좀 붙이기로 했다. 내가 침낭 속으로 기어들어가자, 미셸이 아침이 오면 무엇을 할 것인지 물었다.

"헬기에 네 자리는 있어. 생각해봐. 지금 당장 대답할 필요는 없고."

등반을 시작하기 전에 나는 그들에게 혼자 힘으로 내려오겠다고 말했었다. 이제 어떻게 해야 하나? 이성적인 측면으로 보면, 나는 여전히 올바르게 내려가고 싶었다. 하지만 육체적인 수준을 보면, 내 손은 무엇에 닿을 때마다 몹시 아팠다.

그날 밤 나는 잠을 거의 자지 못했다. 나는 몹시 지쳐서 결정을 내리는 것이 너무나 괴로웠다.

아침이 되자 손의 상태가 더 나빠졌다. 손은 크기가 세 배만큼 부풀어 올랐고, 손톱 끝은 위로 들어 올려야 겨우 통증이 줄어들 정도로 찌르듯이 아팠다.

나는 두 손목을 이용해 차를 마셨다. 하지만 제라르 부르고앵이 헬기를 타고 나타나, 잠시 슬픔을 잊을 수 있었다. 정상에서 나는 자정 무렵에 그에게 무전을 했었다.

그가 말했다. "내일 아침식사로 딸기를 가져오겠습니다."

"우와, 정말이에요?" 나는 그가 농담을 하는 줄 알았다.

하지만 그 말은 농담이 아니었다. 덩치가 큰 사람이 도시인의 복장을 한 채 분명 공포에 질린 듯 우리가 서 있는 작은 레지위를 손과 무릎으로 기어오는 모습을 보고 나는 틀림없이 환각에 빠졌다고 생각했다. 나는 그의 도착을 어떻게 받아들여야 할지 알지 못했다. 솔직히, 내 주위에서 일어나고 있는 일들이 나와는 조금 동떨어졌다는 느낌이 들었다. 나는 일단 정상에 도착했기 때문에 상황을 꼭 내가 주도해야 한다고 느끼지는 않았다. 나는 다른 사람들이 시키는 대로 하는 것만으로도 마냥 행복했다. 나는 바위 끝에 앉아 내 주위에서 바삐 움직이는 다른 사람들을 쳐다보았다. 제라르는 드류 정상에 우리들이 함께 있는 모습을 영상으로 찍고 싶어 했다. 그 이미지들은 오직 회사 내에서만 쓸 작정이었다. 나는 그가 감격해하는 모습을 보고 감정이 복받쳤지만 겨우 참았다. 훗날 그는 헬기를 타고 오면서 어린아이처럼 울었다고 고백했다. 그 웅장한 모습을 보니 내가 등반한 벽이 매우 인상적이었는데, 6개월 전 비행기 사고로 아들이 숨진 이래 가슴속에 깊이 묻혀 있던 감정이 복받쳐 표면 위로 올라왔다는 것이다.

사방이 1,000미터 낭떠러지인 작은 플랫폼에 자리 잡은 영상 스태프가 작업에 들어갔다. 불행하게도, 나는 아주 시시콜콜한 것들만 이야기하고 말았다. 기술적 어려움과 느린 진도, 물을 조달한 방법, 내 손의 문제, 그리고 특별히 반복적으로 움직여야만 하는 등반을 내가 얼마나 싫어했는지에 대해. 보통 등반이 하나 끝나면 항상 물어보는 말이기도 한 미래의 계획에 대해서는, 나도 이제 정신적으로 성숙해진 터라, 따뜻한 목욕을 즐기는 것이 꿈이라고 대답했다. 나는 11일 동안 씻지 못했다. 그런 질문이 정당해서 사실 그들을 나무랄 수도 없는 노릇이었다. 물론 다른 프로젝트들을 염두에 두고 있었지만, 그때는 그런 것들에 대해 생각할 마음의 준비가 되어 있지 않았다.

이제 인터뷰가 끝나 내려갈 일을 고민해야 할 시간이었다. 친구들이 나의 결정을 기다렸다. 어떤 결정을 내리든 그들은 나를 존중해줄 터였다. 제라르는 내가 자신과 함께 헬기로 내려가야 한다고 강력하게 주장했다. 나를 설득하는 것은 어렵지 않았다. 손이 너무 아파 유혹적인 데다 의지마저 사뭇 약해졌으니까. 물론 그곳에 헬기가 없었다면 나는 당연히 평소처럼 로프하강으로 내려갔을 것이다. 통증이 아주 심하지는 않아, 3~4시간 후면 상황이 달라질지도 모르는 일이었다.

　계곡으로 돌아온 나는 깜짝 놀랐다. 우선, 내가 헬기에서 내리자 100여 명의 사람들이 나를 기다리고 있었다. 밴드와 함께 제일 앞에 서서 나를 맞이해준 사람은 샤모니 시장 미셸 샤를레Michel Charlet였다. 그리하여 나는 화려한 장관과 환경이라는 단단한 땅에 발을 들여놓게 되었다. 그런 장면은 모두 비현실적이었다. 나는 산의 측면에 있는 800미터의 암벽에서 혼자 10일을 보냈다. 그런데 갑자기 환영인파의 한가운데에 있다니! 나는 사람들의 주목을 한몸에 받는 것이 몹시 불편했다. 그럴수록 나는 헬기로 내려온 것이 자랑스럽게 여겨지지 않았다. 그러나 모든 사람이 나를 환영하면서 감정을 있는 그대로 드러냈고, 나를 칭찬하면서 즐거워했다. 사진가들과 저널리스트들조차도 나에게 존경을 나타냈고, 내가 땅으로 돌아왔을 때 던진 질문들에 대해 사과했다.

　미디어는 그 등반을 떠들썩하게 다루었다. 한 저널리스트는 아주 간결하게 표현했다. "다른 사람이라면 진작 포기했을지 모르는 중요한 등반을 해낸 데스티벨이라는 이 여성은 도대체 누구인가?"*

　사실 지난 20년 동안 프랑스에서 그런 등반을 한 사람은 아무도 없었다. 1980년대의 추세는 속도등반과 서로 다른 정상을 동시에 등반하는 연장등반이었다. 따라서 10일이나 벽에 매달려 신루트를 개척한 나의 단독등반은 참신하게 받아들여졌

---

* 　알랭 루Alain Roux, 1991년 7월 6일 자 『도피네 리베레Dauphiné Libéré』

다. 더구나 내가 여성이라는 사실이 저널리스트들을 사뭇 자극했다. 그토록 언론의 주목을 받을지 미처 알지 못한 나는 일을 어설프게 처리했다. 나는 거리에서 사람들이 나를 알아보는 것을 좋아하지 않았으며, 헬기를 타고 내려온 것이 마치 '묘기'를 불러일으킨 스턴트가 된 기분이어서 씁쓸하기도 했다.

물론 대중에게 알려진 것이 알피니스트로서의 내 경력에는 아주 좋았다. 그러나 그런 장점은 다른 사람들이 나를 질투하는 꼬투리가 되었다. 그들은 나를 비난하면서 내 사정은 봐주지 않았다. 그들에 따르면, 오직 명성과 부를 위해 내가 그렇게 했다는 것이었다. 언론의 기사보다도 동료들이 그런 말을 한다는 것이 더욱 황당했다. 그리고 그렇게 생각한다는 것 자체에 화가 났다.

나는 다른 사람을 위해서가 아니라 나 자신을 위해 그런 등반을 했다. 그것은 내 개인적인 도전이었다. 나는 내가 과연 해낼 수 있는지 알고 싶었다. 나는 프로 클라이머여서 사진과 영상을 나에게 유리하게 활용할 필요가 있었다.

나는 산에 대한 사랑을 떠나서는 살 수 없었다. 그럼에도, 나는 내 열정의 특성을 바꿔가며 그것을 통해 먹고 살 수 있으리라고는 상상조차 하지 못했다. 하지만 나는 돈과 산이 양립될 수 없다는 사실도 잘 알고 있었다. 둘을 연결시키는 것은 '무상의 정복'*이라는 가치를 훼손하는 용병의 태도라는 시각이 종종

---

* 세계 산악문학계에서 널리 인용되는 이 말은 1947년 아이거 북벽 제2등의 위업을 달성한 리오넬 테레이가 제2설원 왼쪽의 바위 돌출부에서 녹이 슨 하켄을 발견하고 한 말이다.

있었다. 사람들이 등산을 낭만적으로만 바라보며, 시대에 한참 뒤떨어진 청교도주의적인 태도를 고집하는 방식에 나는 항상 놀랐다.

돈은 최근의 문제가 아니다. 돈은 시대를 통틀어 언제나 필요했다. 다만 우리가 과거에 대해 잘 알지 못할 뿐이다. 알피니스트들은 돈을 조달할 수단이 있는 부류 출신이거나, 아니면 정부로부터 지원을 받을 수 있는 사람들이었다. 내가 등반을 통해 유명인사가 된 최초의 사람은 더더욱 아니다. 보나티, 레뷔파, 드메종, 보닝턴, 메스너, 취나드 — 목록은 이보다도 훨씬 더 길지만 — 등은 나보다도 훨씬 이전에 언론으로부터 찬사를 받았는데, 일부 사람들이, 다른 스포츠에서는 용인을 하면서도, 유독 등반에서는 그런 형태의 프로정신을 반대하는 입장을 고수했다. 로고가 부착된 옷을 입는 것이 특별히 기쁘지는 않았지만, 프로의 길을 가기로 한 이상 나는 그것을 받아들여 내 말을 지키거나, 아니면 그런 방식에 참여하지 않고 내 길을 고수하거나, 둘 중 하나를 선택해야 했다. 나는 적당한 타협을 좋아하지 않는다. 나는 내 열정을 따라 살기로 했고, 그렇게 할 수 있는 방법을 찾았다. 내가 두 발을 땅에 단단히 딛고 살지 않는 한, 적어도 돈에 대해서는, 고도를 위해 이륙할 수 있지 않을까? 경제적인 안정이 바탕이 되어야 자신의 계획도 실현할 수 있는 것이다.

1935년 카를 메링거와 막스 제들마이어가 폭풍설을 만나 악전고투 끝에 동사한 그곳은 '아이언' 또는 '죽음의 비박'이라 불린다. |역쥐

아무튼, 나는 분명한 의식을 가지고 그 경험을 벗어나지는 못했다. 그들은 나를 보고 위대한 산악인이라고 말했지만, 나는 나 자신을 여전히 훌륭한 암벽등반가라고 생각했다. 나에 대해 말하자면, 위대한 산악인이 되기 위해서는 혼합지형에서의 기술을 발전시켜야 했는데, 그런 곳들은 얼음을 잘 알 필요가 있는 곳들이었다. 나는 눈과 얼음을 두려워해서 조심스럽게 피하기만 했을 뿐 그런 곳을 잘 알지 못했고, 그에 필요한 기술을 습득하지도 못했다. 진정한 산악인이 되고 내 직업에 충실하기 위해서 나는 빙벽에서의 등반기술을 배울 필요가 있었다.

SOLO UP THE EIGER IN WINTER
아이거 북벽 동계 단독등반

발이 더 이상 떨어지지 않으면 머리를 이용할 수밖에 없다.
맞는 말이다. 일반적인 방법이 아닐지는 모르지만,
머리로 걷는 것이 발로 생각하는 것보다는 훨씬 더 낫지 않을까?

르네 도말R. Daumal 『유추의 산Le Mont Analogue』

내가 내심 목표로 삼은 것은 헤크마이어와 그의 동료들이 선택한 루트를 따라 아이거 북벽을 등반해, 내 오래된 꿈을 실현하는 것이었다. 그 북벽은 나를 사로잡았다. 여덟인가 열 살이었을 때 나는 그 북벽에 대해 처음 이야기를 들었다. 어느 여름 날 우리가 스위스 알프스에서 휴가를 보내고 있을 때 지역 신문이 그곳에서 일어난 사고 소식을 실은 것이다. 내가 너무 어려서 신문을 읽을 수는 없었지만, 우리가 식사를 하는 동안 아버지가 그 소식을 친구에게 전했다. 아버지는 그 무서운 산이 아마도 가장 치명적일 것이라는 말을 포함한 몇몇 논평들을 인용했다. 나는 거대하고 거무칙칙한 삼각형 모양을 한 그 산의 사진을 신문에서 보았다. 아버지는 아이거가 사람을 잡아먹는 귀신, 즉 살인자라는 의미라고 말했다. 나는 그런 말들에 깊은 인상을 받았다.

얼마 후, 나는 1960년대까지 그 벽을 시도한 클라이머 중 반이 죽었다는 사실을 알게 되었다. 그런데 1972년, 내가 등반을 시작한 바로 그해에 나는 산악 관련 서적을 뒤적이다 아이거 북벽의 초등에 대한 이야기를 보여주는 사진 몇 장을 우연히 보게되었다. 흑백사진 한 장이 특히 나의 관심을 끌었다. 그것은 로프 끝에 매달린 채 허리가 꺾인 사진으로, 그의 시신에는 소름이 끼치는 고드름이 매달려 있었다. 그 비극적 사고는 두 번째 시도였던 1936년에 일어난 것이었다.

최초의 시도는 두 명의 독일 클라이머들인 카를 메링거Karl Mehringer와 막스 제들마이어Max Sedlmayer에 의해 그 전해에 이루어졌다. 그들은 5일 동안 벽의 반을 올라갔다. 마지막 날, 그들이 '아이언'이라 불리는 곳으로 전진하는 모습이 망원경으로 목격되었지만, 그들은 곧 구름에 휩싸여 시야에서 사라졌다. 그리고 그들이 살아 움직이는 모습은 두 번 다시 목격되지 않았다. 그로부터 2주 후 그 벽의 근처를 날던 비행기의 조종사가 그들이 분명 밤을 보냈을 것으로 보이는 좁은 바위 턱 위에 뻣뻣하게 서 있는 그들 중 하나를 목격했다. 그리고 다시 20년이 지난 후, 바로 그곳의 얼음에 묻혀 있는 두 번째 클라이머의 시신이 발견됐다. 그리하여 그곳은 '죽음의 비박'으로 알려지게 되었다.

1936년 7월에 있었던 두 번째 시도는 네 명의 클라이머들, 즉 쿠르츠Kurz와 힌터슈토이서Hinterstoisser라는 두 명의 바바리아인과 라이너Rainer와 앙게러Angerer라는 두 명의 오스트리아인에 의해 이루어졌다. 하단부에서 그들은 이전의 클라이머들과 같은 등반선을 따라가는 대신 더 쉬운 지형인 오른쪽으로 넘어가, 왼쪽 아래로 횡단한 다음 전임자들의 루트로 합류했다.

그들 중 암벽등반에 가장 뛰어났던 힌터슈토이서는 나중에 자신의 이름이 붙은 '힌터슈토이서 트래버스'를 앞장서서 이끌었다. 그곳을 건넌 그는 로프를 그곳에 고정시켜 동료들이 뒤따라올 수 있도록 했다. 그리고 그들은 로프를 당겨 등반을 이어 갔다. 밤이 다가오자 그들은 오버행 밑에 피난처를 만들었다. 그러나 관찰자들은 그들 중 하나가 제2설원에서 오랫동안 오도 가도 못 해 동료들이 그를 도와주러 나타나는 모습을 목격했다. 그가 낙석에 맞기라도 한 것이었을까? 다음 날 아침 그들 모두가 함께 출발하는 모습이 목격되면서 그런 우려는 빠르게 사라졌다.

9시경이 되자 짙은 안개가 그 벽의 3분의 2 위쪽을 휘감아, 관찰자들은 그날 그들의 모습을 두 번 다시 볼 수 없었다. 다음 날 아침 관찰자들은 예상보다 훨씬 아래쪽에서 그들을 발견했는데, 그들은 제2설원이 끝나는 곳에서 매우 느리게 전진하고 있었다. 그 전해에 독일인들이 도달한 죽음의 비박에도 이르지 못한 것이다. 그때 한 남자가 다른 세 명의 도움을 받으며 내려오는 모습이 보였다. 그들은 제2설원을 천천히 내려와 로프를 이용해 바위지대를 건넌 다음 오버행 밑의 비박 사이트에 이르렀다. 그리고 그들은 그곳에서 세 번째 밤을 보냈다. 날씨가 빠르게 나빠지기 시작했다. 그럼에도, 비록 지쳐 보이기는 했지만 힌터슈토이서가 트래버스로 향하는 모습이 목격됐다. 고정로프가 없었기 때문에 그는 그것을 다시 건널 수 없었다. 유일한 선택은 그들 밑에 있는 오버행을 로프를 타고 내려오는 것이었다.

그날 낮, 한 철도원이 그 산의 그쪽으로 뚫린 철길에 난 창문 밖에서 소리를 질러 그들과 간신히 접촉했다. 나머지 이야기는 그에 의해 전해졌다. 그 지점에서, 그들은 그보다 몇 피치 위에 있었는데, 모두 건강했다. 그들이 곧 도착할 것이라고 생각한 그 철도원은 그들이 위치를 찾을 수 있도록 작은 플랫폼의 눈을 치운 다음, 날씨를 피해 터널 안으로 들어가 차를 끓였다. 그러나 시간이 지났는데도 그들이 나타나지 않자 그는 무슨 일이 있는지 알아보려고 다시 밖으로 나왔다. 그때 그는 비명을 들었고 유선전화기로 달려가 사태를 알리고 도움을 청했다. 그러자 3명의 가이드가 구조를 하러 달려왔다. 그들이 갱도의 창문 밖으로 나가 벽을 횡단하자 토니 쿠르츠가 보였는데, 그는 80미터쯤 떨어진 곳에서 로프 끝에 매달려 있었다. 그는 살려달라고 애원했다. 그의 동료들은 모두 사망한 상태였다.

힌터슈토이서는 그날 오후 언제쯤인가 벽 아래로 추락했는데, 아마도 그의 추락이 앙게러의 목을 조이는 결과를 초래한 것 같았다. 부상을 당한 라이너는 동사했다. 죽은 두 동료들은 여전히 쿠르츠와 로프로 묶여 있었고, 쿠르츠에게는 낙석이 떨어지고 물이 폭포처럼 흘러내렸지만, 날이 어두워지고 있어 가이드들은 아무것도 할 수 없었다. 다음 날 아침까지도 생명이 붙어 있던 쿠르츠는 도와달라고 애원했다. 가이드들은 최선의 노력을 다했지만 그에게 다가갈 수 없었다. 그는 그들 머리로부터 37미터 위의 오버행에 매달려 있었다.

"걱정 마, 우리가 널 도와줄게." 그들이 그에게 소리쳤다. "네가 로프를 타고 내려올 수 있도록 로프와 피톤을 올려 보내줄 테니 줄을 좀 내려줄 수 있어?"

불쌍한 쿠르츠는 동료들의 시신이 있는 곳으로 죽을힘을 다해 올라가 로프를 좀 잘라냈지만 그것으로는 턱없이 부족했다. 더 많은 로프를 얻을 수 있는 유일한 방법은 삼베 로프의 가닥을 푸는 것이었다. 그는 얼어붙은 왼팔을 쓸 수 없었지만, 이빨과 그나마 상태가 괜찮은 손으로 40미터를 만들어 가이드들에게 내려 보냈다. 그때 그들은 자신들이 쿠르츠에게 올려 보낸 로프가 그가 타고 내려오는 데 충분치 않다는 사실을 깨닫고, 다른 로프를 쿠르츠가 끌어당기는 로프에 재빨리 연결했다. 마침내 확보지점이 설치돼 쿠르츠가 아주 천천히 내려왔다. 그는 균형을 유지하기 위해 쓸모없는 팔로 로프를 감고, 다른 팔로는 하강 속도를 조절했다. 그는 로프를 서로 묶은 곳까지 내려왔다. 그러나 카라비너가 매듭을 통과하지 못해 그곳에서 멈추었다. 힘이 모두 빠진 그는 매듭을 통과하려고 무진 애를 썼지만, 헛수고에 불과했다.

그가 손에 닿지 않는 곳에 있어서 가이드들은 그를 구해줄 수 없었다. 그들은 쿠르츠가 내려올 수 있도록 연결이 가능한 모든 것을 올려 보냈는데, 그것은 어느 정도 효과가 있었다. 그들은 그의 발에 거의 닿을 것 같았지만 붙잡을 수는 없었다. 그들은 격려의 소리를 외쳤다. "자, 거의 다 왔어. 우리가 붙잡을게. 한 번만 더 해봐."

쿠르츠는 카라비너가 매듭을 통과할 수 있도록 다시 한번 사투를 벌였다. 그의 얼굴은 빨갛게 부어올랐고, 무표정했다. 가이드들은 그가 이제 죽어가고 있다는 사실을 깨달았다. 그들 중 하나가 로프를 자르라고, 그래도 멀리 떨어지지 않는다고 소리쳤다. 하지만 그는 운이 다했고 더 이상 움직일 수 없었다.

"더 이상은 할 수 없어. 더 이상은 안 돼." 그는 신음소리를 내며 뒤로 쓰러졌다. 잠시 후 그의 모습은 꼭 부서진 꼭두각시 같았다.

쿠르츠의 사진을 보면서 나는 그 비극의 상세한 내용을 알고 싶지는 않았다. 따라서 나는 스토리를 읽지 않았다. 사진의 이미지만으로도 나는 깊은 인상을 받았다. 내가 10대였을 때는 등반에 대한 이야기라도 많은 관심을 갖지 않았다. 그런 책들은 지나치게 비극적이어서, 산에 대한 나의 이미지와 맞지 않았다. 내가 보고 싶어 했던 것은 사진과 그에 대한 설명이었다.

그 책에는, 지쳤지만 기뻐하는 네 알피니스트들의 사진 한 장도 실려 있었다. 설명은 이렇게 되어 있었다. "1938년 7월 24일 아이거 북벽 초등을 끝내고 돌아온 알피니스트들. (왼쪽에서 오른쪽으로) 오스트리아인 하인리히 하러Heinrich Harrer, 프리츠 카스파레크Fritz Kasparek와 독일인 안데를 헤크마이어Anderl Heckmair, 루드비히 휘르크Ludwig Vörg"

그다음 페이지는 그들 넷이 정장을 입고 히틀러 옆에 서 있는 사진이었다. 설명은 이렇게 되어 있었다. " 그 대단한 등반은 신문의 헤드라인을 장식했으며 나치정권의 선전용으로 재빨리 채택됐다." 나는 그 사진을 보고 마음이 크게 흔들렸다.

처음에, 독일인들과 오스트리아인들은 서로 다른 등반 팀이었다. 헤크마이어와 휘르크가 등반을 시작했을 때 오스트리아의 두 프로 클라이머들인 하러와 카스파레크는 이미 그곳에 붙어 있었다. 하러는 정상에 꽂을 나치 깃발을 몰래 숨겨 가지고 있었다. 그는 정상에 그 깃발을 꽂아 낭가파르바트 원정대에 선발되기를 내심 바라고 있었다. 헤크마이어와 휘르크는 그런 정치적 운동에는 큰 관심이 없었다. 다만 그들은 제2설원에서 오스트리아인들을 따라잡을 경우 필연적으로 벌어질 경쟁에 어떻게 반응해야 할지를 놓고 고심했다. 헤크마이어는 오스트리아인들의 짐이 되는 것을 거절했지만, 휘르크는 관대하게도 자신의 파트너를 설득해 함께 등반하자고 제안했다.

그들은 죽음의 비박에서 조금 더 올라간 바위 돌출부 아래에서 비박했다. 왼쪽으로 사선을 이룬 쿨르와르는 그들이 처음으로 등반하는 어려운 곳 중 하나였다. 그곳을 빠져나온 그들은 길게 수평을 이룬 '신들의 트래버스'를 통해 '거미'에 도달했다. 그곳은 매우 좁은 일음 사면으로 낙석과 눈사태가 빈번하게 일어나는 곳이었다. 그런데 그들이 갑작스러운 악천후에 발목을 붙잡힌 곳이 바로 그곳이었다. 그곳을 간신히 빠져나온 그들은 그곳을 벗어날 수 있는 크랙들이 있는 곳 밑에서 마지막 비박에 들어갔다. 다음 날 아침, 그들은 마지막으로 남은 피치들을 빨리 등반하는 것이 나을 것 같아, 장비를 모두 그곳에 남겨두고 출발했다. 폭풍설과 헤크마이어의 추락, 그리고 그의 크램폰이 훼르크의 손에 상처를 냈음에도 불구하고 그들은 7월 24일 오후 3시 정상에 도착했다. 그리하여 그들은 어둡기 전에 가까스로 내려올 수 있었다. 그들은 작은 샤이덱Scheidegg역에서 자신들을 제3제국의 '영웅'이라고 외치는 군중들의 환영을 받았다. 그들은 오스트리아와 독일 간의 협동과 의지의 승리를 보여준 완벽한 사례로 포장됐다. 통치의 수단으로 끌려들어간 그들을 내가 판단하는 것은 쉽지 않다. 그들은 거절할 수도 있었지 않을까? 이론적으로, 나에게 그들은 그 이름이 아이거 북벽의 역사와 관련된 그다음 세대들과 마찬가지로 모든 진정한 산악인들보다는 위에 있었다.

1938년 이래, 20개도 넘는 신루트가 아이거 북벽에 개척됐는데, 그만큼의 사고도 있었다. 북벽에 대한 매력은 의심할 여지없이 많은 비극적 이야기와 관련이 되어 있고, 모든 알피니스트들은 이 신화와 맞서는 꿈을 꾼다. 사실 그 벽은 매력과 혐오를 동시에 일으킨다. 그것은 사람을 두렵게 한다.*

---

* 아이거에 대한 추가 자료는 다음 책들에서 찾아볼 수 있다. 다니엘 앵커Daniel Anker, 『아이거, 현기증을 일으키는 극장Eiger, théâtre du vertige』 (오베케Hoebeke, 2000), 크리스 보닝턴

나도 확실히 그 북벽이 두려웠다. 하지만 내가 아이거 북벽에 끌리자 두려움 없이 그것을 생각할 수 있는 수준이 되었다. 내가 성공하려면 우선 눈과 얼음에 익숙해지고 나서 빙벽등반 기술을 완벽하게 익힐 필요가 있었다. 진정한 내 꿈은 그 북벽을 단독으로, 겨울에, 미리 루트를 정하지 않고 오르는 것이었다. 시즌의 선택은 추울수록 덜 위험하다는 사실에 전적으로 달려 있었다. 동계 단독등반이 최초는 아니었지만, 도전해보고 싶다는 용기를 가지게 된 것이 바로 그 이유 때문이었다. 나보다 먼저 다른 사람들이 성공했다면 나 역시 성공할 수 있지 않을까? 철저히 준비하기만 한다면…. 그렇게 생각하는 것이 아마 가식적일지는 몰라도, 그것은 내가 항상 대응해온 방식이었다. 과거 그 벽을 성공적으로 오른 사람들이 루트에 이미 익숙했다는 사실을 알지 못한 채 나는 그런 생각의 과정을 거쳤다. 만약 그런 사실을 알았더라면 나는 아마도 스스로에 대한 확신을 덜 가졌을지도 모른다.

나는 특히 적절한 수준의 기술적 경쟁력을 갖출 수 있을 것으로 기대했기 때문에 목표의 달성이 가능해 보였다. 대다수 알피니스트들은 바위에서보다는 얼음 위에서의 동작이 덜 복잡하기 때문에 훌륭한 암벽등반가라면 빙벽등반 기술을 완벽하게 익히는 데는 큰 어려움이 없다고들 한다. 게다가 나는 문제를

『200년의 등산역사Deux Siècles d'Histoire de l'Alpinisme』(델라쇼와 나이스틀레Delachaux and Niestlé, 1992), 프랜시스 킨리사이드Francis Keenlyside, 『알피니즘 세계를 수놓은 선구자들의 사진집Pics et pionniers, historie mondiale de l'Alpinisme』(알뱅 미셸, 1976)

예상하고, 문제가 나타나면 그런 것들을 해결하는 내 능력에 대한 믿음이 있었다. 그리하여 1992년 겨울은 아이거 북벽 등반을 준비하며 보냈는데, 드류를 놓고 그랬던 것처럼, 나는 얼음에 관한 한 최고의 고수인 제프 로우를 만나러 갔다.

나는 콜로라도의 볼더 위쪽에 있는 10미터 높이의 작은 빙벽에 첫발을 디뎠다. 얼음이 부실해 나는 주눅이 들었다. 바위 밑에 있으면, 출발하기 전이라도 눈으로 홀드들을 찾아낼 수 있다. 하지만 얼음은 시선을 잡아끌 만한 아주 작고 불규칙적인 것들조차 없다. 나는 얼음이 불안정하다는 것을 알고 있었다. 클라이머는 올라갈 곳에 크램폰을 딛고 아이스액스를 찍는 식으로 자신의 스탠스와 홀드를 '만들어내야만' 한다. 나를 놀라게 만든 다른 것들로는 사실은 얼음이 일관되게 그 강도를 측정할 수 없어 장비에 의존해야만 한다는 것이었다. 다시 말하면, 얼음에 대한 내 첫 도전은 그렇게 우아하지 못했다. 그럼에도 나는 빙벽등반을 좋아했다. 나에게는 그것이 재미있는 새로운 게임이었다. 나는 20년 전 암벽등반을 처음 접했을 때로 돌아갈 수 있었다. 나는 진전을 이루고 싶었다. 그것은 흥미진진했다.

우리는 그곳에서 며칠을 보냈는데, 그때 제프가 밴프Banff와 레이크 루이스Lake Louise 근처에 있는 캐나다 로키의 빙벽에 가보자고 제안했다. 그곳에 가보는 것은 내 꿈 중 하나였다. 이제 나는 1980년대 빙벽등반가들의 메카가 어떤 곳인지 알게 될 터였다. 모피를 얻기 위해 덫을 놓는 사냥꾼들과 금광 채굴자들의 유명한 이야기들이 있는 풍경 속에서 우리는 거대한 빙벽을 몇 개 올랐다. 위핑 월Whipping Wall, 보지옷 레프트Baugeot Left…. 나는 그런 등반을 할 수 있어서 기뻤지만 안타깝게도 선등을 할 능력은 되지 못했다. 만약 내가 선등을 했다면, 너무나 느려서 아마 제프는 인내심을 잃었을지도 모른다. 하지만 추락에 대한 두려움이 없는 후등자로서 나는 거의 모든 곳을 따라갈 수 있었다. 처음에, 나는 뒤따라가는 것을 즐겼지만, 곧 교대로 선등할 능력이 안 된다는 사실에 좌절했다. 나는 항상 선등으로 오르기를 좋아한다. 그렇게 하면 스릴도 훨씬 더 있고 집중력도 높일 수 있기 때문이다. 선등을 하면 돌파할 방법을 스스로 찾아야 할 뿐만 아니라, 홀드와 확보물이 안전한지 확인해야 하고, 자신을 보호하기 위해 각 구간의 어려움을 예상해야 하며, 갑자기 두려움에 떨지 않도록 힘을 안배해야 하고, 절대 추락해서는 안 되는 곳에서 힘이 떨어졌을 때 공포로 몸이 얼어붙는 것을 피해야만 한다. 또한 확보에 사용할 장비들(아이스스크루, 피톤, 슬링 등)을 잘 선택해야 하고, 그것을 어디에 설치해야 할지 정확히 판단해야 한다. 이런 것들이야말로 내가 열광하는 등반의 전술적 게임이다.

나에게 등반은 혼자 선등을 서거나, 아니면 파트너와 교대로 선등을 서는 것을 의미한다. 그렇지 않으면 즐거움이 줄어든다. 후등일 때는 많은 일을 담당하고 있다거나 등반에 진지하게 개입하고 있다는 느낌이 들지 않는다. 내가 캐나다의 그 웅장한 병벽들을 실제로 등반했다고 말할 수는 없다. 내가 그곳에 있었을 때 나는 내 역할을 제대로 하지 못했다. 빙벽등반이 몸에 더

배기 전에 나는 쉽고, 따라서 경사가 덜 가파른 곳에서 선등을 연습할 필요가 있었다. 배우는 사람의 입장으로서 나는 제프를 미약한 수준으로 끌어들이고 싶은 마음이 없었다. 나는 샤모니로 돌아갈 때까지 연습을 하고 싶었다.

나와 함께 빙벽에 갈 사람을 찾는 것은 큰 문제가 되지 않았다. 얼음 위에서는 자신 있다고 말하는 사람들과 등반해보니, 제프가 얼마나 대단한 빙벽등반가인지 새삼 알 수 있었다. 나는 그 말고는 모범을 보여줄 수 있는 사람이 아무도 없다는 사실을 전에는 미처 깨닫지 못했었다. 그는 너무나도 자연스럽고 쉽게 등반했다. 어떤 조건이나 어려움, 얼음의 불규칙성이나 경사도에서도 그는 주저하거나 곤경에 빠지는 모습을 단 한 번도 보여주지 않았다. 그가 10미터마다 확보물을 설치하는 것을 보고 내가 그곳에 있었다면 어땠을까, 하는 생각에 나는 머리칼이 곤두섰지만, 그는 매우 느긋해 보였다. 이제 프랑스로 돌아가면 훌륭한 선생님을 가졌다는 사실에 감사해야 하지 않을까?

내가 그와 비슷한 수준에 도달하려면 시간이 많이 걸릴 터였다. 하지만 내가 목표하는 바는 그것이 아니었다. 아이거에서 가장 중요한 것은 80도 경사의 사면을 편안한 마음으로 오르는 것인데, 제프의 가르침 덕분에 나는 그 수준에 빠르게 도달할 수 있었다. 분명 나는 빙벽을 가로지르는 등반을 하려는 것은 아니었지만, 내 기술에 확신을 가졌다. 새로운 기술로 무장한 나는 산에 더 자주 갔고, 훈련을 강화하기 위해 작은 얼음 필라나 혼합지형에서 등반했다. 나는 동계의 조건에서 가능한 한

많은 경험을 쌓기 위해 모든 종류의 지형을 숙달할 필요가 있었다. 그러나 나는 열정을 계속 유지하고 싶어 무리하지는 않았다. 만약 내가 매일같이 억지로 산에 간다면 아이거에 대한 열정이 시들해질지도 모르고, 더구나 스스로 준비하는 데서 얻는 즐거움을 망쳐버릴지도 모르는 일이었다. 그 등반에 대해서만큼은 때가 되면 전속력으로 달려갈 준비를 하면서 추진력을 천천히 모으는 것이 중요했다.

2월 말이 되자 나는 기술적으로도 정신적으로도 준비가 되었다는 느낌이 들었다. 이제 남은 것은 날씨가 잠깐 좋아지는 틈을 기다리는 것뿐이었다. 3월 10일 오전 8시, 나는 제프를 동료 삼아 그린델발트로 향했다. 나는 1년 동안 아이거 북벽만 생각했기 때문에 그 모습이 몹시 궁금했다. 어떻게 보일까?

아이거가 마침내 보인 것은 클라이네 샤이덱Kleine Scheidegg에서 등산열차에 올라탔을 때였다. 나는 가슴이 철렁했다. 사진들을 아주 세밀히 연구한 터라, 나는 그 북벽이 친근하게 느껴질 것으로 기대했지만, 내 앞의 그 북벽은 너무나 거무칙칙하고 위압적이었다. 첫인상은 몇 분 동안 지속되더니 점차적으로 희미해져갔다.

이제 보다 분석적으로 그 북벽을 다시 쳐다보니, 내가 올라가려는 루트를 어렴풋이 알아볼 수 있었다. 1938년의 헤크마이어 루트는 나에게 가장 비인간적으로 보였다.

그 전해와 마찬가지로, 우리는 그 벽의 아래에 있는 클라이네 샤이덱 호텔에 투숙했다. 빅토리아 스타일의 그 호텔은 삐걱거리는 마루, 연녹색과 분홍색의 구식 패턴으로 장식된 벽으로 우아한 베이스캠프 분위기를 연출했다. 그와는 대조적으로 주인인 프라우 폰 알멘Frau von Allmen이 우리를 맞이하는 태도는 노골적일 정도로 싸늘했다. 키가 크고 권위주의적인 그 60대 여성은 우리를 보는 순간부터 못마땅한 기색을 내보였다. 그녀가 우리의 정체를 알아챈 것일까?

아무튼 그녀는 이렇게 목청을 높였다. "그걸 가지고 어딜 갈 셈이지?" 그녀는 아이스액스가 삐죽이 튀어나온 채 바닥에 놓여 있는 배낭을 가리켰다.

"등반하러요." 우리는 주눅이 들어 대답했다.

"어리석은 사람들 같으니라고. 난 산악인들을 좋아하지 않아요. 당신들은 쓸데없이 목숨을 걸잖아?"

나는 내 귀를 의심하지 않을 수 없었다. 그것은 그녀가 상관할 바가 아니었다. 그런 말을 들어본 것은 처음이었다. 아무튼 그녀는 자신의 시설물에서 우리가 어떻게 행동해야 하는지 일장연설을 한 후에 우리를 받아주었다.

우리는 마치 별세계에 온 듯한 그 장소에서 즐거운 일주일을 보냈다. 날씨는 좋지 않았는데, 더 중요하게는 예보가 나빴다. 악천후를 무릅쓰고 그 벽으로 출발할 수는 없었다.

일주일이 천천히 지나갔다. 나는 참을 수 없을 정도로 벽에 붙고 싶었다. 기다리는 동안, 나는 처음 4일을 등반장비를 손질하고 망원경으로 그 벽을 관찰하면서 보냈다. 그러는 사이에 나는 내 루트를 손바닥처럼 파악하게 되었다. 나는 신루트를 개척한 제프 로우의 사례를 따르기로 했다. 그렇게 하면 나는 언제든 내 위치를 알 수 있고, 아이거와 나의 사진도 찍을 수 있을 것 같았다.

드류에서는, 친구 몇 명에게 마지막 순간의 사진과 영상을 찍어달라고 부탁했었다. 이번에는 월풀Whirlpool이 후원해서 촬영 비용은 큰 문제가 되지 않았다. 그 브랜드는 '행동하는 여성'을 적극적으로 지원했다. 4일째 되는 날 친구들이 도착했다. 그들은 사진가인 르네 로베르René Robert와 감독인 스테판 드플뤼Stephane Deplus와 카메라맨이었다. 그들은 모두 성격이 활달했다.

이제는 우리가 다섯이 되었으므로, 프라우 폰 알멘으로부터 나오는 불친절과 당당히 맞설 수 있다는 느낌이 들었다. 그녀는 정말 나를 마치 야단맞는 것을 두려워하는 어린아이처럼 취급했다. 그린델발트의 완만한 사면에서 스키를 타려고 오랫동안 매년 찾아왔다는 단골손님들에게만 그녀는 친절한 것 같았다.

3월 8일 아침, 다음 며칠 동안 날씨가 꽤 좋을 것이라는 예보가 나왔다. 북쪽에서 훈풍이 불어오면서 하늘이 개기 시작했다. 나는 힌터슈토이서 트래버스까지 지형을 익히기로 했는데, 만약 그 벽을 하루 만에 등반하려 한다면 나는 밤에 출발해야할 터였다. 그 첫 번째 부분은 분명한 등반선도 보이지 않고 어렵지도 않아 길을 잃기가 아주 쉽다.

게다가 테레이Terray와 라슈날Lachenal이 1952년 그 루트를 재등한 이래, 사람들은 그 트래버스를 고정로프의 도움으로 넘어갔다. 내가 잡아당겼을 때 끊어지면 안 되기 때문에 나는 고정로프의 상태를 확인해보고 싶었다. 테레이와 라슈날은 자신들이 후퇴할 경우를 대비해 고정로프를 설치했었다. 그들은 1936년 그곳을 넘어선 젊은 독일인들과 똑같은 실수를 저지르고 싶어 하지 않았다.

그 벽에 대한 나의 첫 번째 활동을 위해 제프가 동행했다. 따라서 우리는 서로 이런저런 이야기를 나누며 첫 300미터를 나란히 올라갔다. 나는 정찰에 매우 만족했다. 가까이서 보니 그 벽은 상상했던 것보다는 덜 위협적이었다. 이전의 등반에서 그랬던 것처럼 나는 그런 느낌에 익숙해져 있었다. 하지만 위협적일 것이라고 기대했었기 때문에 그것은 기분 좋은 안도감으로 다가왔다.

올라가는 도중 잡담을 나누면서도, 나는 오른쪽 약간 사선 방향에 있는 '힘든 크랙'으로 진입하는 지형을 관찰하고 중요한 구조물을 눈에 익혔다. 내가 특별히 관심을 가진 것 중 하나가 눈의 표면 상태였다. 나는 낙석이 없었는지 확인하고 싶었다. 여기저기 널린 약간의 퇴적물 조각들만 빼면 크게 걱정할 만한 것은 보이지 않았다.

힘든 크랙 아래에서 우리는 서로 로프를 묶었다. 가능하다면 나는 항상 안전한 쪽에 서고 싶다. 그 구간은 떨어지는 물의 힘으로 생긴 작은 홀드들이 있는 반반한 석회암 바위지대를 올라가는 곳으로, 30미터 위에 유명한 트래버스가 있다. 그곳까지 올라가 새로운 로프를 설치하자는 나의 계획은 좋은 것으로 드러났다. 그곳은 낡은 로프들이 얼기설기 엉켜 있었다. 단독등반을 해야 하는 나는 그 로프들의 강도에 목숨을 거는 도박을 하고 싶지 않았다. 그리고 그 구간을 자기확보를 하면서 건넌다면 시간이 많이 걸릴 터였다.

출발하기 전날 나는 장비를 점검하고 배낭이 너무 무겁지 않도록 무게를 조정했다. 하루 만에 그 벽을 등반할 수 있을까? 그러기에는 몇 가지가 걸렸다. 우선, 루트를 잘 찾아야 하고, 일부 구간을 건너는 방법을 강구해야만 할 것이다. 물론, 일부 구간을 몹시 까다롭게 만들지 모르는 표면의 상태에 따라서 속도를 늦추고 안전조치를 높여야 한다. 겨울밤을 산에서 보내야 할지도 모르는 상황에서 나에게 아무것도 없다는 생각이 마음에 들지 않아, 나는 최소한의 비박장비를 가지고 가기로 했다. 작은 다운재킷, 예비 양말 한 켤레, 다운 슬리퍼와 머플러, 소형 스토브, 인스턴트 수프 2개, 봉지 차 2개, 각설탕 몇 개, 알루미늄 스푼과 라이터. 이밖에도 나는 칼, 예비 장갑, 알루미늄 배터리가 들어간 헤드램프, 에너지 바와 뜨거운 에너지 음료가 담긴 1.5리터짜리 보온병을 배낭에 집어넣었다.

등반장비에 대해서는 필요할 경우, 또는 문제가 발생할 경우 내려올 수 있을 만큼 확보장비를 충분히 챙겼다. 50미터 로프 2동, 아이스스크루 3개, 다양한 모양의 피톤 6개, 프렌드 4개, 너트 6개, 카라비너, 주마, 크램폰, 슬링 몇 개, 헬멧 1개, 아이스액스용 피크 3개(그중 2개는 해머 헤드가 달린 것). 아이스액스는 3개를 준비했다. 왜냐하면 하나가 부러져 벽의 한가운데에서 꼼짝달싹하지 못했다는 어느 클라이머에 대한 이야기를 들었기 때문이다.

이제 준비가 다됐다는 느낌을 받은 나는 내 공격지점에서 20분 정도 떨어진 역에서 밤을 보내고자 그곳으로 올라갔다. 제프가 나와 동행했다. 물론 나는 내가 하려는 등반에서 성공할 수 있다는 내 능력을 믿어 의심치 않았지만, 그가 함께 있어 기뻤다. 그럼에도 나는 긴장했는데 그의 존재는 나를 안심시켰다. 우리는 등산열차 직원들이 쓰는 숙소에서 잠을 잤다. 그곳은 아늑한 프라우 폰 알멘 호텔과는 상당한 차이가 있었지만, 그래도 멋지고 따뜻했으며, 스위스에서는 거의 들어본 적도 없었는데, 그들은 우리에게 비용을 요구하지도 않았다. 솔직히 그날 밤 나는 잠을 제대로 자지 못했다. 내가 그처럼 흥분과 긴장을 동시에 느낀 것은 처음이었다. 나는 미지의 세계에 대해 두려움을 조금 느꼈다. 차분하고 긍정적인 마음을 얻기 위해, 그리고 동시에 불안을 없애기 위해 나는 혼자 올라가는 내 모습을 상상했다. 그러자 효과가 좀 있어, 얼마간 마음이 편안했지만, 다시 '램프'와 '거미'와 '엑시트 크랙'을 상상하는 마음이 떠돌았다. 임박한 모험에 나는 다시 한번 두려움을 느꼈다. 나는 꼭 시험을 앞둔 학생과 같은 심정이었다.

새벽 4시, 우리는 아침식사를 가볍게 하고 철도역을 떠났다. 출발지점까지는 20분 거리였는데, 제프가 앞장섰다. 나는 그를 뒤따라가면서 화가 나서 혼자 중얼거렸다. 날씨가 아주 춥지 않은 데다 눈이 내리려 하고 있었기 때문이다. 헤드램프 불빛에 눈송이들이 춤을 추는 모습이 보였다.

나는 공세적인 입장을 취하며 제프에게 어떻게 생각하느냐고 물었다.

"아주 나빠 보이진 않는데, 아직은…."

어떻게 할지 결정을 내리는 것은 나에게 달려 있었다. 날씨가 정말 나빠지려는 것일까? 분명 그럴 것 같지는 않았다. 하지만 나는 여전히 맑은 하늘을 더 좋아하고 있었다. 마음이 몇 번 오락가락했지만 죽음의 비박까지는 가보기로 했다. 일단 그곳에서 날씨의 변화를 살펴보고, 상황이 악화되면 내려오면 될 것 같았다. 예방 차원에서, 제프와 연락을 취하기 위해 나는 무전기를 가지고 갔다. 그러면 그가 날씨에 대해 좀 더 정확한 정보를 나에게 제공해줄 수 있을 터였다.

우리가 헤어지는 순간 제프는 이렇게 말했다. "가! 난 널 믿어. 넌 성공할 거야."

그의 말을 들으니 정말 기뻤다. 이제는 의구심이나 두려움이 아니라 자신감이 들었다. 우리는 가볍게 키스를 하고 확신에 찬 마음으로 헤어졌다.

어둠 속에서 바위지대를 오르는 데는 큰 문제가 없었다. 곧 나는 트래버스에 도착했고, 큰 문제 없이 그곳을 건넜다. 그리고 제1설원과 천천히 싸움을 벌였지만 결코 서두르지는 않았다. 날씨는 별로 나아지는 것 같지 않았다.

내가 망원경으로 벽을 관찰하고 있을 때 제프는 두 번째 바위 돌출부에 대해 나에게 몇 마디 충고를 했다.

"저길 자세히 봐. 보이지? 오른쪽에 얼음이 길게 늘어져 있잖아. 그곳으로 가. 그럼 바위를 피하게 돼 시간을 절약할 수 있을 거야."

논리적으로 보면 그의 말이 맞다. 크램폰을 찬 상태에서는 바위보다 얼음이 훨씬 덜 까다롭기는 하지만, 나는 매우 가파른 얼음이 불편해서 혼자 올라가고 싶은 생각이 들지 않았다. 나는 바위가 더 편해 약간 오버행진 곳에서 몇 번의 스윙을 통해 돌아가는 쪽을 선택했다. 그렇게 하자 바위 돌출부를 넘어서는 것이 쉬웠다. 물론 상당한 운동신경을 요구했지만 홀드가 양호하고 강했다.

나는 곧 제2설원에 도착했다. 본래 눈 위를 걷는 것을 그다지 좋아하지 않았는데, 그 구간을 올라가는 것은 시간이 엄청 걸렸다. 그곳은 피곤하기도 하고 지루하기도 했다. 약간 아찔한 구간을 오르는 동안 내 몸과 마음은 노력 따위는 아랑곳하지 않고 등반이라는 게임에 사로잡혔다. 그리하여 나는 오랫동안 힘든 작업도 마다하지 않았다.

제2설원을 오르면서 나는 한 발 앞에 다른 발을 깊이 찔러 박고 힘을 아끼면서, 잠시 생각할 시간을 가졌다. 무엇보다도 나는 그 설원지대에 진저리가 났다. 끝도 없나? 나는 기술적인 난관에 맞서 싸우고 싶었다. 나는 목이 너무나 말라 이제 등반을 잠시 멈추고 무엇인가를 마셔야 했지만, 그 설원의 한가운데서 그러고 싶은 마음은 들지 않았다. 따라서 죽음의 비박에 가서 수분을 보충하기로 했다.

또 다른 생각이 나를 괴롭혔다. 날씨. 여전히 눈이 내리고 있었다. 따라서 계속 가기보다는 내려가야 할지도 모른다는 생각이 들자 다리가 부들부들 떨렸다. 스무 걸음마다 한 번씩 쉬면서 숨을 헐떡거린 끝에 나는 마침내 그 유명한 죽음의 비박에 도착했다. 일단 그곳에서 나는 제일 먼저 시간을 확인했다. 어느덧 오후 1시였다. 출발한 이후 아무것도 먹거나 마시지도 못한 나는 배가 고파 체력이 떨어졌다는 사실을 알고 우선 에너지를 보충하기로 했다. 그곳에 앉아 과일 바를 깨물어 먹자, 1935년 바로 그 장소에서 탈진으로 죽은 두 독일인들이 생각났다. 알피니스트가 산에서 죽으면 사람들은 이렇게 말한다. "그는 행복하게도 자신이 좋아하는 곳에서 죽었어."

나는 산에 있는 것을 좋아하지만 그토록 오래 있고 싶은 마음은 없다. 다른 무엇보다도 나는 집으로 돌아가고 싶다. 나는 결코 산에서 죽고 싶지 않다. 그것은 내가 바라는 바가 아니다. 사후세계를 믿지는 않지만, 내 시신이 그런 적대적인 곳에 있는 것을 나는 원치 않는다.

여기저기로 눈송이가 떨어지고 있었지만, 이제 하늘이 맑아지는 것 같았다. 나는 제프에게 무전을 했는데, 그는 나의 예감을 확인해주었다. 날씨가 좋아지고 있다는 것이었다. 어둡기 전에 어려운 곳을 통과하려면 이제는 움직여야 했다. 나는 곧장 램프를 공략했다. 나는 필요하면 언제든 로프를 재빨리 사용할 수 있도록 하면서도 무게를 줄이기 위해 로프를 내 뒤로 길게 늘어뜨려 매달았다. 제프는 그곳을 결코 가볍게 여기지 말라고 나에게 경고했었다. 그곳은 분명 크럭스였다. 기분이 한결 좋아진 나는 조금 흥분한 상태에서, 집중력을 최대한 높여 홀드를 확실하게 잡을 수 있도록 장갑을 벗고 출발했다.

처음 몇 미터는 실망감이 들 정도로 쉬웠다. 하지만 높이 올라갈수록 램프가 높고 좁은 침니로 이어져, 마침내 진정한 어려움이 시작됐다. 납작하거나 약간 오버행지거나 아니면 눈이 살짝 덮여 있어 아주 까다로운 홀드나 스탠스를 제외하고는 아무것도 없었다. 나는 로봇처럼 정교하게 움직이면서 내 기술적 능력을 총동원할 필요가 있었다. 나는 하나에만 몰두했다. 바깥쪽이 너무나 아찔해서 가능하면 침니의 안쪽으로 파고들어간 것이다. 오른쪽은 벽이 반반한 데다 오버행이었고, 왼쪽은 아무것도 없는 허공에 검은 바위뿐이었다. 따라서 나는 좁은 틈바구니에 깊이 박힐수록 더 안전하다고 느꼈다.

그럼에도 3분의 2쯤 올라갔을 때 나는 계획을 바꿀 필요를 느꼈다. 그 지점에서 침니가 점점 더 좁아져, 더 이상 안쪽에서 벌레처럼 꿈틀꿈틀 올라갈 수 없었던 것이다. 계속 올라가기 위해서는 하나의 방법밖에 없었다. 병목처럼 좁아지는 곳을 빠져나와 허공에 노출된 왼쪽 벽을 올라가는 것이다. 그렇게 해보자고 생각을 굳히기까지는 몇 초의 시간이 걸렸지만, 일단 충격에서 벗어나자 나는 공포를 잊고, 왼쪽으로 어떻게 빠져나갈지를 궁리했다. 마침 바로 앞에 피톤이 있어 나는 거기에 긴 슬링을 걸어 사용하기로 했다. 그 최소한의 안전장치를 잡고 나는 왼발에 체중을 살짝 실은 다음, 그 벽의 같은 높이로 이동했다. 그곳에서부터는 모든 것이 잘됐다. 크램폰 발톱들이 안정적으로 찍힌 데다 단단한 홀드들이 있어 큰 고민이 필요 없었다. 나는 슬링을 풀고 계속 올라갔다.

높이 올라가자 경사가 줄어들었지만, 이제는 벽이 마치 돌들이 층층이 쌓인 것처럼 되어 있어 부스러지기 쉬웠다. 그런 지형을 오르자니 우장Oisans에서 보낸 휴일이 생각났다. 나는 그곳을 좋아했는데, 심지어는 그곳에서 보낸 날들이 재미있기까지 했다. 그곳은 그 당시 내가 샤모니에서 오른 단단한 화강암과는 사뭇 달랐다. 사실, 나는 어느 정도 예상을 했기 때문에 오히려 그런 암질을 즐기기까지 했었다. 나는 아이거 북벽의 암질이 불량하다는 것쯤은 알고 있었다. 그래서 최악의 경우도 대비했다. 내가 있는 곳은 모든 것이 얼음에 달라붙어 있어서 아주 끔찍하지는 않았다. 하지만 램프의 꼭대기는 검은 이판암으로 된 가파른 사면이라서 상태가 아주 나빴다. 그런 상황에서도 사람들이 로프를 사용했다는 것이 의문스러웠지만, 나는 오히려 그런 걱정을 할 필요가 없어 다행이라는 생각이 들었다. 나는 불안정한 지형에 꼭 달라붙기 위해 팔과 다리를 넓게 펴고 몸을 바싹 붙여 마치 거미처럼 그 사면을 올라갔다. 미끄러지기에는 좋지 않은 시점이었다.

나는 곧 마음이 내키지 않는 가파른 구간 아래에 도착했다. 그쪽으로 가는 것은 너무나 어려워 보였다. 오른쪽 너머로 좁은 바위 턱이 있었는데, 그것은 마치 벽에 걸린 일종의 발코니처럼 보였다. 나는 그곳이 마음에 들었다. 20미터쯤 되는 거리를 더

듬어 건너가니 약간 오버행진 벽이 나타났다. 단단한 크랙은 등반이 가능해 보였지만 뒤쪽이 허공이라서 나는 프렌드를 하나 설치하고 그곳에 슬링을 통과시켜 내 안전벨트와 연결했다. 그런 다음 주저하지 않고 두세 번의 동작으로 오버행을 넘어 '신들의 트래버스'에 발을 올려놓았다. 그러자 60도쯤 되는 경사에 100미터 길이의 하얀 수평 밴드가 눈에 들어왔다.

조건이 아주 이상적이지는 않았다. 밴드에는 신설이 불안정하게 쌓여 있었다. 나는 가운데를 이용해 건너가기로 했다. 그래서 한 발 한 발 앞으로 나아가며 발을 단단히 딛고 왼손의 아이스액스로 균형을 잡았다. 그렇게 20미터쯤 간 다음 나는 코스를 바꾸었다. 이제는 꼼짝없이 곡선을 그리며 위쪽으로 올라가야 했다. 하지만 나는 갑자기 미끄러져도 멈출 수 있도록 차라리 마른 홀드에 매달려 수직의 바위 밑으로 가기로 했다. 일단 그곳에 도착하자 기분도 좋아졌고 상황을 통제할 수 있다는 자신감도 들었다.

30미터쯤 가자 낡고 녹슨 피톤이 보였는데, 그곳에는 로프를 잘라 만든 슬링이 끔찍한 상태로 늘어져 있었다. 그것을 보자 기쁜 마음이 들었다. 그것은 무엇보다도 다른 알피니스트들도 그쪽으로 갔다는 의미였다. 내가 올바른 방향으로 나아가고 있다는 느낌은 받고 있었지만, 그것은 위로를 받을 만한 발견이었다. 그 피톤은 또한 내가 옆으로 끌고 가는 로프를 잡아두는 데도 유용할 것 같았는데, 나는 로프가 갑자기 허공으로 떨어질 경우 균형을 잃을지 몰라 걱정하고 있었다. 더구나, 나는 아무것도 없는 것보다는 낡은 고리가 더 좋을지 모른다는 우스꽝스러운 생각을 하기도 했다. 우스꽝스럽든 아니든, 그 생각은 나를 안심시켜 계속 갈 수 있게 만들었고, 그러자 사뭇 마음이 놓였다.

밴드의 거의 끝에서 어색한 구간을 만난 나는 어딘가 다른 세계에 들어서고 있다는 느낌을 받기 시작했다. 그 지점에서 나는 스스로 꽤나 만족했다. 시작할 때부터 나는 어려운 부분을 꽤 잘 헤쳐 나갔고, 어떤 공포도 느끼지 못했다. 모든 것들을 고려해보면 나는 오히려 등반을 즐기고 있었다. 무엇보다도 피곤을 느끼지 않았다. 나는 그런 긍정적인 생각에 고무돼 거미를 계속 올라갔다. 나는 운이 좋았다. 얼음이 너무 단단하지 않아 아이스액스가 단단하게 박혔기 때문이다.

그러나 거미를 반쯤 올라갔을 때 나는 다소 섬뜩한 것을 보고 경계심을 높였다. 사람의 피부 일부가 얼음 위로 삐져나와 있었던 것이다. 무슨 일이 있었던 것일까? 사실, 나는 구체적인 사실은 정말 알고 싶지 않았지만, 악명 높은 북벽의 명성에 비추어 볼 때 최악의 상황이 자연스럽게 머릿속에 떠올랐다. 산에서는 누구나 인간의 유해와 우연히 마주칠 수 있다. 1976년 나는 방앙 우장Bans en Oisans의 빙하에서 경골이 튀어나온 부츠를 눈앞에서 목격했는데, 바로 그 아래에는 갈비뼈도 몇 개 있었다. 그 뼛조각들이 너무나 깨끗해 그 경험은 내 기억 속에 깊이 박혔다. 불쌍한 그 사람은 크레바스 안으로 추락한 것이 틀림없었다. 이틀 후 나는 지역신문을 통해 50년 전에 두 명의 산악인이 그 지역에서 실종됐다는 사실을 알게 되었다.

집중력을 높인 나는 그런 생각을 너무 많이 하지 않으려고 노력하면서 불길한 그곳을 그냥 지나쳐 올라갔다. 곧 밝은 색깔의 튀어나온 바위 밑, 눈으로 된 작은 플랫폼에 도착했는데, 위쪽이 지붕처럼 된 그곳은 수직의 크랙에 의해 양분되어 있었다. 나는 그곳에서 휴식을 취하며 무엇을 좀 마시기로 했다. 특히 다음 구간이 심각해 보여 나는 장비를 다시 정리하고 싶었다. 나는 로프를 사렸다. 그 작업은 내가 로프를 세게 끌어당겨야 했을 정도로 어려웠다. 로프들은 40미터 아래에서 어딘가에 걸린 것 같았다. 있는 힘을 다한 끝에 분홍색 로프를 끌어올리는 데 성공했다. 다른 하나는 아무리 애를 써도 소용이 없었다. 그것은 정말 제대로 걸린 것 같았다. 비록 무엇인가를 뒤에 남기는 것을 몹시 싫어했지만, 나는 시간을 낭비하지 않기 위해 그 로프를 버리기로 했다. 문제가 있다면 내가 내려갈 수 있겠지만, 정상이 멀지 않아 이제는 그 로프가 꼭 필요치도 않았다.

회수한 로프를 조심스럽게 사리는 동안 헬기가 내가 있는 곳의 고도까지 날아왔다. 헬기의 출현은 휴식의 느낌을 주었다. 등반을 시작한 이후 나는 오직 벽만 쳐다보았었는데…. 그 일은 내가 긴장을 푸는 데 도움이 되었다. 이제 나는 집중력을 새롭게 가다듬고 나머지 등반에 도전할 준비를 마쳤다. 아이스액스로 무장한 나는 내 바로 위 수직의 크랙에 곧장 달라붙었다. 하지만 1미터도 못 올라가 크랙 안이 내가 예상했던 얼음이 아니라, 아이스액스에 아무 소용도 없는 부드러운 눈이라는 사실을 알고 나는 공포에 질렸다. 그 뜻밖의 상황은 나를 난처하게 만들었다. 어떻게 돌파해야 하지? 나는 다음 동작을 결정하지 못하고 잠깐 머뭇거렸다. 결국 나는 아주 어렵게 몸을 크랙 안에 쑤셔 박고 발로 벽을 미친 듯이 긁어대며 작은 천장이 있는 곳까지 조금 더 올라갔다.

그곳에서 내가 다음 동작을 이어가는 데는 시간이 꽤 걸렸지만, 이번에는 상황이 사뭇 달랐다. 나는 오버행을 넘어갈 수 있는 방법을 정확히 알고 있었다. 듈퍼Dülfer! 발바닥을 벽에 대고 가장자리의 바깥쪽을 두 손으로 밀어서 올라가면 되지 않을까? 하지만 크램폰을 신은 상태로 하기에는 두려운 동작이었다. 나는 정신을 바짝 차리고, 힘을 모으고, 마음을 굳게 먹었다. 하지만 소용이 없었다. 나는 조금도 움직이지 못했다. 나는 목숨을 걸고 뛰어들 준비가 되어 있지 않았다. 시간이 흘러간다는 사실을 깨달은 나는 마침내 이성적인 결정을 내리고, 그곳에 피톤 하나를 단단히 박은 다음 슬링을 걸어 나에게 연결했다. 그러고 나자 그 오버행을 쉽게 넘어갈 수 있었다. 그런 예방책을 조금 더 일찍 결정내리지 못한 나는 나 자신에게 화가 났다. 결국은 소중한 시간을 낭비하고 말았으니까. 이제 빛이 희미해지고 있어서 나는 루트를 벗어나지 않도록 조심할 필요가 있었다. 그 높이쯤에서 어두워지는 바람에 길을 잃었다고 말한 친구들이 있었다. 그 실수로 그들은 벽에서 하룻밤을 더 보내야 했었다.

그들의 경험을 되새기고, 남아 있는 빛을 최대한 이용해 지형을 잘 살핀 다음, 책에서 본 바와 같이 나는 40미터를 횡단해 왼쪽으로 넘어갔다. 그러자 '엑시트 크랙' 아래의 눈 덮인 작은 플랫폼이 나왔다. 그곳에서 일단 위를 살펴보자, 내 위가 얼음의 폭포가 아니라, 눈가루가 주르륵 흘러내리는 반질반질한 두 개의 커다란 바윗덩어리로 된 수직의 홈통이어서, 나는 정신이 아찔했다. 나는 실망을 넘어 거의 쓰러질 뻔했다. 그곳은 결코 쉽지 않을 것 같았다. 벌써 오후 6시. 어둠이 밀려들고 있었다. 비박을 할까, 하는 생각이 잠시 머릿속을 스쳤지만, 그 홈통의 처음 10미터를 올라갈 때만큼은 빛이 충분할 것이라고 판단한 나는 곧 그 생각을 떨쳐버렸다. 사실, 그 10미터가 가장 가팔라 보였다. 어두워질 것에 대비해 나는 헤드램프를 헬멧에 매달고 거대한 홈통을 올라가기 시작했다.

나는 팔과 다리를 벌려 양쪽 벽을 밀며 주저 없이 올라갔다. 바위가 단단해서 나는 내 동작을 즐기기까지 했다. 발밑이 허공이라 두렵기는 했지만 나는 집중력을 한껏 끌어올려 쓸 데 없는 생각을 떨쳐버렸다. 예상대로, 15미터를 올라가자 경사가 약간 누그러지면서 더 좋은 홀드들이 나타났다. 그러나 이제는 헤드램프를 켜야 했다. 어두워지는 바람에, 나머지 2~3미터의 침니를 올라가는 동안 나는 홀드를 평소보다 더 힘껏 잡았다. 마침내 눈이 덮인 작은 턱에 도착했다. 이제는 완전히 어두워져서 서두를 필요조차 없었다. 되는 대로 올라가면 되지 않을까? 그래서 나는 다시 등반을 시작하기 전에 물을 좀 마시고 에너지바를 먹으며, 헤드램프 불빛으로 여기저기 위쪽을 살펴보았다. 그러나 별 소용이 없었다. 불빛은 2미터도 뻗어나가지 못했다.

나는 내 앞의 벽이 경사가 덜 심하고, 신설 위로 드러난 바위들이 아주 단단해 보이지 않는다는 사실만 겨우 알 수 있었다.

비박을 고민하기도 했지만, 그러기에는 너무나 추워서 위험스러웠다. 침낭 커버와 예비 양말을 가지고 있긴 했지만, 이 좁은 곳에서 장비를 풀자니 난감하기 짝이 없었다. 만약 앉거나 선 자세로 날이 밝아오기를 기다린다면, 이미 탈수증을 겪고 있어서 손가락이나 발가락이 얼 위험에 처할 수도 있었다. 아침이 되면 나는 떠날 수도 없을 정도로 덜덜 떨고 있을지도 모르는 일이었다. 그렇다면 움직이는 것이 더 나을 것 같았다. 밤새 등반을 할지라도….

이미 몸이 으스스해지고 있다는 느낌을 받은 나는 즉시 출발했다. 루트는 복잡하지 않아, 정상까지 곧장 올라가면 될 것 같았다. 이제 나는 1미터 둘레 안의 불빛에 의지해 천천히 올라갔다. 나는 불확실성의 여지를 남겨놓지 않고 모든 홀드와 스탠스를 체계적으로 확인했다. 그러면서도 동작을 할 때마다 집중력을 최대한 끌어올렸다.

얼마를 올라가자 손끝에서 감각이 사라지기 시작했다. 죽음의 비박을 떠난 후 손이 시리다고 느낀 것은 처음이었다. 그래서 꾸준히 전진하는 속도를 늦추고 싶지는 않았지만 잠시 나는 걸음을 멈추었다. 추위의 대가로 나는 손가락을 매정하게 깨물어 감각을 되찾은 다음 등반을 조심스럽게 이어갔다. 몇 미터를 더 올라가자 집중력이 현저히 떨어졌다. 모든 홀드들을 끊임없이 확인하자니 힘이 몹시 들었다. 더구나 손가락이 다시 무감각해지고 있었다. 그리고 피로가 몰려왔다. 한 번 더, 나는 멈추어서서 사지를 따뜻하게 하고 마음에 휴식을 줄 필요가 있었다.

그렇게 하는 것이 만만치는 않았지만, 이 벽을 무사히 벗어나려면, 나는 스스로를 돌보고 내 몸의 소리에 귀를 기울여야 했다. 나는 홀드를 엉성하게 잡는 위험을 무릅쓰고 싶지 않았다. 하지만 이런 등반으로 손가락을 잃고 싶지도 않아, 배낭에서 뽀송뽀송한 새 장갑 한 켤레를 꺼냈다. 그러자 손끝의 감각이 거의 곧바로 되살아나 손가락을 제대로 움직일 수 있었다. 유감스럽게도 그곳이 두툼한 패딩 장갑을 끼고 등반하기에는 너무 까다로워, 나는 그 장갑을 재킷의 안주머니에 다시 집어넣고, 어둠 속에서 다음 피치까지 고통스러운 등반을 계속 해나갔다. 그러나 5분도 채 지나지 않아 나는 같은 행동을 온전히 반복해야만 했다.

실수로 더듬거리는 바람에 장갑 하나가 어둠 속으로 날아갔다. 내가 그렇게 되는 것을 상상하자 아드레날린이 솟구쳤고, 목이 움츠러들면서 평소 같으면 여지없이 나왔을 욕조차 내뱉을 수 없었다. 잠시 후 나는 정신을 가다듬었다. 나는 이미 꼈던 다른 장갑을 꺼내 손가락을 따뜻하게 한 다음 계속 위로 올라갔다. 적어도 그 사건은 나의 느슨한 행동에 제동을 걸고 주의를 하게 만들어, 피곤을 잊고 그다음 몇 미터를 올라갈 수 있었다. 나는 경계심을 누그러뜨리지 않았지만 등반을 하면서 부모님을 생각했다. 만약 그분들이 이 유령 같은 벽에서 한밤중에 혼자 등반하는 나를 본다면, 분명 행복해하지는 않을 것 같았다.

내가 매사에 조심한다는 사실을 알기 때문에 부모님은 항상 나를 믿지만, 내가 드류에 신루트를 개척한 이래 그분들은 걱정을 하기 시작했다. 어느 날 어머니는 이렇게 말했다. "네가 신문에 난다면, 그건 네가 어렵고 위험한 일을 했다는 말이겠지?"

그런 이야기는 내가 한 번쯤 그런 생각을 했다는 말일 뿐이며, 내가 위험을 무릅쓰고 싶다는 말은 전혀 아니라고 나는 설명했다. 미디어는 내가 원했기 때문에, 그리고 이 등반들이 도전적이라는 평판을 받아왔기 때문에 그렇게 이야기한 것뿐이었다.

아이거 북벽에서, 오버행 크랙 구간을 약간 망설인 것 말고 바로 이곳까지 여러 구간을 나는 정교하게 돌파했으며, 내 신중한 판단 덕분에 등반은 아무런 문제도 일으키지 않았다.

이제 어둠 속에서 등반을 계속하고 있기는 해도 나는 이런 곳에서조차 모든 동작을 신중하게 계산하고 고려했을 뿐 내 운명을 우연에 맡기지 않았다. 비록 극도로 피곤하기는 했지만, 나의 그런 행동은 내가 생명을 소중하게 생각하기 때문이다. 나는 절망적인 곤경에 처하지는 않았다. 그래서 위험을 무릅쓰지 않으려고 나는 벽을 실용적으로 올라갔다.

그다음 50미터를 등반할 때는 시간이 터무니없이 많이 걸렸다. 피곤이 몰려온다는 것을 나는 느낄 수 있었다. 그러자니 집중력을 유지하기가 쉽지 않았다. 나는 한두 걸음마다 쉬면서 긴장을 풀고 다시 올라갔다. 그것은 나 자신과의 끊임없는 싸움이었다. 나는 분별력이 필요했다. 어리석은 결정일지도 모르고 손가락을 잃을 위험성도 있었지만, 바람에 조심하면서 정상까지 그대로 치고 올라가고 싶은 유혹은 대단했다.

격려를 받기 위해 나는 혼자 중얼거렸다. "자, 이제 멈춰. 그리고 손가락을 따뜻하게 해. 됐어. 좋아. 이제 조금만 더 올라가자. 조심스럽게…." 돌이켜보니, 그렇게 중얼거린 것이 이상해 보였다. 하지만 행동을 하는 동안 내뱉는 그런 말들은 집중력 유지에 도움이 되었다.

나는 마침내 정상 설원에 올라섰다. 이제는 장갑을 낄 수 있어서 기뻤는데, 정상이 가까워진 덕분에 나는 기운을 되찾아 양손에 아이스액스를 들고 마지막 가파른 구간을 환호성을 지르며 올라갔다. 이제는 내 체중을 싣는 발판이 단단한지 더 이상 걱정할 필요도 없었다. 나는 긴장을 풀고 유연한 움직임으로 꽤 빠르게 올라갔다. 안타깝게도 20미터는 너무 높아 나는 중간에 멈추어야 했다. 나는 숨을 헐떡거렸다. 30초쯤 지나 다시 출발했다. 하지만 몇 미터를 더 올라 한 번 더 휴식을 취했다. 어렴풋이나마 정상을 보고 싶은 마음에 고집스럽게 올려다보니 그 부분은 시커멓기만 했다. 나는 무척 실망했다. 나는 설원이 얼마나 긴지 감을 잡을 수 없었다.

그때 나는 내 움직임을 다시 한번 생각하면서, 즉 정상에 집착하기보다는 나 자신에 집중하면서 원기를 되찾을 필요가 있다는 것을 깨달았다. 천천히 올라가도 어쨌든 그곳에는 도착하니까. 나는 마음을 더욱 크게 먹고, 시선을 1미터 내외에 고정시킨 채 다시 한번 출발했다. 느리게 움직이자, 내 생각은 다음의 것, 다시 말하면 내가 정상에 도착했을 때 해야 할 일에 대한 것으로 떠돌았다. 그곳에서 나를 기다리겠다고 제프가 약속을 하기는 했지만, 아침의 끔찍한 날씨로 보면 그럴 가망성이 별로 없었다. 그곳에서 자야 하는 것은 어쩔 수 없었다. 하지만 너무나 추워서 어둠속에서라도 내려가야 할지도 몰랐다. 쉽지는 않을 터이지만 가만히 있는 것보다는 낫지 않을까?

이런저런 생각에 빠져 있을 때 갑자기 나는 너무나 완만해서 정상적으로 걸어갈 수 있는 곳을 실제적으로는 기다시피 하고 있다는 사실을 깨달았다. 너무나 우습다는 생각이 든 순간, 바로 밑에 원을 그린 불빛에 발자국들이 보였다. 새까만 어둠 뿐 이제 더 이상 오를 곳이 없는 상황에서 그 발자국들은 오른쪽으로 이어져 있었다. 나는 정상 능선에 있었다. 마침내 그곳에 있게 된 것도 좋았지만, 발자국들이 특히 반가웠다. 그것들을 따라가면, 그리고 그것들이 없어지지만 않는다면, 내려가는 것은 크게 어려울 것 같지 않았다. 내 앞에 클라이머가 없었기 때문에 나는 그 발자국들이 누구의 것들인지는 전혀 고민하지 않았다. 나는 아무 생각 없이 그것들을 따라갔다. 그리고 그것으로 충분했다.

어려움을 벗어나 기뻤는데, 그것은 마침내 똑바로 서서 걸을 수 있다는 기쁨이었다. 하지만 매우 좁은 길이라 나는 계속 주의를 기울였다. 그곳은 양쪽이 거대한 블랙홀이어서 균형을 잃어서는 안 되는 곳이었다. 나는 몸이 가벼웠고 놀랍게도 에너지가 넘쳐흘렀다. 5분 정도를 걸어 올라가자 눈 위에서 이리저리

춤추던 내 헤드램프 불빛에, 누군가 능선의 바로 왼쪽에 있는 눈을 치우고 작은 플랫폼을 만들어 펼쳐놓은 침낭이 눈에 들어왔다. 안에는 아무도 없는 것 같았다. 얼마나 멋진 일인가를 생각하다가 약간 놀란 내가 소리쳤다.

"제프! 제프, 거기 있어요?"

침낭이 꿈틀거리더니 제프의 머리가 밖으로 나왔다. 그의 얼굴은 잠이 덜 깬 모습이었다.

"카트린! 해냈구나!"

우리는 서로를 팔로 끌어안았고, 나는 감격의 눈물을 흘렸다. 그러자 그날 하루 종일 쌓이고 쌓인 긴장이 갑자기 확 풀리는 것 같았다. 그가 있어서 나는 너무나 행복했다.

"조금 걱정했어. 네가 벽에서 비박을 할지도 모른다고 생각했거든. 네가 얼어 죽을지도 모른다는 생각이 들어, 날이 밝는 대로 널 찾으러 가려고 했지. 하지만, 정말 좋아. 네가 여기 있으니까."

"제가 바보 멍청이는 아니잖아요?"

"알아. 알아. 네가 자랑스러워. 넌 해낼 줄 알았어. 하지만 네가 그렇게 빨리 배울 줄은 몰랐어. 자연스럽게 몸에 밴 거야."

그는 수프를 끓이기 위해 스토브와 그릇을 꺼냈다. 우리는 먹을 것을 기다리는 동안 루트와 처음에 출발을 조금 지연시킨 나쁜 날씨와 어색한 구간과 바위의 상태에 대해 이야기를 나누었다. 그는 내가 맞닥뜨린 어려움과 그것을 해결한 방법에 대해 물었다.

잠시 후, 제프는 다른 사람들이 걱정하고 있기 때문에 나의 도착 사실을 알리는 것이 좋겠다고 말했다. 사실, 나는 그들의 존재를 거의 잊고 있었다. 그는 무전기를 꺼내, 지금이 밤 10시며, 내가 정확히 17시간 동안 벽을 등반했다고 말한 다음 무전기를 나에게 넘겨주었다. 그들은 내 소식을 듣고 모두 기뻐하는 것 같았다. 그리고 여기가 몹시 추운지 어떤지 물었다. 기온은 영하 10도와 15도 사이 같았는데, 바람은 불지 않았다. 모든 것이 좋았다.

그들은 다음 날 아침 헬기를 타고 올라와 정상 사진을 찍겠다고 말했다.

무전 교신이 끝나자 제프는 나에게 침낭을 가져다주었다. 나에 대한 걱정으로, 그리고 그로 인해 눈을 거의 붙이지도 못했지만, 그는 보온을 위해 오리털 재킷을 두 개나 겹쳐서 나에게 입혀주었다. 나는 부츠를 벗고 양말을 덧신은 다음 떨지 않으려고 안으로 파고들었다.

마침내 뜨거운 것을 마시며 긴장을 풀 수 있다니! 우리는 침낭 속에 들어앉아 수프를 먹으며 서로의 경험에 대해 한두 시간 더 이야기를 나누었다. 그는 그 전해 겨울 자신의 루트를 끝내면서 얼마나 심한 곤경에 빠졌는지 나에게 이야기해주었다. 그는 배낭을 그 자리에 남겨둔 채 떠났었는데, 이제 아침에 우리가 그것을 찾을 수 있다는 희망을 품었다.

"그렇게 하면, 난 안경도 찾고, 네 장비도 돌려줄 수 있어."

자정쯤 우리는 마침내 자리에 누웠다. 나는 작은 구름 위에

있는 듯한 느낌이 들었다. 나는 성공했다. 나는 큰 두려움 없이
잘해냈다고 생각했다. 좋은 기억들이 몇 번의 어려운 순간들을
지워버렸다. 나는 대단히 만족했다. 침낭의 아늑함과 따뜻함에
취하자 내 생각은 다음 날을 향해 떠돌았다. 산을 벗어나면 무
슨 일을 제일 먼저 해야 할까? 곰곰이 생각한 끝에 나는 맛 좋은
스위스 초콜릿 프로피터롤profiterole*을 먹기로 했다. 입안에 침
이 막 돌려고 할 때쯤 나는 그만 깊은 잠에 빠지고 말았다.

　다음 날 아침은 일어나기가 쉽지 않았다. 나는 완전히 지쳤
다. 하지만 아침을 먹는 동안 뻐근했던 근육이 조금 풀렸다. 그
래서 우리는 헬기가 도착해 스태프들이 내리기 전에 침낭을 겨
우 말아서 정리했다. 그들을 만나 반가웠지만 카메라 앞에 서니
여지없이 어색했다. 나는 바보 같은 말을 하지 않기 위해 노력
했다. 그럼에도 나는 어리석은 말을 하고 말았다. "정상 능선이
그렇게 날카로운지 몰랐습니다. 밑에서는 평편해 보였거든요."

　벽을 등반하면서, 나는 이미 해본 곳이라는 느낌을 유지하기
위해 어떻게 노력했는지 말했다. 그 이유는 모든 종류의 어려움
에 나 자신을 준비시키고, 최악의 경우를 대비하기 위한 것이었
다. 따라서 모든 어려움을 이미 예상하고 있던 터라 나를 머뭇
거리게 만드는 것은 아무것도 없었다. 그것이 바로 내가 등반
내내 좋았던 이유였다.

　그런 다음 그들은, 등반이 끝나면 항상 그렇게 하지만, 장
갑을 끼지 않고 등반하느라 형편없이 터진 내 손을 촬영했는

---

*　아이스크림·초콜릿 소스 등으로 속을 채운 작은 슈크림 |역주|

데, 너무 심하게 부어올라 나는 손가락도 제대로 굽힐 수 없었다. 하지만 드류에서와는 다르게 손가락들이 아프지는 않았다. 2~3일이 지나면 부기는 가라앉을 것 같았다.

촬영이 모두 끝나서 제프와 나는 하산에 들어갔다. 우리는 배낭을 찾으려고 오른쪽으로 약간 돌았지만, 그 배낭은 사라져버린 것 같았다. 다분히 이기적이지만, 나는 그가 배낭을 찾지 못해 다행이라고 생각했다. 온몸이 뻣뻣하고 정신이 약간 혼미해서 복잡한 매듭을 제대로 할 수 있을지 자신하지 못했기 때문이다.

일부 구간에서는 등을 대고 미끄러지는 방법으로 우리는 2시간 만에 내려왔다. 그런 다음 출발하기 전날 밤을 보낸 기차역에서 첫 눈에 들어온 레스토랑을 찾아들어가, 커다란 스테이크와 칩을 게걸스럽게 먹어치웠다. 메뉴에 아이스크림도 프로피터롤도 없어, 오랫동안 갈망해온 그 디저트들은 다음으로 미루어야 했다.

호텔로 돌아오자 마침 전화가 와 있었다. 상대방은 지난 몇 달간 나를 도와준 에이전트 카트린 드보Catherine Devaux였다. 드류를 등반한 후 수많은 제안, 즉 인터뷰, 강연, 광고 등이 홍수처럼 쏟아져 나는 그녀에게 관리를 맡겼다. 따라서 아이거 등반을 미디어와 연결하는 책임은 그녀의 몫이었다. 그녀가 나에게 전화를 건 이유는 언론과의 전화 인터뷰 시간을 정하기 위해서였다.

그것은 프로 클라이머로서 내가 해야 할 일이었지만, 나는 문명으로 돌아가면 우선 친구들을 만나보고 싶었다. 그들은 사진들을 파리로 빨리 보내야 했고, 나는 그들과 평화롭게 이야기를 나눌 수 있는 시간이 없었다.

내 등반은 전 세계의 신문들이 다룰 정도로 뉴스거리가 되었다. '사람 잡아먹는 귀신'은 여전히 대중의 의식 속에 있었다. 메인 헤드라인이 다음과 같은 문구로 장식될 정도로 아이거 북벽은 무서운 명성을 가지고 있었다.

"데스티벨—사람 잡아먹는 귀신을 KO시키다"[*]

"데스티벨, 공포의 아이거 북벽을 길들인 최초의 여성"[†]

"데스티벨이 사람 잡아먹는 귀신을 집어삼키다"[‡]

"사람 잡아먹는 귀신의 머리에서 승리의 미소를 짓다"[§]

여느 때처럼 나는 그런 기사를 읽지 않았다. 왜? 아마도 자기 보호의 한 형태가 아니었을까. 저널리스트들은 자신들이 들은 대로는 결코 싣지 않는다. 진실은 애매모호하거나 과장된 말로 포장되는데, 어느 쪽이든 내가 실제로 겪은 일을 반영하지는 못하기 때문에 나는 화가 나거나 부끄럽다. 그들이 사건을 미화하는 것도 그렇고, 산악계 사람들이 그런 기사를 읽고 나에게 보일 잠재적인 반응도 나는 당황스럽다. 칭찬이 사실 칭찬이라기보다는 비웃음일 때가 많다. 내가 그런 글을 읽지 않으면, 그런 일로 화가 날 이유도 없다. 좀 유치할지 모르지만, 나는 그런 일

---

[*] 1992년 3월 14일 자 『르 피가로 마가진Le Figaro Magazine』

[†] 『스포르 토니크Sport Tonic』

[‡] 1992년 3월 11일 자 『레퀴프』

[§] 『파리마치』

들을 통해 현실에 안주하지 않고 앞으로 나아갈 수 있었다.

아이거 등반 이후, 동료들이 나를 인정해줘 우리들의 관계가 변했다. 나를 칭찬해주는 사람들도 있었고, 함께 등반하자고 하는 사람들도 늘어났다. 나는 그들의 인정에 매우 만족했다. 이제 더 이상, 그들의 눈에는 내가 언제나 화제의 중심에 서는 소녀 클라이머로 비치지 않았을지도 모른다. 내가 진정한 알피니스트가 된 것일까?

그랑드조라스와 마터호른

모두가 꿈을 꾸기는 하지만, 같은 꿈을 꾸지는 않는다. 마음에 먼지가 앉은 밤에
꿈을 꾸는 사람들은 아침에 일어나면 그 꿈이 허황됐다는 것을 알게 된다.
하지만 낮의 몽상가는 위험한 사람들이다. 왜냐하면 그런 자들이야말로
꿈을 실현하기 위해 눈을 크게 뜨고 꿈속에서처럼 행동하기 때문이다.

『지혜의 일곱 기둥 ― 승리Seven Pillars of Wisdom: A Triumph』T. E. 로렌스Lawrence, 1922

아이거 북벽 등반을 준비하는 동안, 다른 전설적인 루트들도
도전해보자는 생각이 떠올랐다. 나는 워커 스퍼Walker Spur를
통해 그랑드조라스Grandes Jorasses 북벽을, 슈미트 형제Schmid
Brothers 루트를 통해 마터호른을 올라보고 싶었다. 제2차 세계
대전 후 그 북벽들은 알프스 최후의 대과제로 떠올랐는데, 오늘
날까지도 알피니스트들은 숨죽인 어조로 그 북벽들을 언급한
다. 나는 동계 단독등반을 해보고 싶었다. 어떤 이유로든 나는
낙석에 노출되고 싶지 않았기 때문에 시즌의 선택은 안전이 최
우선이었다. 겨울에는 모든 것이 얼음에 달라붙고, 다른 산악인
들이 있을 확률도 높지 않았다. 클라이머들은 무심코 낙석을 일

으킬 수 있기 때문에 그 아래에서 단독 등반하는 것은 결코 바람직스럽지 않다.

동계등반은 난이도가 조금 높아지기 때문에 더욱 높이 평가된다는 것이 또 다른 이유였다. 나는 순전히 개인적인 이유로 단독등반을 결심했다. 나는 생각이 행동에 온전히 집중되는 느낌을 몹시 좋아한다. 그럴 때 머릿속에는 공포가 파고들어 올 공간이 없고, 동작은 완벽하고 정확하다. 나는 힘과 내가 처한 상황을 완벽하게 통제할 수 있다는 느낌도 좋아한다. 그리고 마지막 이유를 대자면, 나는 최근에야 비로소 깊은 성찰을 얻었다. 모든 일을 도맡아하는 사람이 나의 등반 파트너 — 당연히 남성 — 라고 말할 사람은 이제 아무도 없을 것이다. 트랑고 타워에서 유고슬라비아 루트를 등반했을 때 나는 그런 역할에 대해 불공평한 비판을 받아야만 했다. 그 당시에는 대수롭지 않게 생각했는데, 지나고 보니 그것이 나에게 깊은 상처가 되었다는 사실을 깨달았다. 어쩌면 이런 단독등반들이 상처 받은 내 자존심을 치유하는 데 도움이 되지 않을까?

나에게 가장 큰 케이크 조각은 아이거였다. 그 등반의 성공으로 이제 다른 산들은 만족하지 못할 것이라는 느낌마저 들었으니까. 따라서 준비도 하기 전에 나는 아이거에 대한 생각에 얽매였다. 그랑드조라스는 루트의 대부분이 나의 본령本嶺이라고 할 수 있는 암벽이어서 크게 경외하지 않았다. 그리고 고전루트를 통한 마터호른 북벽 등반은 다른 두 곳보다는 쉽다는 평가를 받았기 때문에 큰 문제가 되지 않을 것 같았다. 그 프로젝트들이 흥미가 좀 떨어지기는 했지만, 나는 그 등반들을 진지하게 받아들여, 장차 히말라야에 있는 아주 높은 고도의 벽들을 시도해보고 싶었다.

그 프로젝트는 비용이 다소 들어갔지만, 메인 스폰서가 꽤 많은 연간 예산을 나에게 할당해, 나는 작은 원정대를 꾸릴 수 있었다. 내가 아이거를 등반한 해에는 홍보담당 이사가 매우 놀라면서 언론 보도에 기뻐했다. 그는 원정등반을 뜻하지 않은 행운으로 여겼다. 따라서 내가 빈손으로 돌아온다 해도 문제될 것은 아무것도 없었다. 사람들은 그가 이미 비용을 충분히 뽑았다고 생각할 것이다. 보통은 스폰서의 압력이, 특히 예상치 못한 문제들이 알프스에서보다 심각해 성공의 가능성이 상당히 줄어드는 히말라야에서는, 불합리해서 나는 운이 좋은 편이었다. 드류의 보나티 필라 등반 이후, 나는 내가 어떤 것을 하고 싶다는 소망 외에는 외부의 압력을 항상 피했다.

그해 여름 나는 제프 로우와 함께 라톡1봉Latok 1을 등반하러 갔다. 우리는 7,145미터의 그 봉우리를 북동 필라로 등반하고자 했는데, 그곳은 제프가 강력한 미국 팀을 이끌고 도전했다가 정상 100미터 전에서 포기한 곳이었다. 루트는 두 구간으로 나뉘어 있었다. 1,000미터 높이의 바위 필라와 이어지는 600미터가량의 긴 리지. 나는 위쪽의 두 번째 구간에 흥미를 느꼈다. 내가 그런 곳을 완전히 숙달하지 못했기 때문이다. 불행하게도 악천후와 눈사태의 위험으로 우리는 6,400미터에서 돌아설 수밖에 없었다. 그것은 내가 등반을 포기한 첫 번째 경우여서 나는 그만 좌절하고 말았다. 마음을 달래기 위해 우리는 남극점에 도전했다가 안전하고 건강하게 돌아온 새클턴Shackleton이 자신의 부인에게 한 말을 들춰냈다. "죽은 사자보다는 멍청하게 사는 게 더 낫지 않겠어?"

우리가 빈손으로 돌아왔다는 사실 외에 그 원정등반에 대해서는 좋은 기억이 하나도 없었다. 나는 두 달 내내 스트레스만 받았다. 우선 베이스캠프에서 우리는 곰을 걱정해야 했다. 몇 년 전 일단의 일본인들은 하룻밤 사이 곰에게 식량을 몽땅 털린 적도 있었다. 만약 우리도 그렇게 되면 원정은 그대로 끝나게 될 터였다. 하지만 우리가 할 수 있는 일은 걱정하는 것 말고는 아무것도 없었다. 우리에게는 총이 없었다. 나는 또한 식량과 운송을 맡은 책임자가 갑자기 나타날지도 모른다는 걱정까지 해야 했다. 그들이 내용물을 속이고 있다는 사실을 알고, 잔뜩 화가 난 편지를 나는 그에게 썼었다. 우리는 케첩 12병, 모기 퇴치제 10개와 그 밖의 더 많은 것들에 대해 비용을 청구 받았다. 제프는 나에게 이렇게 말했었다. "그 편지를 그에게 보내지 말았어야 했는데…. 파키스탄은 관습이 달라. 네가 명예를 의심했기 때문에 그 녀석이 널 죽이려고 베이스캠프에 올지도 몰라."

그의 말이 진심일까? 어쨌든 결과적으로 나는 안절부절못하는 밤을 보냈다. 나는 가벼운 소리에도 깨어났는데, 우리가 자는 빙하는 소음이 많은 곳이었다. 돌이 굴러 떨어지는 소리, 얼음이 갈라지는 소리…. 나는 벽에 올라가 자거나, 필라 밑에서

2시간 거리에 있는 전진 베이스캠프로 올라가고 싶은 마음이 굴뚝같았다. 물론 1캠프에서도 48시간 동안 극심한 공포에 떨었지만….

우리가 루트의 두 번째 구간을 등반하기로 한 날, 악천후가 닥쳐와 우리는 다음번의 시도를 위해 로프를 베르크슈룬트에 놔둔 채 서둘러 바위 필라로 하강했다. 텐트가 마른 빙하에 있어서 건너야 할 크레바스를 쉽게 알 수 있었기 때문에 우리는 그 로프가 꼭 필요하지는 않았다. 그날 밤, 눈이 엄청 내려서 텐트가 무너지지 않도록 눈을 치우러 우리는 몇 번이나 밖으로 나가야 했다. 그때 새벽 4시인가 5시, 우르릉거리는 소리에 우리는 화들짝 잠에서 깨어났다. 제프가 소리쳤다. "눈사태다. 빨리 탈출해."

나는 그런 일이 일어나리라고는 전혀 예상치 못했다. 우리는 공포에 젖어 부츠도 신지 않고 1미터 20센티미터쯤 되는 작은 바위 뒤로 급히 피신했다. 보잘것없는 피난처였지만, 그래도 없는 것보다는 나았다. 엄청나게 차가운 바람이 믿을 수 없는 힘으로 불어오는 몇 초 동안 우리는 몸을 간신히 웅크렸다. 하지만 아무 일도 없었다. 눈사태가 우리에게까지는 오지 않은 것이다. 심장이 격렬하게 뛰어 거친 숨을 몰아쉬면서 나는 제프에게 어떻게 생각하는지 물었다.

"음" 그는 차분하게 대답했다. "더 큰 게 오지 않았으면 좋겠는데…."

어쩌면 저토록 침착할 수 있지? 나는 소름이 끼쳤다. 우리의 운명은 단지 운에 달려 있었다. 나는 공포로 속이 뒤틀려, 의심스러운 소리에 귀를 기울이며 남은 밤을 부츠를 신고 보냈다. 밖으로 달려 나갈 필요가 없는 잘못된 경고가 두 번이나 있었다. 아마도 눈사태가 멀리 떨어진 곳에서 일어난 모양이었다.

다음 날 아침, 크레바스들이 신설로 덮여 죽음의 덫이 되는 바람에 이제 로프 없이는 빙하를 통해 베이스캠프로 내려갈 수 없었다. 우리는 폭풍이 지나갈 때까지 이틀을 더 기다려야 했다. 사진가인 르네 로베르가 연락장교와 서로 로프를 연결한 채 우리에게 올라왔다. 기다림은 불길하게 우르릉거리는 소리에 밖으로 뛰어나가는 것으로 정점을 찍었다. 한번은 눈이 실제로 우리에게까지 밀어닥쳤는데, 잠에 빠진 우리는 텐트를 떠나지 못하고 그저 운명을 기다리는 것 외에 달리 어떤 것도 할 수 없었다. 한 번 더 운명은 우리의 편이었다. 비록 찌그러지기는 했지만 텐트가 바람을 잘 버텨주어, 우리 침낭은 고운 눈 먼지만 뒤집어썼다.

살아남은 것에 너무 기뻐한 우리는 라톡1봉에 대한 등정 시도를 그대로 끝냈고, 나는 도망치다시피 집으로 돌아왔다. 그 모험은 히말라야에서의 성공 가능성에 대한 통계를 나에게 입증해주었다.

프랑스로 돌아온 나는 한동안 도시 거주자로서의 평화로운 일상을 마음껏 즐겼다. 일단 몸을 회복한 나는 워커 스퍼를 통한 그랑드조라스 북벽의 동계등반을 준비했다. 다른 등반들과 마찬가지로 그 등반 역시 치밀한 계획이 필요했다. 비록 단독등반이기는 해도 아이거에서처럼 당일치기 등반이 가능하지 않다는 사실을 나는 알고 있었다. 따라서 나는 비박장비가 필요했다. 그 말은 배낭을 메고 등반하기에는 너무 버거운 꽤 무거운 짐을 가지고 등반해야 한다는 의미였다. 따라서 대부분의 시간은 확보에 보내야 할 것 같았다.

2월이 되자 준비가 끝났다. 출발하기 전날, 여자 친구 하나가 그 루트는 동계에 단독 등반된 적이 없는 것으로 알고 있다며, 내 계획을 걱정하고 있다고 말했다. 전에 한두 팀이 동계의 조건에서 등반하기는 했지만, 그것도 며칠이나 걸렸다. 사실, 나는 그것을 그냥 고전적인 루트라 간주하고 세부적인 것을 확인하지 않았다. 어쨌든 나는 결코 뒤로 미룰 수 없었다. 그리고 아이거 북벽 밑에서 출발하기 전에 느꼈던 감정과 다르게, 마치 시험을 보러 가는 듯한 기분은 들지 않았다. 아마도 안락한 비박장비를 가지고 간다는 것이 큰 차이를 만든 게 분명한데, 그러면 나는 벽에서 며칠을 보낼 수도 있을 터였다.

나는 친구 몇 명과 함께 크로스컨트리 스키를 타고 벽 밑에 도착했다. 드류에서 나와 함께한 미셸 펠레Michel Pellè와 산친구인 르네 로베르와 브뤼노 로베르가 그들이었다. 브뤼노는 크로 스퍼Croz Spur를 단독 등반하고 나서 정상에서 나와 만나 함께 쿠르마예Courmayeur로 하산하기로 했다. 그의 루트는 나의 것보다 조금 덜 힘들어, 그는 하루 늦게 출발할 작정이었다. 만약 그가 제때에 나타나지 않으면, 나는 이탈리아 쪽의 빙하를 혼자서 내려오는 대신 이롱델Hirondelles 리지로 로프하강을 할 생각을 하고 있었다.

뜻밖에도 우리는 레쇼Leschaux 빙하 지역에서 '룰루'로 통하는 루시엥 베라르디니를 만났다. 그는 1950년대와 1960년대에 매우 활발하게 활동한 유명한 알피니스트였다. 그는 1954년 남미의 아콩카과 남벽에 도전한 대모험에 등반 파트너 로베르 파라고와 함께 참가한 것으로 특히 유명했는데, 그는 손과 발에 심각한 동상을 입어 결국 그 일부를 잃고 말았다.

그가 혼자인 것을 보고 놀란 내가 물었다. "어디로 가십니까?"

"저기, 꼬리를 쳐들고 있는 조랑말 보이지?" 우리가 있는 곳에서 정상이 보이는 그랑드조라스를 가리키며 그는 파리지앵 특유의 억양으로 대답했다.

그는 언제나처럼 농담을 하고 있었지만, 이번에는 굳은 얼굴이 심상찮아 보였다. 의아해하는 우리를 본 그는 젊고 재능이 있는, 자신의 '친구'이며 절벽 등반가인 위그 보질Hugues Beauzile이 워커 스퍼를 단독 등반하러 갔다고 설명했다.

"그 미친 자식은 산에 대한 경험이 일천해. 그가 어떻게 하고 있는지 궁금해 죽겠어. 어제부터 무전이 끊겼거든. 레쇼 대피소에 있는 친구 말에 의하면, 자신의 라스타파리안 조랑말이 오늘 아침 꼬리를 흔드는 것을 보았대."

그런 다음 그는 무엇이 그 젊은 클라이머로 하여금 혼자 그랑드조라스를 밀어붙이도록 했는지 장황하게 설명했다. 위그가 그곳을 도전한 것은 '늙은 룰루'와 내기를 했기 때문인 것 같았다.

망연자실한 그는 이야기를 이어갔다. "그가 그럴 줄은 꿈에도 생각하지 못했지. 젠장, 왜 그렇게 멍청하지?"

나는 그가 말리지 못한 것에 대해 죄책감을 느끼고 있다는 인상을 받았다. 대피소로 곧장 가지 않고, 그는 우리와 함께 그 벽 밑까지 빙하를 올라갔다.

벽 밑에 도착한 우리는 내가 아침 일찍 출발할 계획이어서 함께 비박에 들어갔다.

우리가 짐을 풀고 있을 때 룰루가 갑자기 소리쳤다. "저기 봐. 어리고 미친 그 자식이 스키를 스노브리지 위에 벗어놓았네."

룰루의 말이 옳았다. 위그가 스키를 놓아둔 곳의 눈이 움푹 들어가 있었다. 만약 눈이 덮인 그곳이 위그의 무게를 버티지 못했다면 그는 크레바스 안으로 떨어졌을지도 모른다. 나는 두려움에 몸을 떨었다. 나를 두렵게 만드는 것이 하나 있다면 그것은 바로 크레바스였다. 나는 그 이유를 모르겠다. 간격이 얼마 안 돼도, 그리고 내가 그곳을 건너도 마치 단거리 경주를 뛴 것처럼 숨이 차 심장이 격렬하게 뛰는데, 크레바스를 완전히 건널 때까지 나는 통제할 수 없는 공포를 느낀다. 빛이 없는 동굴이나 지하에 들어갈 때도 그와 같이 알 수 없는 공포가 나를 사로잡는다. 헤드램프가 있어도 두렵기는 마찬가지인데, 그때는 어느 정도는 안으로 들어갈 수 있다. 누군가와 함께 있으면, 기쁘지는 않지만 나는 그를 뒤따라갈 수는 있다. 그럴 때마다 내가 우스꽝스럽게 보이기는 하지만 나는 그냥 두려움을 극복할 수 없다. 빙하에서 동료와 로프를 묶지 않으면 나는 한 걸음도 앞으로 나아가지 못한다.

룰루는 친구의 스키를 메고 대피소로 내려갔다.

나는 등반 걱정으로 잠을 제대로 자지 못했다. 과거의 등반에서는 마치 열망이 차단되는 듯한 느낌을 받았었는데, 그곳에서는 너무나 침착해 스스로 놀랄 정도였다. 이번에는 그냥 평범한 등반에 나서는 것 같았다.

나는 미셸의 확보를 받아가며 베르크슈른트를 넘어갔다. 그는 크레바스에 대한 나의 반응을 알고 있었기 때문에 커다란 구멍 옆에서 공포에 낑낑거리는 나를 두고 동정은 할지언정 놀려대지는 않았다. 비록 길이가 5~6미터를 넘지 않았지만, 좁은 스노브리지를 건너갈 때는 시간이 무한히 걸리는 것 같았다. 그는 매우 인내심이 있었다. 나는 내가 서 있는 얇은 눈이 진동으로 무너질까 봐 숨을 죽이고 살금살금 기어서 건너갔다. 나는 잠시 멈추어 내 무게가 구조물을 무너뜨리려 하는지 확인했는데, 어느 순간이라도 나는 눈덩어리와 함께 곤두박질쳐 거대한 블랙홀 위에 달랑 매달리게 될 수도 있었다. 그때 아무 일도 없다는 것을 알고 나는 호흡을 가다듬고 온몸을 마비시키는 스트레스를 풀었다. 그곳에 있을 때 나는 그만 블랙홀을 내려다보고 말았는데, 그 소름끼치는 광경은 나를 진정시키는 데 아무런 도움도 되지 않는 아드레날린을 뿜어냈다.

두려움에 떨게 만드는 심연을 마침내 건넜을 때 나는 마치 승리를 거둔 듯한 기분을 느꼈다. 나는 그토록 용감한 나 자신이 꽤 자랑스러웠다. 사실 크레바스를 건넌 것이 나에게는 그 루트 중 가장 힘든 일이었다. 나머지는 모두 기술적인 문제였다.

도와주어서 고맙다는 말을 나는 미셸에게 건네고, 로프를 뒤에 매단 채 첫 200미터의 쉬운 혼합등반 지형을 빠르게 올라갔다. 30미터의 홈통 밑에 도착한 나는 그곳이 배낭을 메고 등반하기에는 적절하지 않다는 사실을 곧 알 수 있었다. 그래서 나는 짐을 벗어놓고 조심스럽게 자기확보를 하며 등반했다. 암벽등반 구간은 몹시 어려웠다. 그곳은 예상보다 더 힘들어, 나는 그곳을 안전하게 돌파하는 데 많은 노력을 기울여야 했다. 나는 유연한 암벽화의 마찰력을 이용해 등반하는 데 익숙했는데, 크고 둔탁한 등산용 부츠를 신고 등반하자니 여간 어색하지 않았다. 발이 미끄러질까 봐 걱정한 나는 발끝이 양호하고 단단한 바위 턱에 제대로 닿는지 이중으로 확인해야 했다. 스탠스를 그런 식으로 찾아가며 등반하다 보니, 극도로 피곤한 자세를 취할 수밖에 없었다. 솔직히 그 부분이 쉽지는 않았기 때문에 나는 등반에 집중하면서도 1938년 그 북벽을 처음으로 오른 사람들의 기술에 경의를 표하지 않을 수 없었다. 홈통을 돌파한 나는 로프를 확보하고 밑으로 내려가 배낭을 메고 주마로 다시 올라왔다. 그러자 드류에서의 추억이 떠올랐다.

그 지점에서 나는 등반을 하는 동안 로프 작업이 너무 많이 일어나지 않기를 바랐다. 불행하게도 나는 그 루트를 과소평가했고, 그런 곳은 불가피하게 더 많았다. 홈통부터 시작해, 기술적으로 만만찮은 구간들은 커다란 배낭을 메고 등반하기에는 너무나 어려웠다. 따라서 나는 거의 모두 자기확보를 하면서 등반해야 했다. 가끔 안전을 무시한 채 등반하고 싶은 유혹에 빠졌지만, 몇 미터 위가 어떤지 몰라, 감히 그러지 못했다. 그럴 때면 나는 등반을 혼자 하기로 한 결정을 후회하곤 했다. 파트너와 함께라면 로프를 다루기가 더 편해 등반을 훨씬 더 빨리 할 수 있을 텐데… 아, 그것은 내 결정이었다. 그리고 어쨌든 나는 등반을 즐기고 있었다.

장엄한 바위 필라인 1,000미터의 워커 스퍼를 등반하는 데는 사흘이 걸렸다. 만약 알람이 한 번 제대로 울렸거나, 멍청하게 길을 잃지 않았다면, 그 등반은 이틀 반이 걸렸을지도 모른다. 그 두 번의 실수로 나는 5시간을 낭비하고 말았다.

사흘 내내 극심한 추위로 기온이 영하 20도까지 떨어져 등반을 끔찍하게 만들었다. 처음으로, 나는 쟁반 위의 얼음처럼 손이 바위에 달라붙었다. 그것은 미끄러지지 않는 한 방법이기도 했다. 나는 그런 혹독한 날씨 속에서 장갑을 끼지 않고 등반할 수 있어서 기쁘기도 했지만, 살갗이 떨어져나가지 않도록 조심해야 했다.

정상에 도착했을 때 나는 등반을 끝낼 수 있어서 기뻤지만, 아이거에서만큼 감격스럽지는 않았다. 그럼에도 그 루트는 정말 아름다웠다. 복잡한 과정의 확보작업이 즐거움을 반감시켰기 때문에 나는 여름에 암벽화를 신고 친구들과 함께 한 번 더 등반하고 싶다는 유혹을 받았다.

계획에 따라, 다음 날 아침 브뤼노와 나는 이탈리아 쪽으로 하산했다. 쿠르마예에 도착하자, 발에 동상을 입은 위그가 마지막 피난처에서 구조 요청을 했다고 이탈리아 가이드 하나가 우리에게 말해주었다. 안타까운 마음이 들기는 했지만, 거대한 스노브리지에서 그의 발자국을 보고 놀란 것에 비하면 가볍게 탈출한 편이라는 느낌을 받았다. 그가 크레바스 안으로 추락하지 않은 것은 천만다행이었다.

그랜드조라스 북벽이 일반인들에게는 아이거보다 덜 알려져 있었다. 그럼에도 나의 등반은 미디어의 관심을 받았다. 위그 역시 언론을 장식할 자격이 있었지만, 불행하게도 남성에다 일반인들에게는 잘 알려져 있지 않아서, 그의 등반은 그냥 여기저기 몇 줄 실린 정도에 그쳤다. 그것은 불공정했다. 하지만 다시한번 나는 여성이라는 장점이 십분 활용됐다. 결국 드류를 제외하고 나의 등반은 모든 것이 여성 최초였다. 게다가 시간이 흐르면서 내 인기가 높아졌기 때문에 미디어는 나에 대해 쉽게 이야기했다. 내가 그것을 이용하기는 했지만, 나는 상황을 편하게 받아들였고, 내가 하는 일에 죄의식을 느끼지 않았다.

내가 더 유명해지기를 바랐다면, 아마도 나는 텔레비전에 출연했을 때 한 번 제안 받은 에펠탑 등반 같은 '쇼맨십'을 보여줄 수도 있었다. 만약 내가 그렇게 했다면, 언론으로부터 쏟아지는 관심은 내가 다른 어떤 산을 등반한 것보다도 훨씬 더 컸을지 모른다. 하지만 나는 에펠탑을 등반하는 행위 따위에는 관심이 없었다. 그랬다면 다른 클라이머들이 나에게 퍼붓는 비웃음은 말할 것도 없고, 나는 쇼를 하는 원숭이 같은 느낌이 들었을 것이다. 인생에서 내가 추구하는 어떤 것에 반해 얻는 명성은 나를 잘못되게 만들지도 모른다. 나는 꼭두각시보다는 진정한 클라이머라는 말을 듣고 싶다.

내 명성은 내가 꿈을 좇는 데 도움이 되기도 했지만, 나를 고립시키기도 했다. 물론 나는 자극을 주는 사람들을 많이 만났다. 그러나 그들이 어떻게 나를 위해 그곳에 있었다고 말할 수 있을 것이며, 내가 무엇을 대신한다고 말할 수 있을 것인가? 그들은 내가 자신들을 잊어버렸다고 생각할까, 아니면 자신들을 만나기에는 시간이 너무 없다고 생각할까? 대답은 물론 매우 복합적일 것이다. 사실, 나는 꽤 흥미진진한 삶을 살았지만, 자주 심하게 짓눌리는 외로움도 느꼈다.

내가 소외감을 덜 느낀 것은 열정을 함께하는 친구들과 가는 여행이나 원정등반이었다. 그들이 보기에 나는 하나의 단순한 이미지가 아니었다. 나는 산 이야기는 하지 않고 그들과 그냥 어울렸다. 저널리스트와 강연, 사진과 내 시간을 빼앗는 모든 것들에서 벗어나, 나는 예전처럼 다른 사람들 속에 있는 한 명의 산악인에 불과했다.

그리하여 그해 봄, 나는 마치 휴가를 가듯 원정등반을 떠났다. 우리는 세계 제4위의 고봉인 8,463미터의 마칼루로 향했다. 제프는 그 서벽에 단독으로 신루트를 내고 싶어 했는데, 그곳은 여러 번의 시도에도 여전히 미답으로 남은 곳이었다. 순진하게도, 나는 1971년 프랑스 팀에 의해 개척된 서쪽 필라를 통해 오를 테니 정상에서 서로 만나자고 제안했다. 그러면 북쪽의 빙하 사면을 통해 하산할 수 있을 것 같았다.

내가 그 루트를 혼자 올라갈 생각을 한 것은 아니었다. 나는 고산 원정등반 경험이 아주 많은 프랑스 알피니스트 에리크 드 캉Erik Decamp과 함께 시도할 작정이었다.

—

그와는 오래전부터 알고 지냈지만 함께 등반한 적은 없었다. 그는 파리 출신으로, 내가 10대에 퐁텐블루에 다닐 때부터 친구들과 작은 그룹을 만들어 나를 가르쳤었다. 내가 그들을 만난 해에 에리크는 일류대학에서 학업을 마치고, 그르노블에 가 있었다. 그는 파리지앵의 바위에서 더 이상 등반을 하지 않았지만, 나는 친구들이나 전문 잡지를 통해 그의 원정등반 소식을 듣고 있었다. 등반 전시회나 산악영화제에서 우리는 서로 길이 엇갈렸었다. 내가 드류에 루트를 개척한 이후, 그는 나에게 등반을 축하하는 아주 멋진 편지를 보냈는데, 그의 말은 나를 으쓱하게 만든 데다 내가 클라이머로부터 받은 유일한 찬사여서 나는 그만큼 깊은 감동을 받았다.

마칼루로 가기 몇 달 전 어느 축제 현장에서 에리크를 우연히 만났는데, 나는 자연스럽게 내 계획을 말하게 되었다. 그러자 그 역시 서쪽 필라를 등반하고 싶었다며, 원정등반에 합류하겠다고 했다. 나는 에리크와 함께 등반할 수 있다는 생각에 무척 기뻤다. 나는 그를 신뢰했다. 그는 내가 산에서 '정신이 건전한' 사람으로 분류하는 한 명이기도 했다. 그는 정상을 향해 목숨을 걸고 돌진하는 사람이 아니었다. 그리고 내가 다른 일들에 대해서도 그에게 편하게 털어놓게 된 것은 나쁜 일이 아니었다.

나는 특별한 그 원정대에 어머니를 베이스캠프까지 초청했다. 그것은 어머니와 함께 떠나는 최초의 진정한 여행이었다. 나는 오래전부터 어머니에게 네팔을 보여주고 싶었기 때문에 특히 더 기뻤다. 산에서 셰르파와 함께하는 생활, 느리게 흘러가는 시간, 여유 있게 걷는 즐거움. 그리고 어머니에게 원정등반이 끊임없는 악몽의 연속이 아니라는 것도 보여주고 싶었다. 간단히 말하면, 나는 어머니에게 내가 그토록 사랑하는 세계를 소개해드리고 싶었다.

베이스캠프까지 걸어 들어가는 행군은 날씨가 나빠 아주 고약했는데, 14일이 걸렸고, 그중 마지막 4일은 심한 눈보라가 불어 최악이었다. 히말라야를 처음 경험하는 어머니에게 그런 것은 내가 바란 바가 전혀 아니었다. 하지만 어머니의 유쾌한 유머를 떨쳐버릴 수 있는 것은 아무것도 없었다. 우리에 대한, 특히 에리크에 대한 믿음이 어머니가 시련을 이겨내는 데 도움이 된 것 같았다. 우리가 동굴 속으로 피신하거나, 포터들을 기다리며 보잘 것 없는 모닥불 주위에 웅크리고 앉아 불쌍할 정도로 흠뻑 젖었을 때조차 어머니는 불평보다는 그런 상황을 유머로 웃어넘기고, 아무 일도 아니라는 듯 이야기를 계속했다. 나는 거칠고 불편한 환경에 적응하는 어머니의 능력에 감탄했다.

일단 베이스캠프에 도착하자, 고소와 경험 부족에도 불구하고, 어머니는 우리보다 더 잘 돌아다니며 집에서처럼 행동했다. 어머니는 가만히 있지 않았다. 셰르파가 음식을 하는 것을 도와주고, 스폰서의 로고를 배낭에 바느질하고, 식량을 정리했다.

어머니는 여섯 자식을 키우느라 가만히 앉아 있거나 일을 하지 않은 적이 없었다.

어머니가 베이스캠프에 이틀만 머무르고 떠나는 것을 나는 쉽게 받아들이지 못했다. 우리가 작별인사를 할 때 나는 마음이 아팠지만 그런 감정을 내보이지 않으려 애썼다. 어머니가 등을 돌렸을 때 나는 텐트 안으로 뛰어 들어가 억눌렀던 눈물을 쏟고 말았다. 나는 어머니와 함께 있어서 좋았는데, 혼자 떠나는 모습을 보니 걱정이 되었다. 어머니를 그런 적대적인 환경에 끌어들였다는 생각에 나는 기분이 좋지 않았다. 물론 어머니가 정말 혼자인 것은 아니었다. 포터인 카미Kami와 내 친구 크리스틴 그로스장Christine Grosjean이 동행했다. 하지만 내가 함께 가지 못해 나는 어머니에게 죄송한 마음이 들었다.

하지만 처음부터 어머니를 돌보도록 시킨 카미를 생각하니 안심이 되었다. 우리가 어프로치를 하는 동안 그를 지켜봤었는데, 그는 매우 조심스러운 사람이었다. 어머니 1~2미터 뒤를 따라가는 동안 혹시 어머니가 미끄러지기라도 한다면, 그는 앞으로 달려가 어머니를 팔로 잡아챌 것이고, 피곤한 기색을 조금이라도 보인다면, 짐을 대신 들 터였다. 우리는 그에게 '수호천사'라는 별명을 붙여주었다. 어쩌면 그렇게 그의 성격과 꼭 들어맞는지! 그는 기도문을 끊임없이 암송했고, 씨앗으로 만든 묵주를 씻을 때마다 새들로부터 보호하기 위해, 그것이 마르는 동안 우리에게 지켜봐달라고 부탁했다.

네팔 여행에서 남은 가장 아름다운 기억은 마을을 지나가는 것이었다. 다른 생각과 감각은 자연 그 자체보다도 인간의 삶에서 기인한다. 마찬가지로, 원정등반에서 돌아오면 인간이 사는 사회로 돌아왔다는 느낌이 색다르다. 나는 그런 사회를 벗어나 등반해본 적이 없다. 나는 사람들과 함께 등반한다. 내가 배우고 느끼는 것은 바로 그런 사람들을 통해서다. 악천후를 만나거나, 벽에서 어려움에 직면하면 나는 나를 사랑하는 사람들에게 돌아가야 한다는 마음에서 정확하게 대처한다. 화가 난다는 핑계로, 혹은 탈출을 하기 위해 하는 등반을 나는 상상조차 할 수 없다.

나는 동료와 함께 어울리는 것도 등반만큼 즐기기 때문에 마음이 맞지 않는 사람들과 함께 등반하고 싶은 생각은 들지 않는다. 그래서 나는 대규모 원정등반에 가는 것에 동의하지 않았다. 나는 정상만을 위한 등반 따위에는 관심이 없다.

마칼루에서, 나는 아주 높은 고도에 머무르려고 시도했었는데, 그것은 육체적으로뿐만 아니라 정신적으로도 나를 기진맥진하게 만들었다. 비록 예상하기는 했지만, 고소의 영향은 나를 불편하게 만들어, 만약 문제가 생기면 내가 그들을 따라잡을 수 있을지 나는 자신하지 못했다. 물론 내 친구들 역시 산소 부족으로 쇠약해지는 것은 마찬가지일 터였다. 나는 우리가 쇠약해지는 것을 걱정했는데, 그것은 등반의 재미를 조금 반감시켰다. 산에 다닌 이래 처음으로, 나는 등반을 못 하게 하는 나쁜 날씨가 반가웠다. 사실 완전히 그런 것은 아니었지만, 나의 일부는 정상에 오를 기회를 빼앗긴 것에 좌절했고, 반면 다른 일부는 이렇게 말했다. "좋아, 이젠 끝났잖아? 너무 불편해. 빨리 집으로 돌아가자."

후에 생각해보니, 알파인 스타일로, 둘이서 포터나 고정로프 없이 필라를 오르고 싶다는 마음은 지나치게 야심적이었다. 그리하여 나는 앞으로는 조금 더 낮은 정상에 도전하기로 결심했다. 나는 정상 수집을 위해 8천 미터급 고봉을 오르는 것에는 흥미를 느끼지 않았다. 나를 유혹하는 것은 등반의 기술적 어려움이다. 흥미 없는 루트를 통해 정상에 오르기보다는 아예 정상에 오르지 않는 것을 나는 더 좋아한다.

"에베레스트는 어때?"라는 질문에 솔직하게 대답하면, 내 성취 목록에 세계 최고봉이 들어갈 수도 있겠지만, 무산소로 어려운 루트를 통해 그곳을 오를 능력이 되지 않기 때문에 나는 그냥 관심이 없다. 물론 가식적이라고 할 수도 있을지 모르지만, 나는 다른 사람들이 등반할 수 없는 루트에서 성공하는 것을 좋아한다. 어려운 목표는 나 자신을 극복하게 만든다.

제프조차 포기해 원정대원 중 어느 누구도 마칼루 정상에 오르지 못했지만, 나는 활기가 넘쳤다. 나는 에리크를 알게 되었다. 그는 나의 동료가 되었고, 얼마 후에는 우리의 아이 빅토르Victor의 아버지가 되었다.

돌아오자마자, 나는 내 마지막 프로젝트를 끝내기로 결심했다. 세계에서 가장 유명하고, 아마도 가장 아름다운 봉우리인 마터호른을 등반하기로 한 것이다.

하지만 나는 그 북벽의 고전적인 슈미트Schmid 루트에는 관심이 없었다. 나는 아주 어렵지 않으면서도 신중한 준비와 상당한 집중력을 요구하는 루트를 찾았다. 성공을 자신하지 못한다 하더라도 나는 등반을 즐기고 싶었다.

그런 측면에서 보면 그랑드조라스는 만족스럽지 못했다. 마터호른에서 내가 선택한 루트는 보나티가 그 봉우리의 초등 100주년을 기념하기 위해 1965년 북벽에 단독으로 낸 루트였다. 그는 5일간의 사투 끝에 정상에 도착했다. 산악계의 몇몇 주요한 인물들이 그곳에서 불행을 당했을 뿐 그 루트의 재등에 성공한 사람은 아무도 없었다. 악천후 때문이었을까, 아니면 루트가 정말 어려워서 그랬을까? 아마도 곧장 올라가는 등반선이 아니었기 때문에 그들은 포기를 한 것 같았다. 어떤 때는 그 이유를 알 필요가 없다고 생각하기도 했는데, 나는 조금 노력만 한다면 성공할 가능성이 있다고 판단했다.

보나티는 대단히 훌륭한 클라이머다. 그러나 지난 30년 동안 등반은 엄청나게 발전해서 내가 성공하지 못할 이유가 없었다. 때로 나는 다른 사람들이 실패한 이유가 궁금하기도 했다. 내가 내 능력을 과대평가하는 것은 아닐까? 그곳에 도전한 알피니스트들은 정말 뛰어난 사람들이었다. 나는 보나티의 보고서를 읽었는데, 나 역시 안심이 되지 않았다. 그는 그 등반을 전투로 여겼을 뿐 전혀 즐거움을 느끼지 못한 것 같았다.

그리고 나서 나는 등산에 대한 글과 책을 전문적으로 수집하는 사람으로부터 그 등반을 보도한 『파리마치』를 구입했다. 그곳에는 그가 등반하는 동안 비행기에서 찍은 흑백사진들이 실려 있었다. 나는 그 사진들을 보고 깜짝 놀랐다. 열정으로 먹고 살기 위해 미디어의 표지를 장식한 것은 우리 세대만이 아니었다. 발터 보나티는 이런 접근에서 초보자가 아니었다. 그는 심지어 등반을 하면서까지 사진을 찍었다. 특히 그의 배낭에는 자신의 마스코트인 작은 곰 인형 '지지Zizi'가 붙어 있었다. 그런 점에서 그는 나를 확실하게 이겼다. 나는 사진을 찍을 생각으로 카메라를 가지고 가긴 했지만, 깜빡했거나 아니면 귀찮다고 생각했을 뿐 단독등반을 하면서는 사진을 한 장도 찍지 못했다.

나는 그 글을 통해 비박을 할 수 있는 플랫폼을 찾기가 쉽지 않고 피톤을 박기가 어려울 것이라는 사실을 알 수 있었다. 그래서 보나티처럼 나도 해먹을 사용하기로 했다. 마침내 준비를 끝낸 나는 슈미트 형제 루트를 등반해 정상에서 나와 만나기로 한 에리크와 함께 체르마트Zermatt를 출발했다. 나는 등반이 얼마나 어려울지 몰라 약간 긴장했다.

출발하기 전날, 에리크와 나는 어프로치를 정찰했는데, 나는 다음 날의 블랙홀에 대한 스트레스를 줄이기 위해 베르크슈른트에 로프를 설치해놓았다.

그날 저녁 대피소에서, 나는 아주 평범한 등반을 하러 가는 것처럼 의도적으로 행동했다. 나는 난처한 입장이 된 에리크에게 부담을 주고 싶지 않았다. 그는 분명 내 프로젝트를 걱정했겠지만, 나를 존중해서인지 나를 제지하지는 않았다. 그는 그때, 그리고 그 이후에도 늘 이렇게 말했다. "하고 싶으면 그렇게 해."

그는 나를 부추기지도 않았지만 그렇다고 만류하지도 않았다. 결정은 나의 몫이었다. 그날 저녁 나는 이기적인 짐승이 된 기분이었다. 그를 그곳으로 데리고 온 것이 아주 좋은 것만은 아니었으니까. 우리는 함께 등반할 수도 있었다. 만약 입장이 뒤바뀌었다면 나는 아마 불안했을 것이다. 그러나 그가 그런 내색을 하지 않아, 나는 그에게 고마움을 느꼈다.

그에게 말을 하지는 않았지만, 나는 몹시 화가 났다. 내 양심을 조금이나마 편하게 만든 것은 슈미트 루트를 등반하기로 한 그의 결정이었다. 덕분에 우리는 각자의 프로젝트를 가질 수 있게 되었다.

오전 9시 우리는 루트 밑으로 갔다. 에리크에게 작별인사를 하면서 나는 그를 뒤에 남겨놓는 것에 양심의 가책을 느꼈다. 그러나 서로를 포옹했을 때 이해한다는 듯 활짝 웃는 그의 모습을 보자 나의 번민도 이내 사라졌다. 그는 조금도 꺼림칙해하지 않았고, 오히려 기뻐하는 것 같았다. 그와 함께, 그의 태도에 안심한 나는 재빨리 기운을 차렸고, 생각이 행동으로 바뀌었다. 최선을 다하기 위해, 나는 그가 꺼려하지 않고, 오히려 혼자서 등반하겠다는 나의 결정을 받아들였다고 느낄 필요가 있었다. 그는 정말 어떻게 생각했을까? 내가 양심의 가책을 느끼지 않고 등반을 시작하기에는 아주 적절한 시간이었다.

일단 미리 설치해놓은 로프를 타고 베르크슈른트를 건넌 나는 몸을 돌려 그에게 마지막으로 손을 흔들었다. 에리크는 이틀 후에 다른 루트로 출발할 작정이었다.

내 연애생활에 대한 작은 걱정 때문에 생각의 실마리를 잃어버리기는 했지만, 이제는 그런 몽상에서 벗어날 시간이었다. 온전한 집중력을 되찾기 위해 나는 잠시 장비를 정리했다. 모든 것을 본래의 익숙한 자리로 분류하자 정신이 맑아지며 등반에 대한 열정이 다시 살아났다. 나는 본격적으로 등반에 들어갔다. 암벽등반은 까다롭기는 했지만 크게 어렵지는 않았다. 자기확보가 꼭 필요하지 않은 단단한 바위에서는 피톤을 박을 기회가 거의 없었고, 너트나 프렌드를 설치할 수 있는 곳은 거리가 너무 멀었다. 나는 마치 아무런 확보도 없이 등반하고 있다는 느낌을 받았다.

더구나, 오버행 밑에 바람으로 눈이 쌓인 곳은 5미터마다 루트를 막는 커다란 버섯얼음이 만들어져 있었다. 그런 곳은 불안정한 눈이 너무 많이 쌓여 있어, 나는 하나를 지나갈 때마다 극도로 주의를 기울여야 했다. 단단한 표면에 닿기 위해 눈의 일부를 치우려고 했지만 매우 조심할 필요가 있었고, 눈덩어리들이 떨어지면 균형을 잃을지 몰라 나는 두려움에 떨어야 했다. 내 행동에 몰입한 나머지 나는 피곤을 느낄 때까지 시간이 가는 줄도 몰랐다. 나는 그 지점에서 위를 쳐다보았다. 나는 단 한 순간도 집중력을 잃으면 안 되는 등반에 싫증이 나기 시작했고, 그런 일들을 더 많이 해야 한다는 것을 알고 약간 초조해지기도 했다.

어느덧 오후 4시였다. 이제 곧 빛이 사라져 2시간이 지나면 어두워질 것 같았다. 그 구간을 벗어나기에는 시간이 충분치 않아 나는 어딘가 비박할 곳을 찾아야만 했다. 내가 있는 곳은 바위에 해먹을 설치하기가 불가능했다. 그리고 겨울이라서 온통 얼음뿐이었다. 그곳은 낙석에 너무 취약했다. 나는 곰곰이 생각하며 먹고 마셨다. 출발한 이래 아무것도 먹지 못해, 그것이 오히려 피로를 가중시키는 것 같았다. 나는 처음 200미터를 오르고 나서야 얼음과 처음으로 만났다. 그제야 긴장을 조금 풀 수 있어 안심이 되었다. 하지만 어두워지기 시작해서 점점 걱정이 되었다. 벽이 꽤 경사져서 비박을 할 곳이 마땅치 않았다. 얼음의 사면 한가운데서 비박을 하는 것은 어리석은 행동이었다. 나는 발만 내려놓을지언정 아주 좁더라도 평편한 곳을 원했다.

나는 단순하게 얼음을 깎아낼까도 생각했지만, 그렇게 해도 안락한 밤이 보장되는 것은 아니었다. 내가 계속 올라가자 공포가 파고들기 시작했다. 어둡기 전에 해결책을 찾는 것이 필수적이었다. 신설이 쌓인 작은 둔덕에 도착한 나는 마침내 그곳 바로 눈앞에서 마땅한 장소를 찾았다. 하지만 피로와 스트레스로 무뎌진 신경 때문에 그 사실을 알아차리기까지는 시간이 조금 걸렸다. 이제 내가 해야 할 일은 눈을 평편하게 다지는 것이었다.

나는 시간을 낭비하지 않고 그 일에 착수해 곧 비박을 할 수 있는 피난처를 만들었고, 눈 속에 박은 아이스액스로 한가운데를 받친 원뿔형 텐트를 그곳에 설치했다. 사면의 경사가 심하지 않아, 아래쪽 천이 밤새 얼굴에 납작하게 달라붙겠지만, 그렇다 해도 바닥은 최소한 평편했다. 20미터 위의 바위에 텐트를 확보한 나는 기쁜 마음으로 잠자리를 준비한 다음 비박에 필요한 물품들을 꺼냈다. 그런데 배낭을 열고 녹색 잡낭을 끄집어내다 그만 벽 밑으로 떨어뜨리고 말았다. 나는 속수무책으로 그것이 심연으로 사라지는 모습을 바라볼 수밖에 없었다. 깜짝 놀란 나는 그 안에 무엇이 들어 있는지 생각하지도 않고 제일 먼저 "끝났군!"이라고 내뱉었다.

나는 써야만 할 장비가 하나라도 없는 경우에 어떻게 등반을 해나갈지 알지 못했지만, 포기를 해야 할 것 같아서 화가 났다. 이런 멍청한 실수를 하다니! 나는 그곳에서 등반을 멈추어도 크게 개의치 않을 것 같았다. 그날 나의 전진은 지루하기 짝이 없었기 때문에 미처 알지도 못 하는 사이에 나는 힘이 쭉 빠졌다. 따라서 잡낭을 떨어뜨린 것은 돌아설 수 있는 좋은 핑계거리가 될지도 모르는 일이었다. 나는 재빨리 정신을 차리고 그 잡낭 안에 꼭 필요한 것이 들어 있지 않을지도 모른다고 스스로를 위안하면서 운이 좋다면 등반을 계속할 수 있을지도 모른다고 생각했다.

나머지 것들을 모두 끄집어내자, 기쁘게도 그 잡낭 안에는 꼭 필요한 것들이 들어 있지 않았다. 나는 칫솔과 아주 작은 치약, 조그만 비누, 아스피린, 가장 따뜻한 장갑, 그리고 헤드램프용 여분 배터리를 잃어버렸다. 그 사건은 내가 약간의 안락함에 감사했기 때문에 정신적으로는 당황스러웠다. 그러나 손해는 미미했다. 나는 여전히 두 벌의 장갑이 더 있었고, 비록 덜 따뜻할지는 몰라도 추위는 견딜 수 있어, 가장 따뜻한 것을 잃어버린 것에 대해 그렇게 안타까워하지는 않았다. 배터리에 대해서는 헤드램프를 덜 쓰면 될 일이었다.

　그날 밤 어둠 속에서 물을 만들기 위해 눈을 녹이며 나는 음식의 재료를 확인할 때만 잠깐씩 헤드램프를 켰다. 나는 에너지 레벨을 다시 높이기 위해, 수프와 으깬 감자와 햄을 억지로 먹고 나서 무전기로 에리크를 불렀다. 내 불운을 그에게 털어놓자 속이 후련했다. 그것은 드라마도 아닌 것 같았다. 그는 일기예보로 나를 안심시켰다. 낮 동안에 하늘에 구름이 끼어 있어서 나는 무슨 일이 일어날지 궁금하게 생각하고 있었다.

　일단 침낭 안으로 안락하게 기어들어간 나는 잠을 좀 자고 싶었다. 보통 나는 아무런 문제 없이 곧장 잠에 떨어지지만, 그날 밤은 웬일인지 그렇게 할 수 없었다. 1시간 후, 은신처에서 갑자기 격렬한 구토가 일어났다. 나는 겨우 입구로 몸을 내민 다음, 나 자신에게 매우 미안한 마음으로 다시 안으로 기어들어왔다. 나는 정말 끝장이라고 생각했다. 차라리 도로 내려가고 싶었다. 그때는 정말 아무것도 할 수 없었다. 안전하게 내려가려면 나는 더 좋아져야만 했다. 나는 무엇인가를 먹고 마시려 했지만 말린 과일만 목 안으로 넘어갔다. 그것도 많이 넘길 수 없었고, 한 번에 한두 조각씩만 겨우 씹을 수 있었다. 잠을 설치기는 했어도 1시간마다 무언가를 조금씩 먹을 수는 있었다. 조금씩 또 조금씩 나는 몸이 좋아지는 것을 느꼈고, 아침에 일어났을 때 기분이 썩 좋지 않았지만 컨디션이 조금 나아졌다. 이제 도로 내려가는 것은 큰 문제가 되지 않을 것 같았다.

　마침내 고개를 밖으로 내밀어 벽을 바라보자 기분이 급속도로 변했다. 내 위에 있는 바위들이 마치 나에게 사랑의 손짓을 보내는 것 같았다. 결국 본능에 굴복한 나는 마음을 바꾸어 계속 위로 올라갔다. 둘째 날이 끝난 후 나는 정말 기쁘게도 '트라베르제 데장제Traversée des Anges(천사들의 트래버스)'에 도착했다. 그곳을 제대로 묘사하기 위해서는, 발터 보나티가 『몽타뉴 된비Montagnes d'une Vie』*†에 쓴 글을 그럴듯하게 인용할 수밖에 없다.

그곳의 바위는 단단하고 표면이 아주 매끈거려 피톤도 잘 박히지 않을 뿐더러 전혀 안전하지도 않았다. 게다가 경사가 너무 심해 균형을 잡기도 쉽지 않았다.(그것은 정말 힘든 등반이었다)

'천사들의 트래버스'는 불안정한 눈의 망토를 걸치고 있어서 나는 그중 한곳을 치워야 했다. 파네이Panei는 피톤 몇 개를 회수하지 않았는데, 나는 아주 어렵게 설치하는 데 성공했다.(그는 파트너와 함께 도전했지만 악천후로 돌아서야 했다. 내 입장에서 보면 나는 이렇게 바꿀 수 있을 것 같다. "보나티가 자신의 피톤을 회수하지 않았다면!")

그곳은 얼음이 끼고 매우 가파른 데다 불안정한 120미터의 수평에 가까운 트래버스였다. 그곳은 정말 천사에게나 알맞은 곳이었다.(내가 '불안정하다'고 말해서는 안 된다. 나는 천사를

---

† 우리나라에서는 『내 생애의 산들』김영도 옮김(조선매거진, 2012)으로 소개됨. |역쥐

미처 생각하지 못했다)

그 바위는 저녁까지 나를 붙잡았다. 나는 이따금 피톤을 박으며 아주 조심스럽게 조금씩 전진했는데, 피톤은 로프를 걸기 위한 것이라기보다는 심리적 안정을 유지하기 위한 것이었다. 그런 다음 나는 다시 돌아와 배낭을 어깨에 멨는데, 배낭이 점점 더 짐스러워지는 것 같았다. 결론적으로 말하면, 나의 전진은 건너갈 때든 되돌아올 때든 언제나 똑같은 열정으로 이루어졌다. 다만 오직 하나, 트래버스를 할 때는 로프에 매달리지 못하는 것이 흠이었다.

나에게는 보나티와는 다른 비결들이 있었다. 우선, 그의 시대에는 너트와 프렌드가 없었다. 트래버스를 하면서 그런 것들을 두세 번 쓸 수 있어서 나는 매우 안심했다. 더불어, 최신의 재질로 만들어진 내 장비들은 그의 것들보다 훨씬 더 가볍고 효과적이었다. 예를 들면, 1965년에는 옷이 방수는 물론 통풍까지 잘되고 따뜻한 양털로 된 요즘의 신축성 있는 섬유보다 두껍고 무거운 반면 신축성이 떨어지고 입고 움직이기에 편하지 않았다. 개인적으로, 나는 1970년대 이전의 보고서에서 읽은 것처럼 추위에 떨지는 않았다. 게다가 등반장비의 재질이 상당히 가벼워졌다. 예를 들면, 지금의 카라비너는 쇠가 아닌 알루미늄으로 만들어져 훨씬 더 좋다. 내 배낭은 그의 것보다 분명 10킬로그램은 덜 나갈 것이다. 마지막으로, 이것이 핵심적인 요소인데, 나는 30년이라는 진보의 덕을 보았다. 보나티는 선구자였다.

트라베르제 데장제 끝에서, 나는 오버행으로 보호받는 작고 희미한 바위 턱을 발견했다. 햇빛이 1시간 반 동안이나 남아 있었다. 하지만 나는 그곳이 비록 불편하기는 해도 낙석으로부터 보호를 받을 수 있고, 오버행 위쪽에서 그만큼 안전한 곳을 찾을 수가 없어 그곳에서 머무르기로 했다. 나는 또한 무리하지 않을 생각이었다. 그날 하루는 좋았다. 나는 등반을 즐겼다. 나는 전날처럼 나 자신을 죽음의 문턱까지 밀어붙여 등반을 망치고 싶지는 않았다.

지극히 합리적인 결정으로 보상을 받은 나는 간신히 해먹을 쳤다. 아주 작은 구덩이에 단단히 붙도록 어설프게 고치고 조심스럽게 조정하느라 그 작업은 시간이 조금 걸렸다. 이번에 한해서는 내 몸이 작은 것이 기뻤다. 고행을 하는 승려처럼 뾰족한 돌들이 튀어나온 바위 턱에 등을 대고 밤을 보내는 것을 피할 수는 있었다. 체구가 당당했던 보나티는 이렇게 썼다. "나는 수직의 사막 한가운데 매달려, 계단처럼 생긴 바위에 쭈그리고 앉아 비박을 했다." 그 장소는 마치 벽 너머에 있는 것처럼 정말 인상적으로 매달려 있었다.

침낭 속으로 기어들자, 해먹을 아주 현명한 방법으로 매달았다는 생각은 들지 않았지만, 어쨌든 나는 에리크를 무전기로 불러 내가 아주 안락하며 그날의 등반이 잘 끝났다고 말했다. 그 역시 아주 좋았다. 일기예보가 좋아서 그는 아침에 자신의 루트로 출발할 작정이었다.

그날 저녁, 메뉴는 전날과 똑같았지만 나는 맛있게 먹었다. 그러자 배가 부른 나는 한밤중까지 마치 아이처럼 잠에 골아 떨어졌는데, 모든 알피니스트들이 두려워하는 소리에 불쑥 깨어났다. 낙석 하나가 핑 하고 소리를 내며 떨어진 것이다. 그것은 내 머리 위를 아슬아슬하게 지나간 것 같았다. 나는 오버행으로 보호를 받고 있다고 생각했기 때문에 두려움에 떨지는 않았다. 하지만 다음 번 비박에서는 더욱 주의를 기울일 필요가 있었다. 왜냐하면 내 위쪽의 벽에서는 잘 보호받을 곳을 찾을 수 없을 것 같았기 때문이다.

내 시계의 알람이 다음 날 새벽 5시 반에 울렸다. 나는 내 앞에 매달려 있는 스토브에 즉시 불을 붙이고 나서 물이 끓는 동안 몇 분간이라도 더 쉬기 위해 드러누웠다. 10분 후, 나는 죽이 되어버린 시리얼과 우유, 초콜릿 가루를 먹고 차를 반 리터 마셨다. 등반을 하는 동안 오전에는 결코 허기를 느끼지 않았지만, 어떤 것이라도 먹을 기회가 거의 없고 — 또한 그럴수록 등반에 들어가면 먹는 것을 자주 깜빡하는 — 긴 하루가 앞에 놓여 있어, 영양 좋은 아침을 먹는 것은 나에게 필수였다.

체르마트의 불빛이 희미하게 밝아오는 여명에 사그라질 즈음, 나는 내 위에 있는 커다란 오버행을 넘어갔다. 7시였다. 10미터의 암벽등반은 환상적이었다. 나는 기가 막히게 양호하고 큰 홀드를 잡고 매달려 허공으로 나왔다. 한 곳에서 나는 스탠스를 찾기 위해 벽을 내려다보았는데, 내 시선이 아래쪽에서 움직이는 검은 점에 꽂혔다. 에리크였다. 그는 슈미트 루트 아래쪽에 있는 긴 얼음 사면을 올라오고 있었다. 나는 이렇게 생각했다. '아, 좋아. 빨리 올라오고 있네.' 우리 둘이 같은 시간에 같은 경험을 하고 있다는 생각에 나는 행복했다. 나는 마치 그의 옆에 있는 듯한 느낌이 들었다.

오버행을 지나자, 벽의 경사가 완만해지기 시작했다. 그곳은 곳곳이 바위와 얼음덩어리들이 있는 단단한 바위지대였다. 아래쪽과 마찬가지로 등반이 다시 까다로워지면서 확보물을 설치하기가 어렵거나, 아니면 아예 불가능했다. 그러나 나는 이제 모든 것을 운명에 맡기고, 단독등반을 위해 그냥 부드럽게 움직였다. 그런 식으로 나는 300미터를 올라갔다.

그때, 비박을 할 장소를 찾는 것이 만만찮다는 것을 알고, 오후 4시쯤 나는 내 주위의 벽을 조심스럽게 살펴보았다. 그곳은 전부 쓸모없이 평편하거나, 아주 약간 튀어나온 곳이 없거나, 아니면 계단 비슷하게 생긴 곳도 없는 사면뿐이었다. 나는 조금씩 더 높이 올라갔지만 여전히 아무것도 없었다. 그러자 피로가 밀려오면서 집중력이 떨어지기 시작했다. 그래서 6시쯤 약간 둥글게 튀어나온 곳에 도착했을 때 나는 더 이상의 희망을 버리고 좋은 곳을 찾자는 내 의지에 반하는 결정을 내렸다. 낙석이 떨어질 것 같지는 않았지만, 만약 그렇게 되더라도 행운이 따라서 어렴풋이 배처럼 생긴 바윗덩어리가 약간은 보호해줄 수 있을 것 같았다. 어쨌든 다른 방법도 없었다. 지친 데다 정상까지 올라가지 않는 한 더 좋은 곳을 찾아낼 수 있을 것 같지도 않았다. 그리고 정상까지 여전히 몇 피치나 남아 있었다.

나는 지체 없이 피톤 몇 개를 박아, 서로 연결한 다음 짐을 나누어 걸고, 그곳에 해먹을 매달았다. 이번에는 비박이 전혀 안락할 것 같지 않았다. 나는 옷을 두껍게 껴입고 얼음에 기대어 쭈그리고 앉았다. 그리고 비박을 준비하기 전에 무전기로 에리크를 부르려고 시도했다. 하지만 그 봉우리의 지형으로 인해 우리는 서로를 볼 수 없었다. 그는 아마 잘하고 있을 터였다. 지금쯤 왼쪽으로 200~300미터 떨어진 곳의 나와 같은 고도에서 그역시 밤을 보낼 준비를 하고 있지 않을까? 그의 목소리가 들렸을 때 나는 그만 울음을 터뜨릴 뻔했다. 나는 그가 나와 멀리 떨어져 있다는 사실이 몹시 싫었다. 여기서 만났다면 얼마나 좋았을까! 우리는 이런 말로 서로에게 신호를 보냈다. "내일 정상에서 만나."

비박은 아주 나쁘지 않았다. 어쨌든 좋은 밤을 보냈으니까. 하지만 잠에서 깨어나자니 고통스러웠다. 다른 동계등반에서처럼 손이 아팠다. 나는 홀드를 잘 잡기 위해 출발을 할 때부터 장갑을 끼지 않았다. 부상을 모욕이라도 하듯, 나는 으깬 감자에 버터를 잘라 넣으려다 매정하게도 손가락을 베고 말았다. 그러나 아주 고약하지는 않았다. 아침을 먹고 짐을 꾸릴 때가 되자 더 이상 신경이 쓰이지 않은 것이다. 이제 통증이 없어져 나는 등반을 다시 시작하면서 기분도 좋고 힘도 넘쳤다. 이제 정상과 우리의 재회가 가까웠다. 서너 피치만 올라가면 마침내 에리크를 만날 수 있었다. 그는 나와 100미터 떨어진 곳에 있었다. 만약 모든 것이 계획대로 되었다면, 우리는 그렇게 가까이 있을 수 없었을지 모른다. 그가 더 오른쪽으로 가거나, 내가 더 왼쪽으로 가지 않았을까? 아니면, 서로 만나기 위해 우리 둘이 방향을 살짝 튼 것은 아닐까? 이제 그것은 더 이상 문제가 되지 않았다. 그 지점에서의 지형은 똑같았다. 정상 150미터 아래에서 우리는 마침내 서로를 껴안았다. 나는 눈물이 나올 정도로 감격했다.

함께 올라가기로 한 우리는 앞뒤로 나란히 서서 오후 4시쯤 정상에 도착했다. 그날 저녁에 내려가기에는 시간이 너무 늦어 우리는 세르뱅Cervin 정상에서 밤을 보내면서 그럴듯한 열정으로 등반을 자축했다. 에리크는 배 리큐어가 들어간 스위스 초콜릿 바를 배낭에서 꺼내 나를 놀라게 만들었다. 이런 경우에 대비해 그가 특별히 가지고 올라온 것이다. 그 기막힌 초콜릿 맛이란! 다음 날, 우리는 동벽을 통해 재빨리 내려갔는데, 다행히 그곳은 눈이 많이 쌓여 있었다. 그리고 그 밑에서는 사진가인 파스칼 투르네르Pascal Tournaire가 놀랍게도 두 팔 가득히 페이스트리 빵 과자를 안고 기다리고 있었다.

맺는 말

등산은 최대한 조심하면서 대단한 위험을 맞닥뜨리며
산의 여기저기를 돌아다니는 예술이다.
행동이라는 수단으로 이루는 지식의 성취를 우리는 예술이라 부른다.

르네 도말R. Daumal

아이거 북벽과 그랑드조라스 북벽의 성공적인 등반에 이어 마터호른까지 끝냄으로써 나는 스스로 세운 목표를 달성했다.

혼자든 파트너와 함께였든, 나는 그처럼 인상 깊은 등반을 많이 하지 못했다. 그것도 1년에 한 번씩. 내가 그 세 북벽을 오르는 데는 3년이라는 시간이 걸렸다. 그 등반들을 좋아하고 되돌아보기 위해서는 나에게 시간이 필요했다. 나는 가끔 한 번씩 대담한 프로젝트에 도전해도 아주 만족한다. 더구나, 오직 산만 오르는 인생을 원하지는 않았으니까. 나는 언제나 등반만 하고 싶은 생각도 없고 루트를 수집할 의사도 없다. 그렇게 할 바에는 차라리 아무데도 안 가는 것이 낫다. 나는 등반 이상의 것을 마음에 품고 다른 활동을 할 필요가 있었다.

자신의 인생을 전적으로 열정에 바치는 일부 알피니스트들의 에너지를 나는 정말 존경한다. 그들은 끊임없이 등반을 한다. 날씨가 나빠 밖으로 나가지 못하면 그들은 아마 비참한 기분에 빠질지도 모른다. 하지만 그것은 내가 추구하는 바가 아니다. 나는 등반을 매일 안 해도 아주 그립지는 않기 때문에 이 세계에서는 때때로 이방인이라는 느낌마저 든다. 만약 내가 강제로 가야 한다면, 그것은 헛된 행위가 아닐까? 그러면 나는 기쁨도 느끼지 못할 것이고, 마음속에 품은 프로젝트에 나 자신을 전적으로 던지는 데 필요한 동기부여나 에너지를 갖지도 못할 것이다.

나는 아주 다양한 이유로 등반을 한다. 가끔, 루트와 정상은 어린 시절이나 청소년 시절에 내가 꾸었던 꿈을 불러일으킨다. 또한, 내가 이미 성취한 것과 비교하면 그것은 새로운 어떤 것에 대한 도전이다. 하지만 호기심이 생긴다고 해서 즉시 진정한 프로젝트로 이어지지는 않는다. 우선, 그 아이디어를 깊이 생각하고 그것을 내 일부로 만들어야 하는데, 그러면서도 그것을 두려워해서는 안 된다. 깊이 생각하는 기간은 아주 길어질 수도 있어, 몇 달이나 심지어는 몇 년이 걸리기도 한다. 나는 모든 위험과 기술적인 도전을 머릿속으로 그려보려고 노력한다. 그것은 걸어 들어가는 어프로치와 하산까지도 포함한다. 나는 다른 알피니스트들에게 물어보거나, 책과 글을 읽어 그 등반을 조사한다. 나는 다른 사람에게 내 아이디어를 너무 많이 발설하지 않으려고 노력한다. 그렇게 하면 한두 가지는 어쩔 수 없이 영향을 받거나, 그것이 아니면 내가 잘난 체하는 것으로 비쳐질 수 있기 때문이다.

일단 문제들이 분명하게 정리되면, 등반이 큰 위험 없이 합리적으로 보이면서 내 희망이 진정한 프로젝트로 진화한다. 그러면 이제 진지한 준비를 시작할 수 있다. 이 단계는 어떤 종류의 등반을 할 것인지, 내가 몸을 어느 정도로 만들어야 할지, 날씨가 어떻게 될지, 내가 정신적으로 준비가 되었다고 느끼는지에 따라 시간이 다르게 걸린다. 정신적으로 준비한다는 의미는 내가 나 자신에 대해 좋게 느끼고, 신경을 거슬리는 것이 없다는 말이다. 탈출의 한 방법으로 산에 가는 많은 산악인들은 나에게 사뭇 인상적이다. 무엇인가에 크게 좌절한 그들은 자신들의 문제를 해결하려는 시도로 세계의 고산으로 향한다. 나의 정신상태도 그것과 아주 동떨어져 있지는 않다. 다만 나는 내 등반에 완전히 몰입할 수 있을 정도로 마음이 평화로워야 한다. 이 단계에서, 나는 마치 내 몸 안의 태엽을 부드럽게 감는 것 같은 느낌을 받는다. 나는 모든 것이 통제가 가능하다고 느낄 때 그것을 푼다. 그러면 편견 없는 시각으로 바라보았을 때 진정한 위험 말고 나를 멈출 수 있는 것은 아무것도 없다. 나는 강인하고 결연하며, 거의 불사신에 가깝다는 느낌을 받는다. 나는 성공에 대한 나의 능력에 대해서도 의구심을 품지 않는다. 그리고 마침내 출발하게 되면 나는 행복하다.

내가 가장 좋아하는 단계는 실제적으로 등반을 할 때다. 마침내 출발지점에 서면 나는 진정한 기쁨을 경험한다. 그 순간 계획은 끝나며 남는 것은 행동뿐이다. 벽 밑에 서면, 나는 새 인형을 선물 받은 어린아이처럼 흥분한다. 나는 바위의 촉감을 기대하며 정상까지 벽을 판독한다. 등반을 하는 동안 ― 다른 일들과는 사뭇 대조적으로 ― 나는 오직 내가 하는 일에 대해서만 생각한다. 그리하여 행동과 생각이 하나가 된다. 바로 그런 점 때문에 등반에 나서는 순간과 등반을 나는 어렸을 때부터 좋아해왔다. 사람은 자신이 등반하는 모습을 보지 못한 채 행동에 들어간다. 따라서 만약 생명을 소중하게 생각한다면, 낡은 방식을 버려야 한다. 더불어 생각을 하고 대비를 하고 자신의 에너지를 관리해야 한다. 나는 기본적인 원리에 대항해 싸우는 이런 전술적 게임을 사랑한다. 위대한 모험을 멈추지 않고 언제나 나 자신에게 도전하는 계산된 위험을 받아들이는 방식으로.

이제는 아들 빅토르가 있어서 내 인생의 지향점이 달라졌다. 등반을 하는 것보다 그와 함께 있는 것이 나에게는 더 소중하다. 따라서 등반과 산에 대한 사랑이 식은 것은 아니지만, 이제 나는 밖으로 자주 나가지 않는다.

그래도 나는 여전히 유명한 산과 높은 봉우리들을 꿈꾼다. 이제는 등반 능력이 떨어졌을지 모르지만, 새로운 프로젝트에 대한 아이디어에 나는 예전과 똑같은 흥분을 느낀다. 내가 그런 경험들을 글로 쓰면서 내 등반의 일부를 상상 속에서 체험하면, 모든 기억들이 새록새록 되살아난다. 크나큰 공포의 순간, 강렬한 기쁨, 가끔의 고통, 피로와 분노와 의구심. 나는 왜 그런 상황으로 나 자신을 몰아붙였을까? 도대체 무엇이 내 인생을 산과 연결한 것일까? 그것이 옳게 보였을 뿐, 육체적 기쁨, 맞닥뜨리는 위험의 요소들, 풍경의 아름다움이 어떤 역할을 하는지 나는 알지 못했다. 나는 또한 도전을 받아들이면서 나 자신을 극복하거나 흥분을 이겨내는 시험에 처해졌다. 그리고 나에게 동기를 부여하는 힘은 의심할 여지없이 시간의 흐름과 함께 진화했다.

의식적이든 무의식적이든, 나는 분명 산악인으로서, 아니면 여성으로서 나 자신에게 또는 부모님에게 무언가를 '입증'해 보일 필요가 있었다. 누가 나무랄 수 있을까? 균형감각을 찾기 위해 나는 분명 행동을 할 필요가 있었고, 또한 끊임없이 새로운 것을 추구하면서 자극적인 새로운 장벽을 뛰어넘자는 열정을 찾을 필요가 있었다. 어떤 이유에서든 산을 오르는 행위는 나를 발전시키고 성장시킨다. 그것은 집착에 매달리지 않고 내 인생을 채운다. 나는 균형 잡힌 내 인생에 대해 주변 사람들과 친구들과 가족들에게 모두 신세를 졌다. 나는 내가 살면서 받은 도움으로부터 최상을 이끌어내는 재능을 가졌고, 내 꿈을 실현하기 위해 환경과 조건으로부터 장점을 이끌어낸 행운아였다. 이제는 내가 보답할 차례다.

나는 기술적 조언자로서, 그리고 강연자로서 내 경험을 공유하고 싶다. 그것이 바로 이 책을 쓰는 이유이기도 하다. 내 청중들이 — 그들이 모험에 대한 열정을 가진 집단이든 개인이든 간에 — 내 이야기를 듣고 생각과 꿈을 키울 어떤 것을 찾는다면,

나는 여전히 전진하고 있고, 내 등반도 여전히 의미가 있으며, 나 자신을 더 잘 알아가고 있다고 느낄 것이다.

내가 감명을 가장 많이 받는 날은 아이들과 함께 지내는 시간인데, 특히 아들과 함께 있을 때가 그렇다. 나 역시 어렸을 때 그런 경험을 했다는 것은 행운이다. 발견의 날들, 나에게 있어 그 경험은 정말 마법과 같았다. 아이들은 산의 개울에서 놀고, 고원 목장지대를 뛰어다니고, 동물과 야생 꽃들에 대해 배우며, 야생 딸기와 산딸기와 블루베리를 따먹고, '소중한' 돌들(크리스털, 석영, 운모)을 줍고, 산장이나 호수에 가보고, 야영을 하며, 한여름에 눈 위를 걷는 경험을 한다. 그들에게도 이런 모든 경험은 믿을 수 없는 경이로움의 원천이다. 그들을 바위에서 본다면 그 또한 얼마나 기쁠까! 집중력을 한껏 높여 공포를 극복하고, 올바른 동작을 통해 정상에 오른 다음 승리의 미소를 짓는다면 내가 그랬던 것처럼, 어린아이들은 그런 경험들을 평생 기억할 것이다. 그것이야말로 가장 중요한 것이 아닐까?

옮긴이의 말

1960년 알제리의 오랑Oran에서 태어난 카트린 데스티벨은 스 포츠클라이밍과 암벽등반 그리고 알파인등반에서 발군의 실력 을 발휘했다. 그녀는 1990년 여성으로서는 최초로 카라코람의 트랑고 타워를 등반했고, 1991년에는 10일 동안 드류 서벽에 매달려 신루트를 개척했다. 그녀는 동계에 아이거 북벽의 헤크 마이어 루트를 17시간 만에 단독 등반한(1992년) 데 이어, 그랑 드조라스의 워커 스퍼(1993년)와 마터호른 북벽의 보나티 루트 도 단독으로 올랐다(1994년). 그리고 히말라야의 마칼루와 시샤 팡마 남서벽, 안나푸르나 남벽에도 도전했다. 1980년대에 그 녀는 8개의 주요 스포츠클라이밍 대회를 휩쓸었으며, 스페인과 말리, 태국, 미국, 스코틀랜드에서도 단독등반을 해냈고, 1999 년에는 돌로미테의 치마 그란데 북벽 직등 루트도 단독으로 올 랐다. 그녀는 라톡1봉(1992년)에 도전했으며, 남극의 4111봉 Peak 4111도 올랐다(1996년). 카트린 데스티벨은 세계 최고의 전 천후 여성 클라이머다.

라인홀드 메스너는 그녀를 이렇게 평가한다. "카리스마와 실 력을 겸비했으면서도 눈에는 언제나 미소가 담겨 있다. 그녀는 당돌하게 남자들의 영역에 뛰어들어 '암벽등반 스타'로서 등반 역사의 한 페이지를 장식했다. 내가 카트린 데스티벨에게 무엇보다 호감을 느끼는 것은 바로 그녀의 겸손함이다. 그녀는 다른 사람에게 절대 오만한 태도를 보이지 않고 페미니스트적인 거만함을 풍기지도 않는다. 그녀는 누구에게나 마음을 열고 진심으로 대한다."

1996년 남극의 4111봉 정상에서 사고를 당하는 이야기로 시작하는 이 책에서, 카트린은 자신의 어린 시절과 주요 단독등반을 담담하게 풀어낸다. 두 곳은 무척 감동적이다. 도박에서 빠져나오는 장면과 사랑하는 에리크 드캉Erik Decamp과 마터호른 북벽을 나란히 단독등반(에리크는 슈미트 형제 루트로, 카트린은 보나티 루트로)하는 장면. 그때의 그 심정은 얼마나 애틋하고 절절했을까? 누가 그랬다. 진정한 등산은 청춘과 우정과 사랑이라고.

카트린의 방한에 맞춰 번역이 급하게 결정됐다. 초벌 번역과 윤문에 걸린 시간이 45일. 힘이 들고 스트레스를 많이 받았다. 그런 고난의 행군에 하루재클럽의 변기태 대표는 늘 힘을 실어주었고, 이용대 선생님은 겨울 빙벽 사진을 보내주시며 "등반도 못 갈 텐데 이 사진이나 보고 마음을 달래라."라고 위로를 해주셨으며, 산책과 등산 이야기만 나오면 언제나 소년의 해맑은 마음으로 돌아가시는 김영도 선생님은 자주 문자를 보내시어, 오히려 나의 건강을 염려해주셨다. 고맙습니다. 큰 힘이 되었습니다.

이 책의 번역은 『Ascensions』, (Flammarion, 2012)을 영역한 『록 퀸―카트린 데스티벨Rock Queen: Catherine Destivelle』, Marguerite Wright(Hayloft Publishing Ltd., 2015)를 텍스트로 삼았으며, 우리말 표기는 국립국어원의 지침을 따랐다.

산을 오르는 하이디 라 벨 카트린La Belle Catherine, 그녀의 매력이란!*

김동수

2020년 1월

---

* '옮긴이의 말' 중 일부는 『정상에서ON TOP』 라인홀드 메스너 지음, 선근혜 옮김 (문학세계사, 2011)을 참고했다. |역주|

세로 토레
등반사 史 시리즈 **1**

메스너, 수수께끼를 풀다

체사레 마에스트리의 1959년 파타고니아 세로 토레 초등 주장은 오랫동안 논란을 불러일으켰다. 라인홀드 메스너가 세로 토레 초등의 진실을 추적했다.

라인홀드 메스너 지음 | 김영도 옮김 | 26,000원

Fallen Giants
등반사 史 시리즈 **2**

히말라야 도전의 역사

높고 위험한 히말라야의 여러 산에서 기술과 담력을 시험하려 했던 많은 모험가들. 생생하고 풍부한 삽화, 사진과 함께 50년 만에 최초로 히말라야 도전의 방대한 역사를 정리했다.

모리스 이서먼, 스튜어트 위버 지음 | 조금희, 김동수 옮김 | 62,000원

FREEDOM CLIMBERS
등반사 史 시리즈 **3**

자유를 찾아 등반에 나서는 폴란드 산악인들의 놀라운 여정

제2차 세계대전과 그에 이은 억압적 정치상황을 뚫고 극한의 모험을 찾아 등반에 나섰던 폴란드 산악인들. 이들은 결국 세계에서 가장 강인한 히말라야 산악인들로 거듭났다.

버나데트 맥도널드 지음 | 신종호 옮김 | 43,000원

중국 등산사
등반사 史 시리즈 **4**

중국 등산의 기원과 발전 과정에 대한 철저한 기록

다음 세대를 위한 역사적 근거와 간접 경험을 제공하고자 중국 국가 차원에서 기획하여 고대, 근대, 현대를 아우르는 등산에 관한 자료를 최대한으로 수집하여 정리했다.

장차이젠 지음 | 최유정 옮김 | 47,000원

일본 여성 등산사
등반사 史 시리즈 **5**

후지산에서 에베레스트까지 일본 여성 산악인들의 등산 역사 총망라

7년에 걸쳐 방대한 자료를 수집하고 정리하여 완성한 최초의 일본 여성 등산사이다. 부조리와 난관을 극복해가는 일본 여성 산악인들의 위대한 발걸음의 궤적을 확인할 수 있다.

사카쿠라 도키코, 우메노 도시코 지음 | 최원봉 옮김 | 31,000원

더 타워

세로 토레 초등을 둘러싼 논란과 등반기록

자만심과 영웅주의, 원칙과 고생스러운 원정등반이 뒤범벅된 이 책은 인간의 조건을 내밀하게 들여다보게 하며, 극한의 노력을 추구하는 사람들의 존재 이유를 적나라하게 파고든다.

켈리 코르데스 지음 | 권오웅 옮김 | 46,000원

산의 전사들

슬로베니아 알피니즘의 강력한 전통과 등반문화

국제적으로 명성이 자자한 산악문화 작가 버나데트 맥도널드가 슬로베니아의 알피니즘이 그 나라의 험난한 정치 역사 속에서 어떻게 성장하고 발전했는지 읽기 쉽게 정리했다.

버나데트 맥도널드 지음 | 김동수 옮김 | 37,000원

에베레스트 정복

에베레스트 전설적인 초등 당시의 오리지널 사진집
〈흑백사진 101점 + 컬러사진 62점〉

에베레스트 초등 60주년 기념 사진집. 초등 당시 등반가이자 사진가로 함께했던 조지 로우가 위대한 승리의 순간들을 찍은 뛰어난 독점 사진들과 개인 소장의 사진들을 모아 펴냈다.

조지 로우, 휴 루이스 존스 지음 | 조금희 옮김 | 59,000원

꽃의 계곡

아름다운 난다데비 산군에서의 등산과 식물 탐사의 기록

뛰어난 등산가이자 식물학자이며 저술가였던 프랭크 스마이드가 인도 난다데비 산군에서 등산과 식물 탐사를 하며 행복하게 지냈던 넉 달간의 이야기가 펼쳐진다.

프랭크 스마이드 지음 | 김무제 옮김 | 43,000원

캠프 식스

에베레스트 원정기의 고전

1933년 에베레스트 원정대에 대한 따뜻한 기록. 프랭크 스마이드가 마지막 캠프까지 가져가서 썼던 일기를 토대로, 등반의 극적인 상황과 산의 풍경에 대한 생생한 묘사를 담았다.

프랭크 스마이드 지음 | 김무제 옮김 | 33,000원

하늘에서 추락하다

등반기 記 시리즈 4

마터호른 초등에 얽힌 소설 같은 이야기

동반자이자 경쟁자였던 장 앙투안 카렐과 에드워드 윔퍼를 주인공으로 하여, 라인홀드 메스너가 마터호른 초등에 얽힌 이야기를 소설처럼 재미 있고 생생하게 들려준다.

라인홀드 메스너 지음 | 김영도 옮김 | 40,000원

무상의 정복자

등반가 家 시리즈 1

위대한 등반가 리오넬 테레이의 불꽃 같은 삶과 등반 이야기

그랑드조라스 워커릉, 아이거 북벽에 이어 안나푸르나, 마칼루, 피츠로 이, 안데스, 자누, 북미 헌팅턴까지 위대한 등반을 해낸 리오넬 테레이의 삶과 등반 이야기가 펼쳐진다.

리오넬 테레이 지음 | 김영도 옮김 | 46,000원

나의 인생 나의 철학

등반가 家 시리즈 2

세기의 철인 라인홀드 메스너의 인생과 철학

칠순을 맞은 라인홀드 메스너가 일찍이 극한의 자연에서 겪은 체험과 산 에서 죽음과 맞서 싸웠던 일들을 돌아보며 다양한 주제로 자신의 인생과 철학에 대해 이야기한다.

라인홀드 메스너 지음 | 김영도 옮김 | 41,000원

엘리자베스 홀리

등반가 家 시리즈 3

히말라야의 영원한 등반 기록가

에베레스트 초등부터 현재에 이르기까지 히말라야 등반의 방대한 역사 를 알고 있는 엘리자베스 홀리의 비범한 삶과 세계 최고 산악인들의 이야 기가 흥미롭게 펼쳐진다.

버나데트 맥도널드 지음 | 송은희 옮김 | 38,000원

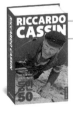

RICCARDO CASSIN

등반가 家 시리즈 4

등반의 역사를 새로 쓴 리카르도 캐신의 50년 등반 인생

초창기의 그리냐와 돌로미테 등반부터 피츠 바딜레, 워커 스퍼와 데날리 초등까지 상세한 이야기와 많은 사진이 들어 있는 이 책은 리카르도 캐신 의 반세기 등반 활동을 총망라했다.

리카르도 캐신 지음 | 김영도 옮김 | 36,000원

하루를 살아도 호랑이처럼   등반가 家 시리즈 5

알렉스 매킨타이어와 경량·속공 등반의 탄생

알렉스 매킨타이어에게 벽은 야망이었고 스타일은 집착이었다. 이 책은 알렉스와 동시대 클라이머들의 이야기를 통해 삶의 본질을 치열하게 파헤쳐 들려준다.

존 포터 지음 | 전종주 옮김 | 45,000원

마터호른의 그림자   등반가 家 시리즈 6

마터호른 초등자 에드워드 윔퍼의 일생

걸출한 판각공이자 뛰어난 저술가이며 스물다섯 나이에 마터호른을 초등한 에드워드 윔퍼의 업적에 대한 새로운 평가와 더불어 탐험가가 되는 과정까지 그의 일생이 담겨 있다.

이언 스미스 지음 | 전정순 옮김 | 52,000원

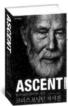

ASCENT   등반가 家 시리즈 7

알피니즘의 살아 있는 전설 크리스 보닝턴의 등반과 삶

영국의 위대한 산악인 크리스 보닝턴. 사선을 넘나들며 불굴의 정신으로 등반에 바쳐온 그의 삶과 놀라운 모험 이야기가 가족에 대한 사랑과 더불어 파노라마처럼 펼쳐진다.

크리스 보닝턴 지음 | 오세인 옮김 | 51,000원

프리솔로   등반가 家 시리즈 8

엘 캐피탄을 장비 없이 홀로 오른 알렉스 호놀드의 등반과 삶

극한의 모험 등반인 프리솔로 업적으로 역사상 최고의 암벽등반가 지위를 획득한 호놀드의 등반경력 중 가장 놀라운 일곱 가지 성과와 그의 소박한 일상생활을 담았다.

알렉스 호놀드, 데이비드 로버츠 지음 | 조승빈 옮김 | 37,000원

산의 비밀   등반가 家 시리즈 9

8000미터의 카메라맨 쿠르트 딤베르거와 알피니즘

역사상 8천 미터급 고봉 두 개를 초등한 유일한 생존자이자 세계 최고의 고산 전문 카메라맨인 쿠르트 딤베르거. 그의 등반과 여행 이야기가 흥미진진하게 펼쳐진다.

쿠르트 딤베르거 지음 | 김영도 옮김 | 45,000원

ROCK QUEEN · 세계 최고의 여성 클라이머

카트린 데스티벨

초판 1쇄 2020년 5월 7일

지은이   카트린 데스티벨 Catherine Destivelle
옮긴이   김동수

펴낸이   변기태
펴낸곳   하루재 클럽
주소   (우) 06524 서울특별시 서초구 나루터로 15길 6(잠원동) 신사 제2빌딩 702호
전화   02-521-0067
팩스   02-565-3586
이메일   haroojaeclub@naver.com
출판등록 제2011-000120호(2011년 4월 11일)

편집   유난영
디자인   장선숙

ISBN   979-11-90644-02-0 03900

＊ 책값은 뒤표지에 있습니다.